15%의
이기는 사장

15%의 이기는 사장

실패 확률 85%의 창업세계, 어떻게 살아남을 것인가

조현구, 엄은숙 지음

청림출판

한 그루의 나무가 모여 푸른 숲을 이루듯이
청림의 책들은 삶을 풍요롭게 합니다.

know-why, know-what, know-how

◆

"위대한 기업은 미션을 실천하는 것부터 시작한다.
금전적 수익은 그 결과일 뿐이다."

| 필립 코틀러, 《마켓 3.0》 |

현실에 가까운 묘사로 직장인들의 많은 사랑을 받았던 드라마 〈미생〉.
수많은 대사들이 회자됐지만, 나에게 가장 크게 다가왔던 대사는 이것
이다.

"회사는 전쟁터지만, 회사 밖은 지옥이야."

특히나 요즘은 전쟁터 같은 회사를 나와 '회사 밖 지옥'을 경험하며
'죽음의 계곡' 앞에 선 사람들이 많다.

우리나라의 기업 생존율을 보면 드라마에서 묘사한 '회사 밖 지옥'이
어떤 의미인지 잘 알 수 있다. 2015년 조사에 따르면 창업 기업 10곳 중
6곳이 3년 안에 폐업한다고 한다. OECD 국가 중 최하위 수준이다. 중국
에는 278년 된 만두집, 347년 된 한약국, 486년 된 장아찌 가게, 870년

동안 술을 빚은 양조장 등 장사한 지 100년이 훨씬 넘은 집을 뜻하는 라오쯔하오(老字号)가 1,600개에 이르고, 일본에는 100년 이상 된 기업이 5만 2,000개, 200년 이상이 3,937개, 300년 이상이 1,938개나 되며, 1000년 이상 된 곳도 21개나 된다. 성공보다 실패가 더 흔해진 요즘, 이들은 어떻게 살아남을 수 있었을까.

피터 드러커는 '영속성'을 기업의 궁극적인 목표로 보았다. 이익은 기업을 오래 지속하기 위한 수단이지 궁극적 목표가 아니다. 기업이 살아남기 위해 애쓰다 보면 그 결과로 이익은 따라온다. 시류를 잘 만나 잠깐 반짝하고 사라지는 기업이 아닌 천년 기업이 되기 위해서는 무엇이 필요할까. 바로 '가치'다. 여기에서 가치란 고객이 느끼는 가치에서 지불한 비용을 빼고 남은 순가치를 말한다. 고객이 필요로 하는 순가치를 만들어내는 진짜 상인만이 시대를 초월해 살아남을 수 있었다. 그들은 자신의 고객이 누구인지 알았고, 그 고객이 무엇을 원하는지를 정확히 파악했다. 고객은 다수결에 따라 움직이는 민주적 의사결정자가 아니다. 자신의 라이프 스타일에 따라 자유롭게 행동하는 구매자일 뿐이다. 또 고객은 규정할 수 있는 대상이 아니다. 그들은 자신이 원할 때만 기업의 가치를 인정하고 구매하는 감정행위자들이다. 그런데 고객이 원하는 순가치는 전략보다 기업의 미션이나 비전에서 만들어진다. 구글은 '전 세계의 정보를 체계화해 쉽게 접근하게 해준다'는 그들의 미션에 충실해 세계적인 기업이 됐고, '사람에게는 상상할 자유와 실패할 권리가 있다'는 월트 디즈니의 핵심 가치는 세계 최고의 미디어 엔터테인먼트 그룹을 만들었다. 이 책의 주인공 장천하도 시장을 창조하고 시장과 소통하며, 고객이 진정으로 원하는 순가치를 만들어냈다.

우리가 만난 창업자나 사업가들은 'know-how'에 관심이 많았다. 그 말에 귀가 쉽게 열렸다. 어떻게 해야 돈을 많이 벌 수 있는지 그 '방법'에 온 신경을 쏟다 보니, 사업을 '왜' 해야 하고 '무엇'을 해야 하는지에 마음을 두지 않았다. 그런데 'know-how'를 끝으로 보내면 어떻게 될까? 'know-why', 'know-what', 'know-how'의 순으로 경영을 하면, 고객이 누구인지 정확히 알 수 있고 그들이 원하는 가치를 남보다 쉽고 빠르게 찾을 수 있다. 방법만 알아서는 고객을 매혹시킬 수도 감동시킬 수 없다.

　이 책은 실패로 얼룩진 과거가 있는 주인공 장천하를 통해 천년을 살아남는 기업을 일구는 과정을 쉽게 알려주고 있다. 소규모 자본으로 설립한 가족회사가 중소기업, 중견기업으로 성장하는 과정을 통해 사업계획서 작성에서부터 경영에 필요한 각종 매뉴얼과 경영 기법들, 시행착오를 해결하는 방법, 성장하는 기업에서 CEO의 역할, 요즘과 같은 저성장 시대에 적용할 수 있는 구체적인 문제해결 방안 등을 알려주며, 새로운 비즈니스 모델을 바탕으로 기업 경영에 필요한 비즈니스적 사고법을 제시한다. 이야기를 따라가다 보면, 자신이 생각했던 경영의 밑거름을 그릴 수 있을 것이다.

　경영지도사와 공인회계사인 우리는 사업을 처음 시작하는 창업자도 만나고, 10년, 20년, 아니 그 이상 동안 사업을 해온 기업가도 만난다. 특히 회사 문을 닫아야 하는 현실에서 밤잠을 이루지 못하는 고객을 만날 때의 안타까움은 말로 다할 수 없다. 보다 많은 창업 기업들이 주인공 장천하처럼 몸으로 체득하지 않고도 월급쟁이에서 기업가로 바로 성공하기를 바라는 마음에서 이 책을 썼다. 어떻게 하면 독자들이 시행착오

의 고통을 겪지 않으면서 고객이 원하는 '가치'를 만들 수 있는지를 한
줄 한 줄 써내려갔다. 이 책을 통해 독자들이 천년 기업의 경영자가 되는
청사진을 그려내기를 바란다.

차
례

1 장천하, 세상에 내던져지다

장천하

49세. 서울식품 신제품 개발팀장으로 일했으나 건강식품인 '한백년'의 조기 출하 사건 때 상사들의 책임 전가로 회사를 나오게 된다. 계속되는 사업 실패의 아픔을 딛고 가족회사를 중견기업으로 도약시킨다.

이다정

장천하의 아내이자 내사랑내곁에의 교육팀장. 장천하의 사업 실패로 수많은 어려움을 겪으면서도 동반자 역할을 충실히 해낸다.

장하니, 장민

장천하의 딸과 아들. 가족회사를 시작할 때부터 아빠 엄마를 도와 회사가 커나가는 데 큰 역할을 한다.

장도전

장천하의 동생. 왕고수의 도움으로 창업 준비를 철저히 해서 초밥집으로 성공한다. 현재 3개의 점포를 직영 형태로 운영한다(이 책의 전편 《장사란 무엇인가》의 주인공).

왕고수

장천하 아버지의 고향 선배. 사업 경력 40년의 베테랑으로 국내 외식업계의 마이다스의 손. 실의에 빠져 있는 장천하의 창업 멘토가 되어준다.

한승우

내사랑내곁에의 경영총괄전무. 장천하의 40년 지기로 장천하와 함께 회사를 키우고 각종 시련을 이겨낸다. 소기업이 중견기업으로 성장하는 데 견인차 역할을 한다.

15%의

이기는 사장

장천하, 세상에 내던져지다

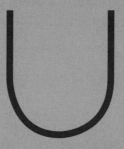

내사랑내곁에 – 세계로IT 합작회사 설립 협정

내사랑 내곁에

10년의 결실을 맺다

동물 사료 회사인 '내사랑내곁에'와 IT 회사인 '세계로IT'의 융합으로 탄생한 GF Korea는 세간의 관심을 집중시켰다. GF Korea는 반려동물의 건강을 진단·예방·치료·관리하며 각종 신약과 사료를 개발하고 보급하는 기업이다. GF Korea의 CEO 장진성은 고객, 주주, 공급처 등 이해관계자들과 양사의 직원들에게 새로운 회사의 탄생을 메일로 알렸다.

제목 : GF Korea의 탄생을 축하하며

수신 : 내사랑내곁에와 세계로IT 임직원 및 관계자 여러분

이제 내사랑내곁에와 세계로IT는 한 식구가 되었습니다. 양사의 핵심가치를 더욱 발전시킬 수 있는 기회를 얻게 되어 기쁩니다. 양사의 경영이념과 기업문화가 닮은 것이 우리가 함께할 수 있는 계기가 됐습니다. 이제 GF Korea는 고객에게 행복을 드리기 위해 조직 내의 실패를 용인하고, 새로운 가치를 만

들어내며, 구성원의 역량개발에 역점을 둘 것입니다. GF Korea의 전 직원은 주저없이 각자의 꿈을 펼치시기 바랍니다. GF Korea는 어떤 특정인의 소유가 아닌 함께하는 공동체입니다. GF Korea에 참여한 임직원들은 협업을 통해 서로의 역량을 발휘할 것입니다. 양사의 주주는 물론, 고객과 공급처 모두 저희와 함께함으로써 깊은 자부심을 갖게 될 것입니다.

GF Korea의 5가지 회사 운영 방침을 말씀드리겠습니다.
첫째, GF Korea는 독립된 법인으로서 책임을 다할 것입니다.
둘째, '고객이 행복한 기업'이라는 우리의 미션과 핵심가치를 충실히 이행할 것입니다.
셋째, 공급업체는 우리와 한 식구입니다. 투명하고 공정한 경쟁을 보장하며, 구매 현황과 가격 및 궁금한 사항 모두를 공개할 것입니다. 또 바람직한 기업 문화를 만들고 양질의 제품과 유통구조 개선을 위해 필요한 자금과 교육을 제공할 예정입니다.
넷째, 이익의 15%는 임직원의 역량을 개발하는 교육과 구제에 사용합니다. 교육과 구제는 그밖의 일이 아닌, 회사의 중요한 경영활동의 하나입니다.
다섯째, 우리의 사명과 가치에 공감하는 기업이나 핵심역량을 발휘할 수 있는 사업은 언제든지 GF Korea와 함께할 수 있습니다.

GF Korea는 여러분과 뜻을 같이하는 여러분의 회사이며, 이번 일도 여러분이 하셨습니다.

감사합니다!
사랑합니다!
행복하세요!

GF Korea㈜ CEO 장진성

내사랑내곁에 장천하 사장은 GF Korea 설립축하연이 끝나고 직원들과 짧은 티타임을 가졌다. 한승우 경영총괄전무도 자리를 함께했다. 장천하와 한승우는 중학교 동창으로 40년 이상을 '절친'으로 지내왔다. 또 가족끼리 하던 일을 주식회사로 변경하면서부터 일도 함께했다. 자리에 모인 임원들은 모두 얼굴이 상기된 채 다소 흥분한 상태였다.

"수고들 많았어요. 여러분이 했습니다. 정말 장합니다."

장천하는 임직원들에게 감사의 마음을 전했다.

"아닙니다. 사장님이 하셨습니다. 사장님의 뚝심이 오늘의 GF Korea를 있게 했습니다."

항상 웃는 모습인 양승필 이사가 말했다.

"맞습니다. 어쨌든 이번 일은 막판에 사장님이 내린 결단의 승리입니다."

한승우 전무도 한마디 거들었다.

"아닙니다. 여러분의 탁월한 선택 덕분입니다. 이번 일을 일선에서 진행한 전략/기획팀과 뒤에서 묵묵히 응원해준 직원들에게 박수를 보냅시다."

장천하의 일갈에 박수가 울려 퍼졌다. 장천하가 말을 이었다.

"내사랑내곁에와 세계로IT 두 회사의 임직원들이 서로 합해 100이 될 때, 비로소 GF Korea의 임직원들은 화학적으로 하나가 될 것입니다. 직원들이 아무리 일을 잘하고 기업문화가 훌륭해도 혼자는 100이 될 수 없습니다. 서로 부족한 부분을 채워줄 때 100이 될 수 있지요. 그렇게 되기를 소망합니다."

이제는 GF Korea의 CEO가 된 전략/기획부문장인 장진성 상무가 말을 이었다.

"이번 일을 진행하면서 세계로IT가 좋은 회사라고 느꼈습니다."

"그건 어떤 의미에서 그렇지요?"

한정석 경영지원팀장이 물었다.

"세계로IT와 협상을 진행하면서, 그 회사가 실패를 용인하고 창의적 사고를 중시한다는 것을 목격했기 때문입니다. 그 점이 우리 팀에 더욱 힘을 실어주었습니다. 사랑하는 사람을 아내로 맞이하듯 세계로IT와 결혼하게 되어 정말 기쁩니다."

장진성 상무의 말을 끝으로 짧은 티타임이 끝났다. 장천하는 사무실을 나와 용산으로 향했다. 목포로 가는 기차에 몸을 맡겼다. 기차는 언제나 장천하에게 '생각'이란 선물을 주었다. 목적지에 닿을 때까지 많은 생각이 머리를 스쳐 지나간다. 기차는 수원을 지나고 있었다. 지난 10년의 시간이 파노라마처럼 펼쳐졌다.

서울식품을 떠나며

"이사님, '한백년'을 시장에 본격적으로 시판하기 전에 파일럿 테스트(제품의 여러 변인들을 분석·수정·보완하기 위해 상업화 이전에 테스트해보는 것)를 해보는 게 어떨까요. 몇 개 지역의 반응을 보고 대량생산에 돌입해도 늦지 않을 것 같습니다."

서울식품의 신제품 개발팀장인 장천하는 제품개발본부장인 한심해 이사에게 강력하게 주장했다.

"안 돼! 시간이 없어. 사장님은 지난달부터 왜 시판 안 하냐고 야단이셔. 영업팀에서도 고객들 반응이 좋을 것 같다고 하는데 자네만 왜 그렇게 걱정을 하나. 일단 대량생산에 돌입하고 나서 문제가 생기면 그때 보완하는 것으로 하자고. 아직 시판할 준비가 안 됐다고 하면 사장님 노발대발하실 거야. 삼수갑산(三水甲山)을 가는 한이 있더라도 일단 시판부터 하고 보자고."

"그건 안 됩니다. 이사님, 그렇게 무책임한 말이 어디 있어요."

"무책임하다니?"

"개발에 무려 2년이 넘게 걸린 제품인데 2, 3주 늦춘다고 무슨 큰일이 납니까? 대량으로 만들어났다가 문제라도 생기면 어쩌려고 그러세요. 그리고 제품의 주재료인 '이리과입'의 부작용에 대한 조사가 좀 더 필요합니다. 아직 정부 승인이 나지 않은 상황에서 부작용이라도 나면 어쩌려고 그러세요!"

"내가 전에도 말했잖아. 그거 외국에서는 아무 문제없이 잘 사용하고 있다고. 그리고 관리지원팀에서 연락이 왔는데 허가기관의 승인이 거의 떨어졌대."

"그래도 조금만 기다렸다 허가가 떨어진 후에 출시하시지요."

"자네만 왜 그래! 왜 그렇게 의심이 많아. 어쨌든 문제가 생기면 내가 책임질 테니 장 팀장은 출시 준비나 하라고."

한심해 이사는 자리를 박차고 일어섰다.

서울식품은 창업한 지 30년이 넘는 건강식품회사로 일반 음료와 건강기능식품 등을 생산·판매하는, 연매출 2,000억대의 대기업이었다. 건강이 안 좋은 창업주를 대신해 전문경영인이 견실하게 키워오던 회사를 1년 전 30대 중반의 큰아들이 경영을 맡고부터 회사에 큰 변화의 바람이 불기 시작했다. 새로운 사장은 매출 실적만을 중시했고, 임직원들 역시 그 박자에 맞춰 부실채권도 마다하지 않고 매출 증대에 열을 올렸다. 이번 '한백년' 출시도 그와 맥락을 같이했다. 업계 정상탈환을 목표로 제대로 검증도 안 된 제품에 대해 대대적인 광고와 판촉활동을 실시했다.

　얼굴이 잘 알려진 사람들이 그 효능을 체험했다는 내용이 TV 전파를 타자, 한백년은 시판된 지 얼마 되지 않아 매출이 급상승했다. 홈쇼핑과 인터넷 주문이 쇄도했다. 제품개발본부의 한심해 이사는 인사 받기에 여념이 없었지만, 생산책임자인 장천하 팀장은 내심 불안감을 감추지 못했다.

　시장에 제품이 빠르게 퍼져가던 그때 '시어머니가 한백년을 먹은 후부터 피부발진이 나타났다', '70세 아버님이 한백년을 먹은 후 구토가 심해 병원으로 실려 갔다'는 등의 부작용이 보고되기 시작했다. 급기야는 뉴스에까지 나오는 최악의 상황이 벌어졌고, 한백년에 정부 허가를 받지 않은 '이리과입'이 들어 있다는 식품의약품안전처의 발표가 나오면서 본사와 각 공장은 검찰의 압수수색을 당했다. 이리과입을 일정량 이상 복용하면 사람에 따라 과민반응을 보일 수 있고, 심하면 사망에 이를 수 있다는 전문가들의 인터뷰가 방송을 타면서 사건은 걷잡을 수 없이 커져갔다. 당국의 조사가 시작되자 한심해 이사는 잠적해버렸고, 팀장인 장천하가 그 책임을 혼자 떠안게 됐다. 그로 인한 곤욕은 이루 다 말할 수 없었다. 실적 위주의 경영과 철학 없는 혁신을 밀어붙인 사장은 물론, 한마디 이견 없이 추종한 임원들이 빚은 인재(人災)의 결과였지만, 모든 책임은 장천하에게 돌아갔다. 장천하는 그렇게 23년간 머물렀던 직장을 뒤로하고 인생 2막 열차에 몸을 실어야만 했다.

동생과의 대화

"어서 오세요, 형님! 이렇게 늦은 시간에 어쩐 일이에요?"

가게 문을 닫을 시간에 장천하가 나타나자 동생 장도전은 반가우면서도 걱정이 됐다. 6개월 만의 만남이었다. 장천하가 회사를 나왔을 때, 장도전은 형에게 자신과 함께 일하면 어떻겠냐는 뜻을 내비쳤다. 장도전은 왕고수의 지도를 받아 1년 이상의 준비 과정을 거쳐 초밥집을 창업해 3개의 점포를 운영하고 있었다. 프랜차이즈 가맹사업을 해보라는 권유가 있을 만큼 자리를 잡았지만, 장도전은 프랜차이즈 본부와 가맹점주 모두가 행복해질 수 있는 차별적이고 성공적인 사업 모델을 확실하게 갖춘 후에야 시작하겠다며 직영점포만을 고집하고 있었다. 그런 그가 형에게 점포를 내줄 뜻을 비치며 내건 조건은 하나였다. 1년 동안 현장에서 OJT(on-the-job training) 하기. 하지만 장천하는 그 제안을 거절했고, 이후로 둘 사이는 서먹해졌다.

가게 문을 닫고 두 사람은 길모퉁이 포장마차에서 오랜만에 소주잔을 기울였다. 잔이 두 순배 돌아갈 동안 누구와 입에서도 말이 나오지 않았다. 긴 침묵을 깨고 입을 먼저 연 사람은 장도전이었다.

"형님, 요즘 계획하고 있는 일이라도 있어요?"

진중한 성격의 장천하와는 달리 장도전은 쾌활한 편이었다. 형과는 여섯 살 차이지만 장도전은 형을 살갑게 대했다.

"음……, 펜션을 했으면 한다."

"펜션을 하다니요?"

"그래. 펜션 사업을 하려고 결정했다."

"벌써 결정을 했다고요? 형수님하고 상의는 했어요?"

"형수한테는 아직 말 안 했어."

"펜션에 대한 조사는 충분히 한 거예요? 준비는 얼마나 했어요?"

"3개월 정도 알아보고 결정한 거야."

"어떻게 펜션 할 생각을 했어요? 무슨 계기가 있었어요?"

"나와 뜻이 잘 맞는 대학 선배한테서 연락이 왔어. 가평에 유산으로 받은 땅이 조금 있는데 같이 펜션을 하면 어떻겠냐고. 알아보니 잘하면 괜찮을 것 같아 같이하자고 했지."

장천하는 소주 한 잔을 단숨에 비웠다. 도전이 다시 술을 채웠다.

"형님, 동업은 어떤 조건으로 하기로 했어요?"

"500평에 8동 정도 지으려면 부대시설까지 해서 땅값 외에 4억에서 5억은 들 것 같아. 그래서 선배는 땅을 대고, 내가 건축비를 대는 조건으로 동업을 하기로 했지."

"첫 사업이 너무 큰 것 아니에요?"

"규모는 있지만 그곳이 선배 고향이고, 나하고는 30년을 알고 지낸 사이라 사람은 믿을 만해. 크게 투자해야 돈을 벌지 작게 시작해서 언제 돈을 벌겠니."

"그분은 전에 사업을 해본 경험이 있대요?"

"아니. 선배도 사업은 처음이야."

"돈은 어떻게 마련하려고요?"

"너는 걱정하지 않아도 된다. 퇴직금하고 그동안 모아놓은 돈을 합하면 2억 5,000만 원은 될 거야. 나머지는 집을 담보로 은행에서 대출받으면 돼. 요즘 금리가 낮아 이자는 크게 신경 쓰지 않아도 되잖아."

장도전은 걱정이 되어 다시 물었다.

"형님, 펜션의 사업성에 대해 조사는 해봤나요?"

"정확한 건 아니지만, 성수기, 비수기 평균하면 1년에 1억에서 1억 5,000은 남을 것 같더라. 둘이 나눠도 월 500만 원 이상은 될 것 같아. 그리고 시간이 지날수록 땅값은 오를 테니까 괜찮은 사업이지. 너, 형수나 아버님이 물으시면 잘 말씀드려. 걱정 안 하시게."

장도전은 마음이 착잡했다. 3년 전 자신의 모습을 보는 것 같았다. 왕고수 사장이 왜 그렇게 현장 경험을 중요시했는지 그때는 이해하지 못했지만, 막상 장사를 시작하고 보니 절절히 몸으로 이해가 되었다. 지금 장천하의 귀에는 아무 소리도 들리지 않는다는 것을 장도전은 너무 잘 알고 있었다. 장도전은 용기를 내서 형에게 말했다.

"형! 아무리 빨리 시작해도 6개월에서 1년은 펜션에서 현장 경험을 해보고 시작해야 해요."

"그러면 식구들은 그동안 무얼 먹고사니. 네가 나를 걱정하는 마음은 알겠는데 너무 걱정 안 해도 돼."

"형이 평생 모은 돈의 전부를 투자하는데 그 정도의 시간은 아무것도 아니에요. 나도 창업을 준비할 때는 몰랐어요. 실제 해보니 현장 경험만큼 중요한 것이 없더라고요. 내 생각에는 왕고수 사장님과 의논해보는 게 좋을 것 같아요."

장도전은 낮은 목소리로 말을 건넸다. 혹시라도 동생이 형을 가르치려 한다는 생각을 갖지 않게 신경을 썼다.

"도전아, 6개월을 쉬었다. 이제 네 형수 눈치 보는 것도 지겨워. 그리고 왕고수 사장님 만나봐야 너와 똑같은 얘기만 할 텐데 기분만 상할 거야. 어쨌든 네 말은 잘 들었다."

"저는 형님 심정 충분히 이해해요. 저도 형님과 같은 시간이 있었잖아요. 지금 현장 경험을 충분히 쌓지 않으면 넘어지고 나서야 배울 수 있어요."

장도전은 3년 전에 왕고수가 자신에게 한 말을 지금 형에게 똑같이 하고 있었다.

"넘어지고 배우다니, 너 그게 무슨 말이냐. 시작도 하기 전에 그렇게 말을 해도 되는 거냐?"

장천하는 동생이 하는 말에 마음이 상했다. 이미 마음이 펜션에 가 있어 다른 사람의 말은 귀에 들어오지 않았다. 자신을 지지하지 않는 사람은 적으로 보였다. 천하는 동생을 남겨놓고 포장마차를 나와 혼자 걸었다. 지금 장천하에게 동생 장도전은 자신의 앞길을 막는 방해꾼에 불과할 뿐이었다.

왕고수와의 만남

동생을 만나고 열흘 후, 장천하는 아버지의 고향 선배이자 동생의 멘토인 왕고수를 찾았다. 장천하의 사업 계획에 대해 들으신 아버지의 강권에 못 이긴 것이다.

"오랜만에 인사드립니다. 그동안 찾아뵙지 못해 죄송합니다."

장천하가 왕고수를 만난 것은 3년 전이었다. 동생인 장도전의 가게 개업식 때였다. 오늘의 장도전을 만든 것은 왕고수였다. 처음 장도전에게 왕고수는 앞길을 막는 훼방꾼이었지만, 동생은 그의 말을 따랐고, 지금은 동생에게 둘도 없는 멘토이자 코치가 되었다.

"죄송하긴. 다 사는 게 그런 거지. 얼굴이 훤하구먼. 장은퇴 아우는 복도 많아. 이런 아들이 둘씩이나 되니."

왕고수의 사무실은 생각보다 작고 아늑했다. 기업 대표의 방으로는 다소 협소하다는 생각이 들었다. 두 사람은 커피를 마시면서 말을 이었다.

"자네는 요즘 어떤 일에 시간을 가장 많이 사용하나?"

장천하는 왕고수의 질문에 한참을 머뭇거리다가 입을 열었다.

"특별히 집중해서 하는 일은 없습니다. 친구들도 만나고 사업 구상도 하고……, 그렇게 지내고 있습니다."

"그렇구먼. 퇴직한 지 얼마나 되었지?"

"6개월 조금 넘었습니다."

"퇴직 후 어떤 것이 제일 힘들던가?"

장천하는 바로 대답을 못했다. 그동안의 일들이 머리에 그려졌다. 적지 않은 시간이 흘러갔다. 왕고수는 찻잔을 바라보며 장천하가 입을 뗄 때까지 기다렸다.

"경제적인 부분, 돈을 벌지 못하는 부분이 아닌가 생각합니다……. 사실은 할 일이 없다는 것이 가장 힘듭니다."

"그렇겠지."

"……."

조심스럽게 왕고수가 말을 꺼냈다.

"그래, 펜션을 계획하고 있다고?"

"예. 대학 선배와 동업을 하려고 합니다. 3개월 이상 준비했습니다."

장천하는 왕고수에게 '하면 잘될 것 같다'라는 말을 듣고 싶었다.

"펜션은 어떤 이유로 하려는 건가?"

"장사가 잘될 것 같아서요. 동업자의 고향이라 낯설지 않은 곳입니다. 요즘 20~30대는 자신의 라이프스타일대로 살기 때문에, 그들의 니즈만 충족하면 충분히 승산이 있다고 생각합니다."

"그래, 오늘 나를 찾아온 이유는 무언가?"

"아버님도 말씀하시고 도전이도 사장님을 찾아뵈었으면 해서 왔습니다. 이제 사업을 시작하면 많은 지도 편달 부탁드립니다."

"이미 결정을 한 게로구먼."

"그래도 창업하는 데 참고할 만한 것이 있으면 말씀해주세요."

"자네는 창업을 무엇이라고 생각하나?"

"직장인에서 벗어나 자기 사업을 하는 것이라고 생각합니다."

"자기 사업을 좀 더 구체적으로 말해줄 수 있는가?"

"일종의 자영업이지요. 그동안은 회사의 책임 아래 일을 했다면 이제는 자신의 책임 아래 일을 하는 것이라고 생각합니다."

"내가 묻는 것은 일하는 형식이 아니라 창업의 의미를 묻는 걸세."

"아, 네. 말 그대로 일을 만들어내는 것이지요."

"그러면 자네는 지금 무슨 일을 만드는 것인가?"

장천하는 왕고수의 질문에 피곤해지기 시작했다.

"창업의 근본 의미는 새로운 것을 만드는 것이네. 새로운 가치를 만들 준비를 하지 않고 장사를 시작하는 것은 창업이 아니야. 그것은 개업이지. 같은 업종의 일을 해도 남과 다른 방법으로 하는 것이 창업이라네. 다시 말해 창업은 남과 같은 일을 하는 것이 아니라 새로운 일, 새로운 가치를 만들어내는 행위를 말하는 것이야."

"새로운 가치라니요?"

"제품이나 서비스 혹은 환경이나 소유 형태 등 다양한 부분에서 고객이 의미 있다고 느끼는 것이지. 고객에게 만족을 주거나 감동을 불러올 수 있는 그 무엇이 바로 가치라고 말할 수 있어. 그러니까 고객의 필요와 욕구를 충족하는 것을 가치라고 하네."

"창업자들이 사업을 시작하기도 어려운데 처음부터 경쟁자와 다른 것을 만들어내는 것은 거의 불가능한 일 아닌가요? 일을 배워가면서 고객의 니즈도 맞추고 그러는 것 아닙니까?"

"그렇지 않아. 처음부터 고객이 원하는 것을 팔아야 해. 예를 들어 팥빙수나 떡볶이같이 흔히 볼 수 있는 제품의 수준을 한 차원 높여 성공한 브랜드를 봐봐. 우리 주변에서 흔히 볼 수 있는 아이템에 고객이 원하는 새로운 가치를 부여해서 성공했어. 새로운 발명품을 만들라는 것이 아니야. 기존 제품을 팔더라도 지금 있는 사업자와 다른 가치를 만들어내야 승산이 있다는 것을 말하는 거지. 그래서 충분히 현장 경험을 쌓으면서 남이 발견하지 못한 것으로 새로운 아이디어를 만들어내야 한다는 거야. 자신이 잘 아는 일을 해도 쉽지 않은 것이 사업인데, 현장 경험도 안 해보고 시작하는 것은 굉장히 위험할 수 있어. 어떤 학자는 사업을 시작하고 빠른 시간 안에 작은 실패를 하는 것도 하나의 전략이라고 말하지."

"실패가 전략이라니요?"

"실패는 문제를 발견하게 도와주고, 더 발전된 모습으로 거듭날 수 있는 계기를 만들어주기 때문이지. 일종의 투자 행위라고 볼 수 있어. 하지만 자네처럼 마흔아홉에 경험도 없이 집을 담보로 전 재산을 투입하는 것은 위험한 일이야. 잘못되면 많은 사람들이 고통을 겪게 돼. 재기도 쉽지 않고. 기업이 하는 작은 실패하고는 전혀 다를 수 있어. 그러니 처음부터 잘하는 것이 중요하네."

"저는 지금 돈을 벌어야 합니다. 벌써 6개월째 이렇게 허송세월만 하고 있습니다."

"펜션 사업은 자네가 평소에도 하고 싶었던 일인가?"

"그런 건 아닙니다."

"그럼, 펜션 사업을 통해 의미와 보람을 느끼고 싶어서 시작하려는 건가?"

"꼭 그래서 시작하는 것은 아닙니다."

"아니면, 다른 어떤 일보다 펜션 일을 더 잘할 수 있을 거라고 생각하나?"

"그렇지는 않습니다. 하지만 하고 싶고, 보람을 느끼고, 잘해야만 사업을 시작할 수 있는 것은 아니잖아요."

"그런 게 사업의 핵심인데, 그런 것도 없이 사업을 시작하면 어떻게 되겠나?"

"어쨌든 그런 생각은 깊이 안 해봤습니다."

"자신이 간절히 하고 싶은 일도 아니고, 탁월하게 잘하지도 못하며, 보람도 느낄 수 없는 일을 하면서 그 결과가 좋을 수 있을까?"

"그런 것과 사업이 직접 연관되는 건 아니잖아요. 상징적인 의미지."

"자네 생각해보게. 하려는 일에 재능이 있고, 하고 싶은 마음이 있고, 의미를 느끼는 사람은 그 일에 집중하며 여러 아이디어도 발휘할 수 있지만, 그렇지 않은 사람이 열정을 가지고 창의적으로 그 일을 해낼 수 있을까?"

"실제 그렇게 처음부터 좋아하는 마음으로 일을 시작하는 사람이 몇이나 됩니까. 다른 사람들이 해서 잘되는 그 일이 '내 일'도 될 수 있는 것 아니겠습니까."

"그렇다면 나는 자네를 도와줄 수 없네. 가능성이 없는 길로 가는 사람에게 그 길을 권할 수는 없지 않는가. 일단 펜션에 가서 몇 달 경험해보고 다시 나하고 이야기하세."

"알겠습니다. 사장님의 취지는 충분히 이해합니다. 시간 내주셔서 감사합니다."

장천하는 그렇게 왕고수와 헤어졌다. 왕고수의 말이 귀에 들어오지 않았다. 한번 마음이 머문 펜션 외에는 다른 것엔 관심이 없었다. 도전, 의미, 보람, 탁월 등의 말은 들리지도 않았고 듣고 싶지도 않았다. 장천하에게 그런 상식적이고 교과서적인 이야기는 아무런 자극이 되지 않았다. 아버지와 동생의 체면도 있고 해서 왕고수 사장을 만난 것뿐이다. 왕고수 사장에게 미안하거나 양심에 거리낌을 느끼지도 않았다. 장천하는 왕고수의 사무실을 나와 같이 사업을 할 강고을 선배를 만나러 갔다.

첫 사업

장천하는 46번 경춘가도를 따라 달렸다. 청평 검문소를 지나 언덕을 넘어 조그만 카페가 눈에 들어왔다. 강고을이 와 있었다.

"선배님! 제가 조금 늦었네요. 언제 오셨어요?"

"아니야. 나도 조금 전에 왔어. 그래, 오늘 아버님께서 말씀하신 왕 사장님 만난 일은 잘되었고?"

"네……."

"좋은 말씀 많이 들었어?"

"왕 사장님은 업종에 상관없이 내게 적합한 일을 하라고 하더군요."

"적합한 일이라니?"

"펜션 일이 내가 정말 하고 싶은 일이냐, 평소 취미와 관련이 있거나 잘하는 일이냐, 또 이 일이 보람 있을 것 같으냐고 물으셨어요. 저는 그런 것보다 사업성이 문제라고 말씀드렸지요. 제가 얼마나 돈을 벌 수 있느냐가 중요한 것이라고 말씀드렸더니 자신은 더 이상 도와줄 것이 없다고 하더라고요."

"자신이 원하는 일을 하고 싶지 않은 사람이 어디 있어. 사업은 취미 활동이 아닌데 그런 일을 해서 돈을 벌 수 있나? 그리고 의미 있는 일을 하라는 것은 또 무슨 뜻이야?"

"보람을 느끼고 의미가 있는 일이라야 마음을 두고 어려움을 헤쳐 나갈 수 있다고 하더라고요. 그것이 정신적인 지주 역할을 할 수 있다는 거예요."

"장사만 잘되면 그것보다 더 큰 동기부여가 될 만한 것이 또 있나? 어쨌든 사업에 직접 도움이 되는 말은 못 들은 거구먼."

"저도 처음부터 기대 안 했어요. 아버지가 하도 말씀하셔서 할 수 없이 만난 거지."

장천하의 대학 선배인 강고을 역시 은행 지점장을 지낸 경력이 있을 뿐 자신의 사업은 처음이었다. 장천하는 사업의 절차에 대해 강고을과 얘기를 나누고 저녁 늦게 서울로 올라왔다.

장천하는 집 어귀에 있는 치킨 집에 가 닭과 생맥주를 시켰다. 얼마 지나지 않아 아내 이다정이 들어왔다.

"여보, 오늘 왜 이렇게 늦었어요? 왕 사장님은 만났어요?"

"왕 사장님 만났다가 가평에 가서 강 선배 만나고 올라오는 길이야."

"그래, 왕 사장님은 뭐라 하세요?"

"원론적인 얘기만 하시더라고. 현장에서 경험을 쌓으라는 거야. 그것도 한두 달도 아니고 6개월에서 1년을. 우리 현실을 모르고 하시는 말씀이지."

"여보, 그래도 얼마간이라도 배우고 시작하는 것이 어때요?"

"강고을 선배가 틈틈이 배우고 있어. 그리고 주변에 아는 사람들이 많아 무슨 일이 있으면 물어보면 돼. 건물 짓는 것은 선배가 잘 아는 건축업자에게 맡길 거고, 실내 인테리어하고 커튼이나 이불 등은 그곳에서 잘나가는 펜션을 따라 하면 돼. 펜션 홈페이지도 일괄로 맡아서 하는 곳이 있어서 신경 쓰지 않아도 돼. 나는 자금을 마련하는 것과 공사 견적을 비교하는 일만 하면 돼. 공사가 시작되면 감독을 철저히 하면 되고."

"참, 아까 도련님한테 전화 왔었는데 다른 것은 몰라도 동업이나 폐업 시 어떻게 할 것인지 전문가의 의견을 토대로 공증을 받아놓으라고 하던데요."

"동업계약서는 우리가 만들면 되고, 사업을 그만둘 때는 50:50으로 하기로 했으니까, 됐어."

"여보, 하니 아빠. 지금 우리에게 필요한 게 돈이지만 왕 사장님이나 도련님 말대로 좀 더 신중하게 생각하는 게 어때요. 당신이 현장 경험을 하는 동안 퇴직금으로 생활하고 부족분은 내가 일을 해서 마련할 테니, 우리 그렇게 해봐요."

"당신 왜 자꾸 그런 얘기해! 나도 신중하게 생각하고 이 일을 추진하는 거야. 내가 직장 경험만 23년이야. 나도 알아볼 건 다 알아봤다고. 그러니 당신은 더 이상 걱정 안 해도 돼!"

"왠지 불안해서 그래요."

"그런 생각하지 마. 당신은 그저 사업이 잘되서 갖다 주는 돈으로 생활만 잘하면 돼."

왕고수와 장도전의 말이 이다정의 머리에서 떠나지 않았다. 장천하 모르게 두 사람을 만났을 때 들었던 얘기가 머리에서 빙빙 돌았다. 첫 사업을 하면서 현장 경험도 안 해보고 전 재산을 투자하는 것은 매우 위험하다고 했다. 지금 장천하를 말릴 수 있는 사람은 이다정밖에 없다고 했다. 그날 밤 장천하가 코를 골며 자는 동안 이다정은 뜬눈으로 밤을 새웠다. 하지만 남편을 설득할 방법을 찾지는 못했다.

연기처럼 사라진
5억

건축업자가 두 번 바뀌는 우여곡절을 겪은 끝에 첫 삽을 뜬 지 6개월 만에 8개 동의 펜션이 지어졌다. 가슴이 벅찼다. 대학 동창들과 친구들, 친지들이 축하해주었다. 아버지 장은퇴와 동생 장도전이 저녁 늦게 도착했다. 9월의 밤은 싸늘했다. 사방이 잣나무로 가득했다. 잣나무 냄새가 코를 스쳐 지나갔다. 장은퇴와 장도전은 이다정과 함께 둘러보며 입을 다물지 못했다. 장은퇴는 아들이 대견스러웠다. 어쨌든 이런 사업을 시작할 수 있는 용기가 대단하다고 생각했다.

시작은 순조로웠다. 주말이면 8개 동이 다 찼고, 평소에도 3~4개 동에 손님이 들었다. 11월 들어 손님이 줄어드는 듯했지만, 방학이 시작되면서 다시 매출이 오르기 시작했다. 펜션에서 송년회를 하는 직장이나 단체들도 적지 않았다. 일하는 재미가 쏠쏠했다. 그런데 본격적으로 날씨가 추워지자 연료비가 많이 들었다. 건물을 지을 때 바닥을 콘크리트가 아닌 철골조로 하는 바람에 건물 아래로 찬바람이 지나갔다. 왕고수의 조언이 떠올랐다. 펜션은 계절별 특성을 알고 시작해야 시행착오를 덜 겪는다고 했다. 급한 대로 건물 아래를 벽돌과 송판으로 막아 응급처치를 했다.

여름 성수기에는 정신을 차릴 겨를도 없이 바빴다. 일은 힘들어도 가족과 함께 일을 하고 돈을 벌어 좋았다. 이다정 역시 자신이 했던 걱정이 기우라고 생각하며 여유를 찾았다. 그런데 8월 성수기가 끝나갈 무렵 문제가 터졌다. MT를 온 대학생들 중 하나가 술을 먹고 물을 빼놓은 수영장으로 다이빙을 한 것이다. 학생은 큰 부상을 당했고, 다친 학생은 손해배상 청구소송을 냈다. 현장에 안내 표지판이 있어도 야간에 수영장에 접근할 수 없게 조치를 취하지 않은 것이 화근이었다. 재판 결과 큰 액수를 배상하라는 법원의 판결이 나왔다. 1년 동안 번 돈보다 많은 돈이 필요했다. 겨울이 지나 다시 봄이 왔지만, 손님은 그전처럼 늘지 않았다. 주위에 새로 지은 세련된 펜션들이 늘어나 그쪽으로 손님이 몰리자, 이를 만회하기 위해 하자 보수와 리모델링에 모든 수익금을 쏟아부었다.

생활비를 주지 못하는 달이 생기기 시작했다. 장천하와 가족들에게 기쁨을 주던 펜션이 불안의 진원지가 되어갔다. 펜션 뒷산이 무너져 내리면서 한 동을 덮치는 사고도 있었다. 공간을 조금 더 넓게 쓰려고 산 밑에 바짝 붙여 지은 것이 화근이었다. 또 화재 사고도 발생했다. 젊은 남녀가 튀김을 한다고 기름 냄비를 가스렌지 위에 올려놓고 샤워를 한 것이었다. 소방차가 왔을 때는 이미 다 타버린 다음이었다. 불행 중 다행으로 사람은 다치지 않았다. 보험금을 조금 받았지만 그것으로는 새로 건물을 짓는 데 턱없이 부족했다.

장천하는 오랫동안 가슴 떨림 현상이 지속되었다. 아름답게 보이던 주변 경관이 무섭게 보이기 시작했다. 펜션에 있는 것이 고역이었다. 장천하는 한시라도 빨리 그곳을 떠나고 싶었다.

"선배, 이대로는 도저히 안 되겠어. 여기 있는 게 무슨 감옥살이를 하는 것 같아. 이곳에 들어오면 남들은 좋다고 하는데 나는 숨을 못 쉬겠어. 가슴이 답답하고 숨을 쉴 수가 없어."

"그래도 버텨야지."

"선배는 이곳이 고향이고 친구들도 있어 그런대로 견딜 만하지만 나는 더 이상은 안 되겠어."

"그럼 너는 어떻게 했으면 하는데! 네 생각을 말해봐."

"선배, 우리 이거 팔자. 더 손해 보기 전에 팔아버리자!"

"여기는 내가 태어난 곳이야. 난 떠날 수 없어. 그리고 지금 내놔야 누가 사겠어. 요즘 부동산 경기도 안 좋은데……. 경기도 경기지만 장사가 안 된다고 소문이 나면 엄청난 손해를 봐야 할 거야."

"그러면 선배가 내 몫을 인수해줘. 나 좀 살려줘. 이대로 있다가는 돌아버릴 것 같아."

"우리 조금 더 생각해보자."

그다음 날부터 둘 사이가 서먹해졌다. 두 사람이 동업자에서 사고파는 사람이 되니 서로의 입장이 묘했다.

장천하는 동생 장도전을 찾아갔다.

"네 말 안 들은 것이 이렇게 큰 화로 돌아올 줄 몰랐다."

충혈된 눈으로 소주잔을 비우며 그간의 일을 소상히 말했다. 상대는 더 이상 동생이 아니었다. 창업에 성공한 어엿한 사업가였다. 장천하는 하루라도 빨리 그곳을 떠나고만 싶었다. 눈물을 보이며 장도전의 손목을 잡았다. 누구라도 의지하고 싶었다. 동생에게 이렇게 약한 모습을 보이기는 처음이었다. 그냥 있으면 두렵기도 하고 숨을 쉴 수 없었다. 아내에게는 속을 다 터놓을 수 없었다.

"형, 강고을 선배가 어떤 제안을 하더라도 받아들이세요. 밀고 당겨야 얼마 차이 안 나요. 잘못하면 스트레스로 몸만 축나고 몹쓸 병만 얻어요. 깨끗이 포기하세요. 마음을 비우고 훗날을 기약하세요. 형! 어쨌든 형이 건강하기만 하면 어떤 일도 다시 할 수 있어요. 돈이라는 게 있다가도 없고 없다가도 있는 거 아니겠어요. 사람이 먼저 살고 봐야죠. 뒤는 걱정 말고 우선 빨리 처분하세요."

장천하는 참았던 울음을 터뜨렸다. 그동안 혼자 삭였던 눈물이었다. 동생이 아니라 선생님 앞에서 제자가 반성하듯 소리 내어 한없이 울었다.

동생과 헤어져 집으로 향하던 발걸음을 돌려 펜션으로 갔다. 그리고 강고을과 펜션에 대해 이야기를 다시 나눴다.

"천하야, 우리가 펜션을 하는 데 땅값과 건축비 모두 합해 10억 정도가 들어갔는데 부동산에서는 7억 이상은 어렵다고 해. 그것도 구매자가 있어야 가능하다는 거야. 앞으로 적자는 계속 날 터이고 쉽게 팔리지는 않을 것 같아."

"어떻게 했으면 좋겠어요?"

"그래서 말인데……, 내가 너에게 2억을 주면 어떨까 해. 그게 마음에 내키지 않으면 계속 같이하고……."

"선배, 7억이면 서로 반씩 손해 봐야지. 그런 말이 어디 있어요. 펜션

짓는 데 제 돈이 현금으로만 5억이 들어갔고, 이런 저런 일로 번 돈보다 더 많은 돈이 이곳에 들어갔는데, 저 혼자만 손해 보라고 하시면 어떻게 해요. 이곳 땅값은 소폭이라도 오를 테고 선배는 가지고만 있어도 손해는 안 볼 텐데. 그 많은 돈을 저 혼자 손해 보라고요. 너무합니다!"

폐업을 하거나 동업을 그만둘 때 어떻게 할 것인지 공증을 받아놓고 시작해야 한다는 장도전의 말이 생각났다.

장천하는 동생과 한 번 더 상의한 후에 3,000만 원을 더한 2억 3,000만 원에 펜션 사업을 정리했다. 그간의 적자와 수영장 사고로 진 빚을 갚고 나니 손에 남은 것이 거의 없었다. 2년 남짓한 시간에 5억 원이 다 날아가 버리고 집을 담보로 빌린 돈만 빚으로 고스란히 남았다. 수험료라고 하기엔 너무 큰돈이었다.

2막 2장

꼬박 이틀을 잤다. 밤낮이 두 번이나 바뀌도록 몰랐다. 꿈도 꾸지 않고 숙면을 취했다.

"당신 일어났네. 어쩜, 그렇게 자요. 누가 업어 가도 모르겠어요."

"내가 그렇게 오래 잤나."

"일어나 식사하세요."

오랜만에 장천하와 이다정이 식탁에 마주 앉았다.

"당신, 당분간은 마음 편하게 쉬어요. 여행도 다니고 친구들도 만나세요."

"미안해. 당신 말 안 듣다가 이런 일을 겪게 해서."

"사업을 해서 누구나 성공하는 것은 아니잖아요. 참! 여보, 우리 은행 빚 갚아버려요."

"당장 돈이 없잖아. 돈이 없는데 어떻게 갚아."

"집 팔고 전세로 옮기면 갚을 수 있어요. 기회가 되면 다시 사면 되잖아요. 빚에 눌려 건강마저 잃을 수 있어요. 여보, 그렇게 해요."

"알았어. 미안해……."

3개월 만에 집이 팔렸다. 은행 빚을 갚고 전세로 옮겼다. 빚의 억눌림에서 벗어나니 살 것 같았다. 수중에 몇천만 원이 남았다. 평생 모아 장만한 집은 없어졌지만 빚이 없어 행복했다.

며칠이 지나고 장천하는 동생의 가게를 찾았다.

"형, 이거 받아요."

"이게 뭐냐?"

"300만 원이에요. 집에만 있지 말고 여행도 다니고 친구들도 만나고 그래요."

"야! 이걸 내가 왜 받아? 됐다, 나도 돈 있어."

"형! 이 돈, 지금 쓰고 내가 힘들 때 갚으면 되잖아. 당분간 돈이 필요해도 형수에게 말하기가 좀 그럴 거예요. 돈 없이 돌아다니면 사람이 초라해 보여요. 당분간 형 용돈은 내가 준비할 테니 그렇게 아세요. 형이 잘됐을 때 크게 갚아주세요."

"……."

장천하는 동생의 마음을 잘 알고 있었다. 자신의 마음을 알아주는 동생이 있다는 것이 마음에 큰 위안이 되었다.

"야! 이게 얼마만이야."

펜션 일을 그만두고 한 달쯤 지났을 때, 평소 연락이 없던 고등학교 동창 왕남용에게 전화가 왔다. 그는 동료 몇 명과 컨설팅 사업을 하고 있다고 했다. 10평 남짓한 그의 사무실엔 상패와 상장이 관련 서적보다 많았다. 왕남용은 학생 때처럼 어깨에 힘이 들어가고 호기가 여전했다.

"네 얘기 들었다. 사업을 크게 했었다고."

"사업은 무슨. 펜션을 조그맣게 했어."

"사업, 그거 아무나 하는 게 아닌데, 너 같은 샌님이 어떻게 사업을 했냐? 요즘 어떻게 지내?"

"그냥 쉬고 있어. 정리한 지도 얼마 안 되었고……."

"너, 나하고 같이 컨설팅 안 해볼래?"

"내가 컨설팅의 '컨' 자도 모르는데 무얼 한다고 그래. 당분간은 좀 쉬려고 해."

"무언가 빨리 시작해야 안 좋은 기억도 잊는 거야. 쉬다 보면 1, 2년 훅 간다. 꼭 하라는 건 아니야. 생각해보고 좋으면 해보라는 거야. 학교 때 너는 공부도 잘하고 모범생이었지만, 나는 망나니처럼 아이들 괴롭히고 그랬잖아. 그런 나도 컨설팅을 하는데 네가 못할 게 뭐 있어."

"내가 안 해본 일이라서. 또 방법도 모르고."

"야! 내가 하라는 대로만 하면 돼. 사무실 직원이 나 포함해서 5명인데 각자 전문 분야가 다 있어. 마케팅, 재무/회계, 조직관리, 생산, IT. 그런데 마침 우리 사무실에 생산 분야 전문가가 없어. 너는 공학 석사에다가 대기업에서 생산팀장만 3년을 했는데 무얼 못하겠어. 컨설팅 요령만 조금 배우면 금방 해낼 수 있어. 너 같은 놈이 컨설팅 안 하면 누가 하니. 그리고 간간이 들어오는 자영업 컨설팅이 있는데 그것은 혼자서도 할 수 있어. 컨설팅은 건강만 문제없으면 평생 할 수 있는 직업이야. 그리고 자기 돈이 안 들어가잖아. 권리금을 주고 점포를 얻기를 하나, 재료를 구입하기 위해 돈이 들어가기를 하나, 일체 그런 것 없어. 노트북 하나 하고 시쳇말로 입만 있으면 돼. 세상에 이런 직업이 어디 있니. 요새는 자기 돈 들여 장사하는 거 아니야. 이젠 1인 창조기업인이 되어야 해. 우리가 1인 창조기업을 선도하는 지식인이야."

"음……, 만일 하더라도 진짜 몸만 있으면 되는 거야?"

"아, 그게……, 사실 지금 사무실 임대료 2,000만 원을 올려줘야 해. 네가 그 돈을 출자하면 회사의 공동대표가 되는 거야. 일을 그만둘 때 돌려줄 게. 권리금이 아니라 사무실 보증금이니까 너는 손해 볼 게 하나도 없어. 너니까 이런 조건에 영입하는 거야. 천하야, 명함도 없이 돌아다니면 자존심 상하는 일 많다. 컨설턴트 명함이라도 하나 있으면 누굴 만나도 떳떳하지. 아무튼 생각해보고 결정해. 내가 강요하는 것은 아니다."

다른 친구들은 왕남용과 함께 일하는 것을 반대했다. 그와 안 좋게 헤어진 친구들이 적지 않았다. 게다가 아내마저 반대하자 장천하는 망설여졌다.

이다정은 남편이 다시 동업을 한다는 사실 하나만으로도 내키지가 않았지만, 무조건 반대만은 할 수 없어 장도전의 가게를 찾았다.

"도련님, 하니 아빠가 컨설팅을 하고 싶다고 하네요. 그래서 상의 좀 하려고요."

이다정은 그간의 형편과 조건을 말했다.

"하게 하세요!"

의외로 장도전의 대답이 쉽게 나왔다.

"네?"

"혼자 생각만 하는 것보다 실제로 부딪히며 배우는 것이 많은 도움이 됩니다."

"부딪히며 배우다니요?"

"여러 분야의 새로운 사람들과 일을 하다 보면 다양하게 배울 수 있어요. 형이 컨설팅으로 돈을 번다는 생각보다 경험을 쌓는다고 생각하세요. 처음부터 자신이 좋아하는 일로 시작하기는 힘들어요. 대부분 자신이 정말 하고 싶은 일이 무엇인지 잘 모릅니다. 몇 번의 시행착오를 겪으면서 자신의 길을 알게 되지요. 대부분 그때 진정한 행복을 느낍니다."

"그럼, 지금 도련님은 행복하세요?"

"저요? 이곳이 제 놀이터 아닙니까. 언제든지 제가 만들고 싶은 초밥을 만들 수 있고, 손님들하고 이야기도 나누고 좋습니다. 억지로 돈, 돈, 하지 않습니다. 그런다고 돈이 들어오는 것도 아니잖아요. 정말 하고 싶은 일을 하면 됩니다. 일이 재미있으면 돈은 자동적으로 들어옵니다. 그래야 돈에 얽매이지 않을 수 있어요. 형도 잘되서 그렇게 살 겁니다. 형수님, 힘들어도 조금만 기다리세요. 형은 해낼 겁니다. 형이 지금은 어려워도 저보다 훨씬 더 큰 사업으로 지금을 회고할 날이 올 겁니다."

도전의 말을 듣고 보니 다정은 남편에게 시간을 보낼 공간과 일이 필요하다는 생각이 들었다. 오라는 곳도 없고 만나는 사람도 없으니 사람이 무너지는 것을 느낄 수 있었기 때문이다. 무언가 결단이 필요했다.

"여보, 지난번 얘기한 컨설팅은 어떻게 되고 있어요?"

"당신도 꺼려하는 거 같고, 친구들도 썩 권하지 않고 해서……."

"다른 사람 말고 당신 생각은 어때요? 솔직한 심정을 말해봐요."

"컨설팅 자체는 좋은 것 같아. 남도 돕지만 나에게도 도움이 될 것 같

아. 컨설팅을 하면 앞으로 어떤 사업을 하더라도 도움이 되지 않을까 생각해. 그런데 돈을 투자하라니 그것이 마음에 걸려. 수중에 돈도 없고……."

"그럼 당신은 여건만 되면 해볼 의향은 있는 거군요."

"음……."

"당신은 학위도 있고 회사 경험도 있으니 잘할 수 있을 거예요. 한번 시작해봐요. 돈은 내가 준비할 테니."

얼마 후 장천하는 왕남용의 사무실로 출근했다. 실로 오랜만에 만져보는 사무실 책상이었다. 감회가 새로웠다. 하지만 컨설팅은 생각만큼 쉽지 않았다. 기업 컨설팅은 큰 규모의 컨설팅 회사나 외국계 컨설팅 회사가 거의 독차지했다. 반면 중소기업들은 거의 컨설팅을 받지 않았다. 있어도 정부가 보조하는 중소기업 컨설팅 지원 사업(일명 쿠폰제 컨설팅으로, 성장기·정체기 기업의 지속 성장과 근본 체질 강화, 글로벌 경쟁력 확보를 위해 중소기업의 특성에 맞는 맞춤형 컨설팅을 정부가 최대 3,000만 원까지 지원하는 사업)이 몇 건 있을 뿐이었다. 그리고 소상공인 컨설팅은 컨설턴트의 수주 능력에 따라 진행되었다. 함께 일하는 사람들도 말이 동료지 실제로는 회사에 이름만 걸어놓고 자기 일을 하는 프리랜서들이었고, 사무실 운영에 필요한 제반 비용도 각자가 내야하므로 출근해서 쓰는 돈이 만만치 않았다. 게다가 장천하는 자격이 되지 않아 정부에서 지원하는 소상공인 컨설팅도 할 수 없었다. 컨설팅을 위한 자격 조건을 제대로 알아보지 않고 왕남용의 말만 믿고 시작한 것이 문제였다. 펜션과는 또 다른 고통이 엄습했다.

왕남용이 장천하를 영입한 것은 인상된 전세금을 대신 내줄 수 있고,

기업체의 일감을 따올 일꾼이 필요했기 때문이었다. 장천하가 기대에 못 미치자 왕남용은 장천하에 대해 실망하는 모습이 역력했다. 장천하는 컨설팅도 제대로 배우지 못한 채 천덕꾸러기 신세가 되었다. 장천하가 회사에서 자신이 설 자리가 없다는 것을 깨닫는 데 그리 많은 시간이 걸리지 않았다. 누구를 원망할 수도 없었다.

"남용아. 나, 사무실에 그만 나오려고 해. 괜히 일하는 사람들에게 방해만 되고 비용만 써서 안 되겠어."

"야, 네가 좀 더 뛰어봐. 네가 가져오는 일에서 수임료의 30~40%는 네 몫이고 네가 직접 컨설팅도 참여하고 좋잖아. 좀 더 참고 노력해봐. 누군 처음부터 잘했니?"

"나는 일을 해서 바로 돈이 되는 줄 알았어. 컨설팅을 제대로 하려면 최소 2~3년 이상 노력해야 하는 줄 몰랐어. 나보다 나이 어린 젊은 친구들 눈치 보는 것도 힘들고 이제 그만 나왔으면 해. 그래서 다른 것은 몰라도 네게 준 2,000만 원은 돌려줬으면 해. 너도 알다시피 내가 지금 생활이 안 되잖아. 그 돈이 내게는 엄청 큰돈이거든. 남용아, 부탁할게."

"정 그렇다면 할 수 없지. 하지만 돈은 지금 못 줘. 너도 알다시피 보증금으로 들어간 돈이잖아. 나중에 사무실 뺄 때 줄게. 지금 내 수중에 돈이 없어. 나도 근근이 생활하고 있어. 너도 봐서 알잖아. 컨설턴트라는 게 말만 뻔지레하지 실속이 없어. 천하야! 나, 약속이 있어 먼저 나갈게. 다음에 또 얘기하자. 미안해."

3개월 만에 다시 원점으로 돌아왔다. 2,000만 원이 담배 연기처럼 사라졌다.

벼랑 끝에 서다

장천하가 집에 있는 시간이 많아지자 이다정은 대형마트에 일자리를 구했다. 생활비에 대한 부담도 있었지만, 남편과 함께하는 시간이 많을수록 부딪치는 일이 잦았기 때문이었다. 사사로운 말 한마디가 서로의 가슴에 상처를 남기고 있었다.

그때 장천하에게 전화가 한 통 걸려왔다. 공기청정기 회사에서 생산담당임원으로 영입하고 싶다는 제의였다. 장천하는 이게 꿈인가 생시인가 긴가민가했다. 다음날 이력서를 준비해서 회사를 방문했다.

"아유, 이력이 화려하시네요. 큰 기업에서 부장까지 하시고 석사 학위까지 있으시네요. 저희 회사는 생산 관련 유능한 임원을 영입하려고 합니다. 장 선생님이 저희 조건과 잘 맞을 것 같네요. 우선 2주 정도 오리엔테이션을 받고 나면 발령이 날 것입니다. 자세한 것은 차차 아시게 됩니다. 오늘부터 회사와 관련된 강의를 들으시고 오후에는 관리본부장님 면담이 있습니다. 며칠 후에는 사장님도 만나시게 될 겁니다. 저희 스케줄대로 움직이시면 됩니다."

"예, 알겠습니다."

10시가 되자 강의실로 안내되었다. 장천하와 같이 오리엔테이션을 받는 사람이 20~30명은 되었다. 그런데 분위기가 좀 이상했다. 직원들 대부분이 50대 후반에서 60~70대였다. 인생 이모작에 희망을 주는 기업 이미지에 걸맞기는 했지만, 나이들이 너무 많은 것이 마음에 좀 걸렸다. 오후에 관리본부장을 면담하고 집으로 돌아왔다. 경력이 훌륭하다는 칭찬과 함께 교육을 잘 받으라는 것 외에는 특별한 말이 없었다. 장천하는 아내에게 면접 얘기를 일체 하지 않았다. 혹시 잘못되어 또 다른 실망을 주게 될까봐 입조심을 했다.

그렇게 며칠 교육을 받는데 이상한 점이 한두 개가 아니었다. 조회 시간에 매출을 많이 올린 사람을 축하해주는 것은 이해할 수 있겠는데, 장기자랑을 하는 모습이 다소 생소하고 이상했다. 또한 회사의 조직 구조나 일하는 형태가 일반 조직하고 많이 달랐다. 일반 사무직원이 거의 없고, 나이 많은 영업사원들뿐이었다. 열흘 째 되는 날, 부사장을 만날 수 있었다.

"어서오세요. 정강매 부사장입니다."

"예, 안녕하세요. 장천합니다."

"교육 받아보니 어떠세요? 우리 회사는 나이 많은 사람들이 땀 흘려 일하는 곳입니다. 자식들 눈치 안 보고 자립할 수 있는 여건을 만들어드리지요. 우리 회사 아니고는 이런 사람들에게 누가 일을 줍니까. 대단하지 않습니까?"

"아, 예……."

"장 선생님이 일주일 이상 교육받으면서 느꼈을 텐데, 우리 임원들 모두 일을 시작할 때 공기청정기를 한 대씩 구입합니다. 그래야 정식으로 회사의 식구가 됩니다. 사장 이하 누구도 예외는 없습니다. 장 선생님도 공기청정기를 사셔야 정식직원으로 발령을 받게 됩니다."

정강매 부사장은 450만 원에서 650만 원에 해당하는 제품을 권했다. 아니 강매를 했다. 다단계와 피라미드 판매 방식이 절묘하게 섞인 형태였다. 장천하는 비로소 돌아가는 상황을 확실하게 이해했다. 홈페이지에 고객의견 게시판이 없고 부실하게 운영되는 이유가 거기에 있었다. 나이 많은 사람의 약점을 이용해 사업을 하는 곳이었다.

가슴이 저려왔다. 세상을 순수하게 본 장천하의 가슴이 무너져내렸다. 장천하는 창피해 쥐구멍이라도 있으면 들어가고 싶었다. 싸움을 대판 벌이고 싶었지만 그곳에 있는 사람들 모두가 가엾게 느껴졌다. 그렇게라도 해야 하는 현실 앞에서 연민의 정이 가슴을 눌렀다. 회사를 조용히 빠져나왔다. 발길을 돌려 퇴계로로 향했다. 1시간 이상을 걷다 보니 서울역이 보였다. 가장 빨리 오는 기차에 몸을 실었다. 경부선 무궁화호였다. 일단 대전까지 표를 끊었다. 다음 계획은 없었다. 아는 사람이 없는 곳에 몸을 숨기고 싶었다. 비참한 자신의 모습이 익숙한 곳에 투영되는 것이 싫었다. 몸뚱어리를 감출 수만 있다면 어디든 상관없었다.

처음으로 퇴직이 죄로 느껴졌다. 억울하게 회사를 나왔지만 그때는 당당했다. 총대를 멘 자신이 자랑스러웠다. 무엇이든 주저할 게 없었다. 어떤 일을 해도 잘할 것 같았다. 하지만 지금은 무능하고 별 볼 일 없는 사람이 된 자신의 모습이 비수처럼 가슴에 꽂혔다. 이 땅에서 자신의 존재를 지우고 싶었다. 할 수만 있다면 '장천하'를 없애고 싶었다. 겉으로는 정장 차림의 멀쩡한 신사였지만 속은 아무것도 없는 껍데기에 불과한 자신의 모습을 자책했다. 하지만 아내와 두 아이의 환한 미소가 아지랑이처럼 아롱거렸다. 잠시 잊었던 사람들이다. 쾨쾨한 모습으로 서울행 기차에 다시 몸을 실었다.

"얘기도 없이 대전에는 왜 갔어요?"

"선배가 한 분 있어서 바람도 쐴 겸 갔어."

"당신에게 무슨 일 있는 건 아니에요?"

"무슨 일은! 선배 만나러 갔다니까!"

그렇게 두 사람의 대화는 끝났다.

이제 장천하는 아침에 일찍 일어나 산보를 하고 아내가 퇴근할 시간이면 자연스럽게 집을 나왔다. 아내와 마주치는 것이 곤욕이었다. 이런 일이 한 달간 계속되었다. 천하와 다정은 꼭 필요한 말 이외는 하지 않았다. 서로의 말은 상대에게 상처를 주는 흉기로 변해버렸다. 피해자는 아이들이었다. 온 가족이 우울 바이러스에 감염되었다. 아이들의 귀가 시간이 늦어지기 시작했다. 휴일이면 아내는 빨래를 하고 청소를 하며 부산을 떨었다. 장천하는 보통 때보다 더 일찍 집을 나섰다.

이다정은 이렇게 계속 사는 것은 아니라고 생각했다. 두 사람은 동네 어귀에 있는 커피전문점을 찾았다. 찻잔에 피어오르는 수증기가 성가시게 느껴졌다.

"당신, 무슨 일이라도 해야 하는 것 아니에요? 지난번 친구랑 컨설팅한다고 가져간 돈은 그렇다 치더라도, 저 혼자 벌어서는 아이들 공부는 고사하고 밥도 못 먹겠어요."

공기청정기 사건을 모르는 이다정은 일 없이 지내는 장천하가 미웠다.

"으으음……, 알았어."

장천하의 입에서 신음이 새어나왔다.

"사업할 생각 그만두고 어디 일자리라도 알아보세요. 한 달에 다만 얼마라도 좋으니 일감을 찾아보세요."

"알았다니까."

"괜스레 이것저것 준비하다가 허송세월하지 말고, 더 늦기 전에 허드렛일이라도 알아보세요."

"알았다고! 그만해!"

"알았다고만 할 게 아니라 내 말 잘 들어보세요."

"아유 진짜 왜 그래, 알았다는데. 정말 그만하라니까!"

장천하는 탁자를 치고 밖으로 나갔다. 머그잔이 바닥에 떨어져 산산조각이 나며 흩어졌다. 장천하는 무작정 걸었다. 슬픔이 온몸을 옥죄었다. 목덜미가 뜨거웠다. 포장마차에서 마시지도 못하는 소주를 두 병이나 마셨다. 몸이 금세 나른해졌다. 마음도 가라앉았다. 술기운이 장천하를 감싸 안았다. 몸이 따뜻했다. 이대로 잠들고 싶었다. 손과 발이 쩌릿했다.

깨어난 곳은 병원이었다. 심한 고열에 손가락 하나 들 힘도 없었다. 의사는 심한 스트레스와 우울증이 함께왔다고 했다. 장천하는 이러다 죽겠다는 생각이 들었다. 하지만 차라리 그것이 낫다고 생각했다. 눈물이 계속 흘러내렸다. 삶이 너무 길다고 느껴졌다. 살길이 아니라 죽는 길만 머리에 떠올랐다.

월급쟁이보다
오너가 더 쉽다

장천하의 부모님은 핼쑥해진 장천하의 모습에 눈물을 흘렸다. 아버지 장은퇴는 봉투를 내놓고는 바로 일어섰다. 아들의 몰골을 차마 더 이상 볼 수 없었다. 늘그막에 아들의 호강은커녕 실의에 빠진 모습을 보고 있으려니 속이 타고 화가 솟구쳤다. 동생 장도전도 아무 말 없이 일어섰다. 지금은 가만히 있는 게 상책이라고 생각했다. 마음의 병이니 스스로 일어나는 수밖에 없었다.

장도전은 왕고수에게 저간의 사정을 낱낱이 전했다. 형을 다시 서게 하려면 왕고수의 도움이 필요했다. 얼마 후 왕고수가 장천하를 찾았다. 70대 중반의 노구에도 걸음걸이가 당당했다. 얼굴에는 잔잔한 미소가 흘렀다. 생각지도 않은 왕고수의 방문에 장천하는 몸을 추슬렀다.

"자네, 마음고생이 심하구먼. 보니 죽을병은 아닌 것 같네!"

"사장님 오셨어요. 여러모로 힘들게 해드려 죄송합니다."

"나한테 죄송할 게 뭐 있나. 사는 것이 다 그런 건데. 웃다 울고, 울다가 웃는 것이 사람 사는 거라네."

이다정이 녹차를 내왔다.

"하니 엄마가 고생이 많겠어요. 곧 지나갑니다. 너무 걱정하지 마세요. 산이 높으면 골이 깊은 것처럼 큰일을 하려면 다 이런 과정을 겪는 법이지요."

"펜션 때보다 마음이 더 상했나봅니다."

이다정이 찻잔을 들며 말을 건넸다.

"펜션 때는 남을 미워했지만 지금은 자신이 미워 더 그런 겁니다. 천하, 자네는 이 세상에서 가장 큰 고통이 뭐라고 생각하나?"

"글쎄요……."

"인간에게 가장 큰 고통은 자신을 사랑하지 않는 고통이지. 자신을 업신여기고 미워할 때가 가장 고통스럽다네. 믿음을 잃어버린 자신의 모습에 분이 나고 화가 날 때가 가장 힘들어. 자네는 남이 아닌 자네 때문에 화병이 난 거야. 때가 되면 다시 자신을 좋아하게 될 거야. 다들 이런 과정을 겪으면서 여물어지지."

"사장님, 저를 힘들게 하고 제게 고통을 주었던 사람들을 찾아서 복수할 겁니다."

장천하는 눈을 부라리며 말을 뱉었다.

"누굴 탓할 텐가! 미워할 사람은 없네. 어제의 나와 오늘의 나만이 있을 뿐이야. 복수의 칼은 손잡이가 없어 날을 잡을 수밖에 없네. 그 칼을 드는 순간 내가 먼저 상하게 돼."

"사장님, 정말 제가 미워요. 저처럼 못난 인생도 없을 겁니다."

장천하는 말을 하며 얼굴을 쓸어내렸다.

"자네, 뭐가 못났다는 건가?"

"제 모든 것이 밉습니다……."

"'하늘이 큰 임무를 내릴 때는 먼저 그 마음을 괴롭게 하고 고달프게 하며, 또 굶주리게 하고 목마르게 한다'라고 맹자님은 말씀하셨지. 자네, 경험을 통해 배우는 아픔보다 더 비극적인 아픔이 뭔지 아나?"

"……."

"귀한 경험을 하고도 배우지 못하는 아픔이라네. 실패했다고 자신을 너무 나무라지 말게. 자네 허락 없이는 누구도 자네를 비난할 수 없어. 스티브 잡스는 애플에서 해고당한 게 자신의 인생에서 최고의 사건이었다고 말했지. 그때야말로 자신의 인생에서 가장 창조적인 시간이었다고 말이야."

"그래도 저는 아닙니다. 이 모든 문제가 제가 어리석어 일어난 겁니다. 저 하나 때문에 부모님과 제 식구들이 다 고생하고 있어요. 정말 저하나 없어져서 해결이 될 수만 있다면……."

"'누가' 잘못 했는가가 중요한 게 아니야. '무엇이' 잘못 됐는지가 중요한 거지."

왕고수는 찻잔을 입에 대며 말을 이었다.

"누구에게나 원하지 않는 고난은 있어. 그곳은 풀포기 하나 나지 않은 메마른 광야지. 광야는 내가 깨어지고 교만이 부서지는 곳이네. 억울하게 공격을 당하기도 하고 무능한 낙제생으로 낙인찍히기도 하지. 내 생각과 다르고 내 계획이 먹히지 않으며 실패만이 나를 조롱하는 곳이야. 그런데 광야는 고난만 있는 곳이 아니야. 꿈이 생겨나기도 하는 곳이지. 절대 할 수 없다고 마음에서 지워버렸던 희망이 다시 생겨나는 곳이기도 하다네. 대개 고난만 보기 때문에 괴로워하는데 그렇지 않아. 우리가 이루려는 꿈은 광야 저편에 있어. 꿈을 이루려면 광야를 건너야 한다네. 광야라는 보따리 안에 꿈이 있는데 그걸 풀어보지 않고는 만져볼 수도 없으니 어떻게 하겠는가.”

“하지만 광야 건너에 있는 희망이 잘 안 보이니 광야에서 이대로 끝나는 게 아닌가 하는 생각이 듭니다.”

장천하가 힘없이 말했다.

“이 세상이 우리가 고생만 하다가 죽으라고 광야를 만들어놓지는 않았네. 목적지는 따로 있어. 그리고 자네가 끝났느니 하는 것은 마음속 두려움 때문인데, 그 두려움은 앞으로 일어날 일에 대비가 필요하다는 신호일 뿐이야. 두려움은 내가 행동으로 옮길 때만 비로소 사라져. 두려울 땐 두려운 그것을 하는 거야. 그리고 재취업도 좋지만 다시 사업을 시작하는 것도 괜찮아. 알고 보면 월급쟁이보다 오너가 더 쉽거든.”

“오너가 쉽다니요?”

“월급쟁이는 지시받는 데 익숙할 뿐 아니라 주변 상황에 얽혀 있어 소신을 발휘하기가 쉽지 않지만, 오너는 얼마든지 자신의 의사대로 일을 할 수 있잖아. 교본대로만 하면 얼마든지 잘할 수 있지.”

“교본이라니요.”

“사업 매뉴얼을 말하는 거야. 사업 매뉴얼은 실행하기 어렵고 어마어마한 걸 말하는 게 아니야. 간단하게 말해 ‘고객의 필요’를 어떻게 채워줄 것인가 하는 것이지. 수많은 경영서적과 MBA 과정이 그 한 줄을 다양하게 표현하고 있을 뿐이야. 그리고 사업에 필요한 교본은 자네 머릿

속에 다 있네. 보통 월급쟁이 생활을 7, 8년 정도 하면 누구나 사업에 필요한 기본적인 정보와 지식을 갖게 돼. 부족하면 인터넷을 통해 얼마든지 채울 수 있지. 아마 인터넷만 뒤져도 달나라뿐 아니라 화성도 몇 번이고 갔다 올 수 있을 걸세."

"사장님, 정말 하니 아빠가 다시 일어날 수 있을까요?"

"당연하지요. 재기하고 말고요. 얼마든지 큰일도 할 수 있어요. 그간의 실패는 성공하는 방법을 가르쳐주는 훌륭한 선생님이지요. 그런 선생님을 모셔놓고 다시 도전하지 않는 바보가 어디 있어요. 그렇지 않습니까? '실패에는 실패가 없다'라는 말이 있어요. 실패는 기존의 방향이 틀렸다는 것을 가르쳐주는 신호일 뿐이에요. 방법을 달리하라는 메시지입니다. 성공한 회사치고 실패 없이 오늘에 이른 곳은 없어요. 나만 해도 많은 실패를 했어요. 한강에 열두 번도 더 갔을 겁니다. 실패가 두려워 도전하지 않는 사람들은 실패가 계속될 것이며 그것이 자신의 인간적인 결점의 결과라고 생각을 합니다. 실제는 그것과 아무 상관이 없는데도요. 실패가 큰 재산입니다. 돈 주고도 못하는 경험을 한 거예요."

이다정의 얼굴에 생기가 돌았다.

15%의
이기는 사장

2

초보 사장
장천하

내사랑내곁에 - 세계로IT 합작회사 설립 협정

내사랑 내곁에

몰티즈 멍구

왕고수 사장이 다녀간 후 장천하는 마음을 추슬렀다. "실패는 방향을 바꾸라는 신호일 뿐"이라는 왕고수의 말이 머리를 맴돌았다. 실패는 방향의 문제지 인격의 문제가 아니라는 말이 큰 위안이 되었다. 하지만 혼자 있으면 부정적인 생각이 먼저 들었다. 바람직한 곳에 신경을 쏟아야 했다. 마침 동생이 사람이 필요하다고 했다. 점포 중 한 군데의 점장이 갑자기 그만두어 사람이 필요했던 것이다. 장사에 신경을 쓰기 시작하면서 장천하는 몸의 회복과 마음의 안정을 되찾았다. 동생 가게지만 자신의 점포처럼 성실하게 운영하자 직원들도 잘 따랐다.

그즈음이었다. 집에서 키우던 강아지 멍구의 몸이 이상했다. 큰 병원을 가봤지만 원인을 정확히 알 수 없었다. 개복 수술을 해 조직검사를 해보면 원인을 찾을 수도 있다고 했지만, 하지 않기로 했다. 멍구가 힘들 것 같기 때문이다. 멍구의 몸은 말라갔고 부종이 심해졌다. 한 달에

1리터 가까이 복수를 뺐다. 말기 암 환자와 흡사했다. 하루하루가 멍구의 마지막 날일지 모른다는 생각에 가족들은 우울해 했다.

멍구에게는 저염사료를 먹여야 했는데, 맛이 없어서인지 잘 먹지 않았다. 다정은 죽을 때 죽더라도 잘 먹여나 보자는 마음으로 소금기 뺀 북어 대가리나 닭발 등으로 끓인 국에 야채를 익혀 밥과 함께 주었다. 그렇게 한 달을 먹였을 무렵 멍구 배 속의 복수가 줄어들기 시작하며 차츰 회복됐다. 평생 약을 먹어야 한다는 게 마음에 걸렸지만, 그래도 멍구의 몸이 거의 아프기 전으로 돌아온 것은 가족에게 큰 기쁨이 됐다.

천하는 멍구를 살리기 위해 노력하면서 반려동물이 아프면 온 가족이 힘들어진다는 것을 알게 되었다. 그리고 멍구가 회복하는 데 큰 도움이 된 수제 사료에 대한 생각이 머리를 떠나지 않았다. 건강식품회사에서 일했을 때의 경험들이 떠올랐다. 그때는 사람의 건강을 위해 고민하고 일을 해 기쁨을 얻었다면, 지금은 그 대상이 반려동물로 바뀐 것일 뿐이었다. 왠지 자신감도 생기고 재미와 보람도 느끼며 잘할 수 있을 것 같았다.

하지만 과거의 전철을 밟지 않으려면 냉정해야 했다. 장천하는 창고 깊은 곳에 처박아두었던 퇴직 전에 사용했던 수첩과 모아뒀던 자료를 뒤적이며 하나하나 따져보기 시작했다. 특히 신제품을 개발할 때 사용했던 자료들과 관련 서적들을 집중적으로 살펴봤고, 실제 회사에서 실행했던 프로젝트를 떠올리며 자신의 머릿속을 정리하기 시작했다. 어느 정도 준비가 됐다 싶었을 때 장천하는 가족회의를 소집했다.

"아빠, 무슨 일 있어요? 갑자기 가족회의를 소집하고……."

하니가 궁금한 듯 물었다.

"이번에 엄마가 직접 만든 사료를 먹고 멍구가 살아나는 걸 보면서 많은 생각이 들었어. 반려동물을 키우는 사람이 많은데, 우리와 같은 고민을 하며 마음 아파하고 있는 사람이 많을 것 같더라. 그래서 그런 사람들을 위해 수제 사료를 만들어보면 어떨까 싶어. 어떻게 생각해?"

장천하의 갑작스런 이야기에 아이들은 엄마의 눈치를 살폈다.

"글쎄……. 엄마는 어떻게 생각해?"

"사료 파는 큰 회사들이 얼마나 많은데, 장사가 될까? 괜히 기대만 하다가 실망하느니 우리 멍구나 잘 보살피는 게 어떻겠어요?"

"여보, 이번에는 자신 있어. 내가 회사에 있을 때 한 일이 뭐야. 사람들의 건강을 위한 식품을 만들었잖아. 사람에서 동물로 바뀐 것뿐이야. 이번에는 지난번들과 달라."

"갑자기 무얼 가지고 그런 큰 사업을 하겠다는 거예요. 계획도 없이."

"내가 구상한 것이 있어. 오늘 그걸 발표하려고 모이라고 한 거야."

"그럼, 어디 한번 들어나봅시다."

이다정은 걱정스런 눈빛으로 장천하를 바라보았다.

"우선, NABC로 계획을 설명해볼게. NABC는 미국 실리콘밸리 등에서 기술 기반 창업기업들이 시장 진입에 성공할 수 있도록 지원하는 과정에서 생겨난 개념이야. 고객과 경쟁자를 지속적으로 분석해 아이템 발굴과 이익 창출을 목표로 하지. 여기서 N은 Needs, 즉 나의 고객은 누구이며 그들이 필요로 하는 것은 무엇인지, 시장의 크기는 사업하기에 충분한지를 파악하는 것이야. A는 Approach, 즉 고객의 필요를 채워줄 해결책을 파악하고 그 해결책을 준비할 수 있는지를 알아보는 것이지. 다음으로 B는 Benefit, 즉 준비한 해결책이 고객에게 어떤 이익이나 가치를 줄 수 있는지를 예상해보는 거지. 마지막으로 C는 Competitor, 즉 경쟁자들과 비교해서 내가 제공하는 해결책의 비교우위는 무엇인지를 정리해보는 거야."

장천하는 NABC를 바탕으로 작성한 수제 습식사료 사업의 내용을 가족들에게 보여주며 설명을 이어갔다.

N(Needs) : 목표 고객(시장)은 누구인가?

제품	수제 습식사료		
관련 시장	동물 사료		
시장 세분화(사료별)	시장 특성(니즈)		구매 가능성
요소1	건강식 사료	① 건식사료 대용을 원한다	높음
		② 간식 대용을 원한다	
		③ 맛이 있으며 먹이기 간편하길 원한다	
		④ 적당한 가격을 원한다	
		⑤ 안전을 위해 정확한 재료 명세를 원한다	
요소2	비만견 사료	① 다이어트에 효과가 있어야 한다	매우 높음
		② 습식사료가 있으면 좋겠다	
		③ 포만감은 높되 낮은 칼로리를 원한다	
		④ 간식 대용을 원한다	
요소3	비염(非鹽) 사료	① 염분을 철저히 제거한 것을 원한다	매우 높음
		② 식욕 증진을 원한다	
		③ 종합적인 영양을 원한다	
		④ 그날 만든 습식사료가 있으면 좋겠다	
결론	**3개 시장을 목표로 하되, 합리적인 가격과 재료 명세를 첨부하여 각 요소의 니즈에 적용한다**		

"그럼 첫 번째로 N, 내가 생각한 수제 습식사료 사업의 고객은 누구이며 어떤 사료를 원할까? 건식사료 대신 건강한 재료로 맛있게 만든 건강식 수제 사료를 원하는 사람, 비만견을 위해 맛있지만 체중을 줄일 수 있는 다이어트 사료를 원하는 사람, 우리 멍구처럼 아픈 강아지들을 건강하게 만들 수 있는 사료를 원하는 사람들이 우리 고객이 되겠지."

"다음으로 A, 그들에게 어떤 해결책을 우리가 줄 수 있을까? 내가 생각한 해결책은 건강한 재료로 매일 아침 만들어 신선하고 맛있으며, 1회분 포장으로 간편하게 먹일 수 있고, 다이어트나 질병과 같은 특별한 목적을 가진 사료라 할지라도 강아지들이 맛있게 잘 먹을 수 있는 사료를 만들자는 거야. 이미 엄마가 만든 사료가 멍구에게 큰 도움이 됐다는 경험도 있으니 기술은 어느 정도 확보돼 있어. 대량생산을 어떻게 할

A(Approach) : 어떠한 솔루션(해결책)을 줄 것인가?

제품	수제 습식사료		
관련 시장	동물 사료		
시장 세분화(사료별)	고객 니즈	솔루션	구매 가능성
요소1 · 건강식 사료	① 건식사료 대용 ② 간식 대용 ③ 맛있고 먹이기 편리함 ④ 적당한 가격 ⑤ 정확한 재료 명세	① 매일 아침 만든 신선하고 맛있는 습식사료 ② 1회분 포장으로 간편성 제고 ③ 직접 · 대량생산으로 가격 경쟁력 확보 ④ 재료의 종류와 사용량 명시	높음

것이냐 하는 문제는 아직 남아 있지만 이 문제는 금세 해결할 수 있을 것 같아."

시장 세분화(사료별)		고객 니즈	솔루션	구매 가능성
요소2	비만견 사료	① 다이어트, 식탐↓ ② 습식사료 ③ 포만감과 저칼로리 ④ 간식 대용	① 탄수화물과 지방 억제 ② 신선하고 맛좋은 습식 사료 제공 ③ 포만감을 주며 비만 방지하는 재료 사용 ④ 낱개로 포장된 신선한 간식 제공	매우 높음
요소3	비염 사료	① 염분 제거 ② 다양한 맛으로 식욕 증진 ③ 종합적인 영양 고려 ④ 당일 제조	① 재료를 물에 담가 염분 제거 ② 자연 재료의 신맛과 단맛으로 맛 제고 ③ 균형 있는 식단으로 영양조절 ④ 당일 제조	매우 높음
결론		고객의 니즈를 충족시킬 수 있는 기술을 보유하고 있음. 단, 대량생산은 별도 생산시설 및 제반 시스템이 필요함		

"이제 B, 이런 서비스를 통해 우리 고객은 어떤 가치를 얻을 수 있을까를 생각해보자. 고객은 기존 수제 사료보다 저렴한 가격에 건강한 재료로 당일 제조한 습식사료를 강아지들의 상황에 맞춰 매일 제공받을 수 있게 돼 반려견의 건강을 확보할 뿐 아니라 견주와 반려견 모두의 행복지수를 높일 수 있지. 자기가 사랑하는 반려동물과 오랫동안 함께 할 수 있다는 기대감도 높일 수 있고 말이지."

B(Benefit) : 고객은 어떠한 가치(기대 효과)를 얻는가?

제품		수제 습식사료		
관련 시장		동물 사료		
시장 세분화(사료별)		솔루션	고객 가치	구매 가능성
요소1	건강식 사료	① 매일 아침 만든 신선하고 맛있는 습식사료 ② 1회분 포장 ③ 직접·대량생산으로 가격 경쟁력 확보 ④ 재료의 종류와 사용량 명시	① 당일 제조한 신선한 습식사료를 제공 받음 ② 간편성 확보 ③ 기존 수제 사료보다 저렴한 가격 ④ 사용된 재료의 명세로 안전성 유지	높음
요소2	비만견 사료	① 탄수화물과 지방 최소화 ② 신선하고 맛좋은 습식사료 제공 ③ 포만감을 주며 비만을 방지하는 재료 사용 ④ 낱개로 포장된 신선한 간식 제공	① 반려동물의 체중 감소로 고객 행복지수 증가 ② 반려동물의 스트레스 감소 ③ 동물 수명 연장으로 장기간 동거 가능	매우 높음
요소3	비염 사료	① 재료를 물에 담가 염분 제거 ② 다양한 맛으로 식욕 증진 ③ 균형 있는 식단으로 영양조절 ④ 당일 제조	① 반려동물의 식욕 증가로 고객 스트레스 감소 ② 반려동물의 건강 호전으로 고객만족도 증대	매우 높음
결론		**고객의 니즈 충족으로 고객의 행복지수를 높일 수 있음**		

"마지막으로 C, 우리 경쟁자들과 우리가 어떻게 다른지를 살펴보면, 기존 큰 회사처럼 높은 인지도로 다양한 제품을 제공하지는 않지만, 국내에서 유일하게 수제 '습식사료'를 만들어 판매한다는 거야. 또 지역 거점을 중심으로 당일 제조한 신선한 습식사료를 반려동물에게 먹일 수

있다는 것은 다른 회사에서 쉽게 따라올 수 없는 차별적 강점이지. 세 가지 사료에 집중해 기존 수제 사료보다 비교적 저렴한 가격에 제공할 수

C(Competitor) : 경쟁자들과의 차별성(독특성)은 무엇인가?

제품	수제 습식사료		
관련 시장	동물 사료		
주요 경쟁사	경쟁사의 제품 및 서비스	강점, 약점	차별화 요소
A경쟁사 (건식사료)	① 사료의 양과 질, 반려견의 체중에 따라 다양한 제품 보유 ② 구매 시 다른 종류의 사료 소포장 서비스 제공 ③ 인터넷 주문 시 택배비 없음 ④ 지속적인 블로그 활동과 인터넷 광고 병행	① 국내 시장의 40%를 점유 ② 인지도 높음 ③ 자매품으로 시너지 형성 ④ 수제 사료는 만들지 않음 ⑤ 품질 안전에 대한 의문	① 집 주위 1,000미터 이내 잠재고객만 공략 ② 당일 제조한 사료 제공 ③ 일정 지역에 집중적인 판매 촉진 활동
B경쟁사 (수제 사료)	① 수제 사료 최초 생산 ② 수제 건식사료로 다양한 품목 생산 ③ 1킬로그램 이상 포장 ④ 고객 이력카드로 사후관리 철저	① 수제 사료 시장의 20% 점유 ② 동물병원의 신뢰도 높음 ③ 지속적인 사후 관리 ④ 소규모 포장이 없음 ⑤ 습식사료 없음	① 건식사료와 습식사료의 차별성 부각 ② 1회분 포장 ③ 동물병원에 습식사료 포스터 배포
C경쟁사 (수제 사료)	① 일반 사료와 수제 사료 병행 판매 ② 높은 인지도로 주문 생산 방식 병행 ③ 사료 시장 경험 풍부 ④ 프랜차이즈 애견카페 운영	① 다양한 사료 판매 ② 높은 인지도 및 다년간의 경험 ③ 사료 사업 부진으로 일부 공장 처분 ④ 대표자가 자주 바뀜	① 습식사료의 차별성 홍보 ② 3종류 사료에 집중 ③ 당일 생산 당일 배송 시스템 홍보
결론	**습식사료의 특성상 지역별 작은 규모의 생산과 배송이 필요하므로 기존 업체와 차별적인 시스템으로 운영이 가능함**		

있는 것도 차별점이 될 수 있어."

장천하는 회사에서보다 더 떨리는 마음으로 식구들 앞에서 1시간 넘게 브리핑을 했다.

"이제 궁금한 것 있으면 질문해도 됩니다."

장천하는 가족들의 반응이 궁금했다.

"아빠가 하고 싶은 수제 습식사료 사업이 어떤 건지는 이제 알겠어요. 그런데 실행하려면 좀 더 구체적인 계획이 있어야 하는 거 아닌가요? 누가 무슨 일을 어떻게 할 것인지에 대한 사업계획서 같은 거 말이에요."

"하니가 좋은 질문을 했네. 지금 발표한 내용을 가지고 구체적인 사업계획서를 만들려면 시간이 좀 더 필요해. 하지만 지금 몇 가지는 얘기할 수 있어. 아빠가 구상하는 수제 습식사료는 일단 5킬로그램 이하 중소형견을 대상으로 할 거야. 제품을 생산할 준비를 하면서, 먼저 시제품을 만들어 우리 아파트 주민들의 반응을 볼 거야. 일종의 예비조사(Pre-test)지."

"파일럿 테스트를 말하는 건가요?"

민이가 머리를 긁으며 질문했다.

"파일럿 테스트하고는 좀 달라. 네가 말하는 파일럿 테스트(pilot test)는 제품의 여러 요소들을 분석, 수정, 보완하기 위해 상업화 이전에 테스트해보는 거야. 본격적인 판매를 하기 전에 시제품을 만들어 시장 적용성을 알아보는 것이지. 반면 프리테스트(pre-test), 즉 예비조사는 제품을 만들기 전에 그것의 효과나 안정성, 혹은 시장의 반응을 테스트해보는 거야. 두 테스트의 차이는 상업화 단계에서 하느냐, 사업 아이디어 단계에서 하느냐에 있지."

"아, 그렇구나. 그럼 아빠, 거기에 들어가는 재료는 어디 가서 누가 사올 거예요? 그리고 사료를 만드는 레시피가 필요하잖아요. 그냥 만들 수는 없잖아요."

하니가 걱정이 되는 듯 질문했다.

"사료에 들어가는 재료는 아빠가 새벽 도매시장에 가서 사올 거고, 레시피는 멍구가 먹는 밥을 참고해서 이미 만들어놓았어. 그리고 포장은 신선도를 유지하기 위해 투명하고 깨끗한 셀로판지에 하루 먹을 양만큼만 할 거야. 너희들의 의견도 필요하니까 언제든지 생각나는 게 있으면 말해줘. 특히 당신의 역할이 중요할 것 같아."

장천하는 아내의 눈치를 살피며 조심스럽게 말했다.

"괜찮은 사업 같은데, 엄마는 어때?"

"……."

"엄마 생각은 어때? 내 생각에는 잘될 것 같은데. 어서 말해봐, 엄마."

하니가 이다정의 대답을 재촉했다.

"엄마는 장사가 잘될지 안 될지 잘 모르겠다. 일단 아빠가 좋아하시고 전 직장에서 하셨던 일이니까, 온 가족이 함께 힘을 합쳐보는 것도 괜찮다는 생각이 든다. 어쨌든 당신 수고 많았어요."

이다정의 칭찬에 장천하는 힘이 났다. 천군만마를 얻은 기분이었다. 돈을 벌 수 있다는 기대보다 오랜만에 가족이 하나가 된 것 자체가 집안에 생기를 불어넣었다. 사라졌던 화기애애한 분위기가 거실을 메웠다.

하나가 된 가족

어느 정도 사업의 방향이 잡혔다는 생각이 들자 장천하는 예비조사를 위한 제품 생산에 집중했다. 그사이 이다정은 자신이 사는 아파트 주민들 중 중소형 강아지를 키우는 주민들에게 사업에 대해 설명하고 의견을 구했고, 18세대의 테스트 동의를 얻었다. 제품이 준비되자 매일 아침 직접 만든 사료를 무료로 나눠주기 시작했다. 사용된 재료의 종류와 양을 알려주고, 각 재료들이 어디에 좋은지 써 놓은 설명서를 함께 나눠줬다. 견주들은 건식사료가 아닌 습식사료를 먹일 수 있다는 것에 우선 만족했고, 사료에 대한 정보를 구체적으로 얻을 수 있어서 안심했다.

바로 만든 습식사료는 기존의 일반 사료와 비교할 수 없었다. 밥을 잘 먹지 않아 고민이던 소형견을 둔 주인과 기름진 사료와 간식을 많이 먹으면서도 운동을 하지 않던 과체중 비만견을 둔 주인들의 반응이 특히 좋았다. 비싼 고기 사료에 길들여져 있거나 간식만 찾던 반려견들이 습식사료에 달려들었다. 하니와 민이는 견주들의 반응을 듣기 위해 하루에도 몇 번씩 전화를 하기도 하고, 직접 배달하며 반응을 보기도 했다.

입소문이 나기 시작하자, 판매에 대한 문의가 잇따랐다. 사료의 종류에 따라 차이는 있지만, 간식을 포함해 하루 평균 1,200원에서 1,500원 정도의 가격에 판매를 시작했고, 주문이 밀려들어 선착순 한정 판매를 할 수밖에 없었다.

그렇게 좋은 반응이 들려오던 어느 저녁, 동물병원에 다녀온 하니가 가족들에게 말했다.

"멍구 사상충 약 먹이러 병원에 갔더니 의사 선생님이 동물 사료 집에서 만들면 안 된대요. 우리 얘기를 이미 아시더라고. 벌써 소문이 쫙 퍼졌대요. 좋은 사료 만드는 건 바람직한 일이지만 허가를 받아야 된대요. 어떡하지, 누가 신고라도 하면 어떻게 해요."

"아빠가 시작하기 전에 다 예상한 거니까 너희들은 걱정 안 해도 돼. 평이 좋으니 고무적이야. 우리가 본격적으로 이 사업을 하려면 관계당국의 허가가 필요한 건 당연해. 안전관리인도 필요하고 사료 성분도 의무적으로 등록해야 하고. 예비조사는 성공했으니 사료 판매는 당분간 중단하고 꼭 우리 사료를 먹이겠다고 하는 집만 무료로 만들어주자. 그리고 당신은 집집마다 찾아가서 저간의 사정을 얘기하고 얼마간만 기다려달라고 해요. 반응이 좋으니 정식으로 사업을 시작합시다. 당신 생각은 어때?"

"여보, 우리가 잘 해낼 수 있을까요? 차려 놓고 감당하지 못하면 어쩌지요?"

"엄마! 아빠가 식품회사에서 23년 하신 일인데 어련히 잘 알아서 하

시겠어. 부정적인 말은 하지 않기로 해. 기운 빠지니까."

　하니가 언성을 높였다. 이다정도 잘될 것 같다는 생각은 들었지만, 그
간의 실패로 망설여지는 마음은 어쩔 수 없었다.

사업자등록 방법

장천하는 사업자등록을 하지 않고 사료를 판매했다. 이 경우 '세금 폭탄'을 맞을 수
있다. 매출액의 1%를 가산세로 내야 하며, 매입금액의 10%를 돌려주는 매입세액 공
제도 받을 수 없다. 납부하지 않은 부가가치세에 무신고(20%) 및 미납부 가산세(연
10.95%)까지 합하면 어마어마한 가산세를 부담해야 한다.
사업자등록이란 세금을 내야 할 의무를 가진 사업자가 정부의 대장에 기록 · 등록하
는 것을 말한다. 정부는 사업자에게 고유번호를 부여하여 관리하고 있다. 사업을 시
작한 날로부터 20일 이내 가까운 세무서 민원봉사실에 등록을 해야 한다. 허가를 받
거나 등록 또는 신고를 해야 하는 업종은 사업자등록 전에 관련기관으로부터 사업허
가증, 등록증 또는 신고필증을 받아야 한다. 민원24(www.minwon.go.kr) 인허가 자
가진단 서비스에서 업종별 인허가 사항을 확인할 수 있다. 사업자등록증은 사업자등
록 즉시 발급되나, 사전확인대상 사업자의 경우 현장 확인 등의 절차를 거친 후 발급
된다.

〈사업자등록 신청 시 구비서류〉
▶ **개인사업자**
・ 사업자등록 신청서 1부
・ 임대차 계약서 사본(사업장을 임차한 경우에 한함)
　− 단, 전대차 계약의 경우 전대차 계약서 사본(계약서 사본에 건물주의 동의 또
　　는 승낙 표시)
・ 허가(등록, 신고)증 사본(해당 사업자)
　− 허가(등록, 신고) 전에 등록하는 경우 허가(등록) 신청서 등 · 사본 또는 사업계
　　획서

- 동업 계약서(공동사업자인 경우)
- 재외국민 · 외국인 입증 서류
  - 여권 사본 또는 외국인등록증 사본
  - 국내에 통상적으로 주재하지 않는 경우엔 납세관리인 설정신고서

▶ **법인(본점)**
- 법인 설립 신고 및 사업자등록 신청서 1부
- 법인 등기부등본 1부
- (법인 명의) 임대차 계약서 사본 1부(사업장을 임차한 경우에 한함)
- 주주 또는 출자자 명세서 1부
- 사업허가 · 등록 · 신고필증 사본 1부(해당 법인에 한함)
  - 허가(등록, 신고) 전에 등록하는 경우 허가(등록)신청서 등 · 사본 또는 사업계
    획서
- 현물출자명세서 1부(현물출자 법인의 경우에 한함)

가족이 함께하는
사업

본격적으로 사업을 시작하려니 장천하의 머릿속엔 동생과 왕고수 사장님이 강조했던 현장에서의 실습이 먼저 떠올랐다. 장천하는 과거 사업 실패를 통해 현장에서의 실습이 얼마나 중요하고 필요한 일인지 뼈아프게 깨달았다. 식품회사 신제품 개발팀장이었고, 예비조사를 하며 사료도 직접 만들고 판매도 해봤지만, 그것만으로 사업을 시작하기에는 부족한 점이 많았다. 본격적으로 사업을 하려면 현장에서의 교육과 실습이 꼭 필요했다. 사업 시스템을 몸으로 체득해야만 현실에 맞는 사업계획을 세울 수 있다는 것을 장천하 자신이 잘 알고 있었다.

　그때 서울식품에 있을 때 좋은 관계를 유지했던 동물사료 주식회사가 생각났다. 과거 동물사료 주식회사는 수입 원재료를 잘못 들여 큰 어려움을 겪은 적이 있었다. 주문을 잘못 넣어 동물 사료용 식재료가 아닌 사람이 먹는 고가의 식재료를 수입한 것이다. 그때 동물사료는 서울식품에 도움의 손길을 뻗었고, 구매부의 의뢰를 받은 장천하가 사용가능 승낙서를 발부해 수입 물량 모두를 서울식품에 넘길 수 있었다. 보관 상태가 양호하고 재료의 질이 좋아 내린 결정이었지만, 동물사료 양건실 사장에게는 장천하가 구세주나 다름없었다. 거래 후, 양건실 사장은 장천하에게 사례를 하려 했으나, 장천하는 정중히 거절했다. 오히려 서울식품이 경제적인 이득을 봤다며 식사를 대접했다. 양건실 사장은 장천하를 신뢰했고, 두 사람은 막역한 사이가 되었다. 그 후로 몇 번 만나긴 했지만 퇴직 후에는 왕래가 없었다.

장천하는 사료 사업을 위해서 양건실 사장의 도움이 절실하게 필요했고, 아내와 함께 양건실 사장을 찾아갔다. 양건실 사장은 표정이 밝았다. 인자한 모습은 여전했다. 장천하는 그간의 사정과 자신이 구상한 사업에 대해 설명했다. 장천하는 현장 훈련 교육(OJT)과 사업에 관련된 전반적인 업무를 양 사장의 공장에서 배웠으면 한다고 말했다.

"이제, 사료 회사들 다 망했구먼. 장천하 사장이 이 시장에 들어오면 우리는 무얼 먹고사나. 하하하!"

장천하와 이다정은 3개월간 동물사료 주식회사로 출근하며 사료 만드는 것은 물론 제반 관리 등을 배울 수 있었다.

장천하는 교육을 받으면서 틈나는 대로 공장 자리를 물색했다. 수제 습식사료를 만들어 당일 배송하려면 공장은 소비자 가까이에 있어야 했다. 장천하는 아이가 있는 중상류층이 거주하는 아파트가 모여 있으면서 1인 가구도 모여 있는 곳을 중심으로 장소를 물색하기 시작했다. 공장은 임대료가 저렴한 지하층 중에서도 통풍이 잘되는 곳을 위주로 살펴봤다. OJT가 끝나갈 무렵, 집에서 200미터 떨어진 곳에서 새 주인을 찾고 있는 30평 규모의 빈 지하창고를 발견했다. 약간 손을 보면 괜찮을 것 같았다. 허가 조건에도 별 문제가 없어 보였다.

공장을 계약한 그날, 장천하는 가족회의를 다시 소집했다. 본격적으로 사업을 준비하기에 앞서 가족들과 함께 사업계획서를 만들고 싶었기 때문이다. 장천하는 이번 사업이 지난번처럼 혼자 생각하고 혼자 실행하는 사업이 아닌, 가족 모두가 함께 고민하고 힘을 모으는 가족사업이 되면 좋겠다고 생각했다. 그러기 위해서는 함께 이해하고 행동할 수 있는 악보, 즉 사업계획서가 필요했다. 훌륭한 소리를 만들어내는 오케스트라처럼 함께 만든 악보를 통해 한 방향을 볼 수 있다고 생각했다.

"이제 공장을 얻었으니, 본격적으로 사업을 시작해야지. 사업을 시작하려면 뭐가 필요하지?"

"사업계획서요!"

"맞아. 아빠가 지금부터 사업계획서에 대해 설명하고 각자가 할 일을 얘기해줄게."

"그런데 아빠, 저랑 민이가 도움이 될까요?"

"사업계획서는 전문가들만 만드는 게 아니야. 너희도 충분히 도움을 줄 수 있어. 사업계획서는 다른 사람이 작성해주는 것은 의미가 없어. 사업을 할 사람이 자신의 현실에 맞게 직접 작성해야 나중에 사업이 진행되는 방향과 사업의 잘잘못이 어디에서 비롯되는지를 파악할 수 있지. 그렇기 때문에 우리 모두가 참여해야 하는 거야. 너희들이 해야 할 부분에 대해서는 자세하게 설명해줄게."

"아빠만 믿으면 되겠네요."

"사업계획서는 사업을 해서 돈을 얼마 벌겠다는 과정을 문장과 숫자, 도표, 그림 등으로 나타낸 거야. 경영과 관련된 모든 외적 요소들, 즉 법, 정치, 사회문화, 기술, 매체, 경쟁자, 고객 등과 내적요소들, 다시 말해 사업자의 역량, 제품, 마케팅, 신제품 개발 능력, 생산, 인적자원 등을 중장기적으로 전망하고 그에 따른 각종 계획을 문서로 표현한 것이라 할 수 있지."

하나와 민이는 아빠의 설명을 들으며 마음이 편해진 듯했다.

"사업계획서 작성은 특정한 방법이 정해져 있지는 않지만, 일반적으로 다음과 같은 순서대로 작성하지. 첫 번째는 사업계획서 요약문이야. 두 번째로 사업장 현황을 정리하고, 세 번째로 환경 분석을 하고, 네 번째로 추정 손익계산서를 작성해. 다섯 번째로 사업 전략을 마련하고, 마지막으로는 부속서류를 준비하면 돼. 사업 추진 일정은 사업장 현황 뒤에 넣으면 되고. 사업계획서 작성에 필요한 내용은 아빠가 나눠준 자료를 보면 쉽게 이해할 수 있을 거야."

장천하와 가족은 장천하가 20일 동안 문헌조사와 현장조사로 얻은 자료(부록2. 참고)를 바탕으로 대략적인 사업계획서를 작성해보기로 했다. 처음 작성하는 사업계획서라 쉽지만은 않았지만, 가족들은 장천하의 설명에 따라 하나씩 검토하며 채워나갔다. 그리고 오랜 시간의 논의 끝에 모두가 함께 만든 사업계획서(부록1. 참고)가 완성됐다.

경영 매뉴얼,
약속과 규칙을 정하다

장천하는 사업체의 나아갈 방향을 알려주는 사업계획서를 작성하며 전의를 불태웠다. 부족하지만 사업에 필요한 기본 플랫폼을 가족과 함께 준비했다는 점에서 그 의미가 남달랐다. 하니와 민이는 아빠에게 새로운 일이 생겼다는 사실이 무엇보다 좋았다. 아빠와 엄마와의 사이가 좋아진 것 역시 아이들에게 안정감을 갖게 했다.

"누나, 우리 돈 많이 벌었으면 좋겠다. 돈 걱정 안 하게. 누나, 나 정말 열심히 할 거야."

민이가 말했다.

"그래. 너는 이 누나가 하라는 대로만 하면 돼."

"왜 내가 누나 말을 들어야 해. 이래 봬도 나 경영학도야. 누나가 마케팅을 알아?"

"아휴, 이걸. 입만 살아가지고."

온 가족이 한바탕 웃었다. 실로 오랜만에 느끼는 행복이었다.

"아빠, 사업계획서에 맞는 지침서를 만들어야 하지 않을까요? 사업에 필요한 매뉴얼 같은 거요. 창업을 하면 업무 매뉴얼을 비롯해 사업에 필요한 각종 매뉴얼 만드는 게 필수던데."

민이가 말했다.

"아빠, 홍보나 광고 같은 것도 해야 하는 것 아니에요?"

옆에 있던 하니가 덧붙였다.

"너희들 생각 많이 했구나. 그렇지 않아도 아빠가 사업에 필요한 매뉴얼을 만들어봤다. 규모가 크든 작든 사업을 하려면 기본적인 경영 매뉴얼이 필요해."

"아빠, 경영 매뉴얼이라 하면 구체적으로 무얼 말하는 거예요?"

하니가 물었다.

"경영 매뉴얼은 일의 효율성과 효과성을 높이고 인적요원들 간의 업무를 안전하게 수행하기 위한 약속이며 규칙을 말해."

"그럼, 주로 마케팅에 관련된 것을 말하는 건가요?"

민이가 물었다.

"그런 건 아니야. 경영 매뉴얼은 사업하는 데 필요한 운영 매뉴얼, 시설 및 안전관리 매뉴얼, 접객 매뉴얼 등으로 나눌 수 있어. 운영 매뉴얼은 공장관리, 직원관리, 매출관리, 물품관리, 원가관리 등으로 나눌 수 있고, 시설 및 안전관리 매뉴얼은 공장환경관리, 시설안전관리, 위생관리 등으로 나눌 수 있어. 그리고 접객 매뉴얼에는 고객에 대한 경청, 전화응대, 고객불만관리, 고객접점관리 등이 포함되지. 경영 매뉴얼은 업종과 사업장에 따라 다를 수 있어. 아빠가 하나하나 설명해줄게."

경영 매뉴얼	내용
운영 매뉴얼	공장관리, 직원관리, 매출관리, 물품관리, 원가관리
시설 및 안전관리 매뉴얼	공장환경관리, 시설안전관리, 위생관리
접객 매뉴얼	경청, 전화응대, 고객불만관리, 고객접점관리

"우선 운영 매뉴얼은 공장 운영에 관련된 것으로, 업무의 준비성을 높이고 창의성을 일깨워주며 일에 대한 열정을 북돋아주는 것을 주목적으로 하고 있어. 물론 경비 절감에도 중요한 역할을 하지. 운영 매뉴얼은 공장관리·직원관리·매출관리·물품관리·원가관리 매뉴얼 등으로 나눌 수 있어. 공장관리 매뉴얼은 기계나 장비에 대한 것에서부터 공장환경과 문서관리에 대한 것 등으로 이뤄져 있고, 직원관리 매뉴얼은 직원들의 업무가 효율적으로 이뤄지고 있는지 등을 체크할 수 있게 돼 있지. 매출관리 매뉴얼은 일/주/월 목표 등이 제대로 달성되고 있는지 등을 체크하게 하고, 물품관리 매뉴얼과 원가관리 매뉴얼은 우리의 경우 주로 재료와 재고의 상태와 비용 등에 관련된 것을 파악하게 하지. 운영 매뉴얼에 대한 자세한 체크리스트(부록3. 참고)는 아빠가 나눠준 것을 보면 돼."

가족들은 장천하가 나눠준 자료들을 보며 열심히 설명을 들었다.

"다음은 시설 및 안전관리 매뉴얼이야. 시설 및 안전관리 매뉴얼은 사업장의 효율성과 효과성을 높이는 것은 물론, 고객의 건강과 안전에 대한 약속이지. 시설 및 안전관리는 공장환경관리와 시설안전관리 그리고 위생관리 등으로 나눌 수 있어. 환경관리는 5S운동을 실천하는 것에서부터 시작해."

"우리 회사에서 5S는 들어보긴 했는데."

하니가 말했다.

"그럼 생각나는 대로 한번 말해봐."

"정리, 정돈, 청소, 그리고……. 그 이상은 생각이 안 나는데요."

"그래도 많이 기억하고 있네. 5S 운동은 정리, 정돈, 청소, 청결 및 생활화를 통해 사업장의 낭비요소를 제거함으로써 업무의 효율을 올리는 데 그 목적이 있지. 또 시설안전관리는 모든 작업장에서 혹시 발생할 수 있는 제반 위험을 방지하고 문제를 해결함으로써 고객과 직원의 안전을 지키기 위한 거야. 마지막으로 위생관리는 고객의 건강을 최우선으로 고려하는 제반 행위를 말하는 거야. 공장환경관리의 5S 운동, 시설안전관리, 위생관리와 관련된 체크리스트(부록4. 참고)는 아빠가 나눠준 자료를 살펴보면 돼."

"다음으로 접객 매뉴얼은 서비스로 설명할 수 있어. 고객 서비스가 좋으면 고객의 마음을 얻을 수 있지만, 불친절하고 불만이 생기면 아무리 사료의 품질이 좋아도 고객은 우리를 외면하고 말 거야. 한번 고객의 마음이 상하면, 아무리 품질이나 가격이 좋아도 소용없어. 거래는 거기서 끝나고 말지. 서비스는 회사의 핵심역량의 하나로, 다른 업체가 쉽게 따라올 수 없는 그 회사만의 자산이야. 따라서 접객 매뉴얼은 정형화되어 있어야 하고 구체적이고 명확해야 돼. 미국품질관리학회(American Society for Quality Control, ASQC)의 보고서에 따르면, '고객을 잃는 이유가 무엇인가'라는 질문에 대해 서비스상의 문제 68%, 상품의 질 14%, 경쟁사의 회유 9%, 친구의 권유 5%, 이사 3%, 사망 1%라고 답했어. 서비스상의 문제라고 답한 사람이 가장 많았어. 이는 고객이 받는 서비스의 질이 얼마나 중요한지를 보여주는 사례야. 사업의 성공과 실패는 제품 그 자체보다 서비스에 의해 결정된다는 것을 절대 잊으면 안 돼."

"아빠, 사료를 집 앞에 놓고 올 거잖아요. 직접 견주들을 만날 일이 거의 없어 서비스가 그렇게 중요하지는 않을 것 같은데요."

민이가 말했다.

"그렇지 않아. 우리는 사료를 그냥 두고 오는 것이 아니라 주인에게 직접 건네주는 것을 원칙으로 할 거야. 그래야 사료에 대한 고객의 반응을 알 수 있잖아. 그리고 상담과 전화 주문, 견학, 설문조사 등으로 고객과 직접 만나는 일이 적지 않을 거야."

"아, 그렇구나. 배달 말고도 고객과 만날 일이 많구나."

민이가 이해하는 듯 고개를 끄덕였다.

"물건을 건네주는 것도 중요하지만 다른 일도 중요해. 서비스는 고객을 존중하고 사랑하는 마음이 기본이야. 좋은 품질도 고객을 생각하는 서비스 정신에서 나오지. 이제 아빠가 서비스와 관련된 접객 매뉴얼을 얘기할게. 서비스의 품질을 결정하는 접객 매뉴얼은 경청·전화응대·고객불만관리·고객접점관리 매뉴얼의 4가지 유형으로 나눠볼 수 있어."

"아빠, 접객 매뉴얼은 제조업체라면 다 같은 건가요?"

"그렇지 않아. 업종이나 품목, 특히 고객이 누구냐에 따라 달라지지. 아빠가 만든 것은 일반적인 매뉴얼인데, 우리가 일을 하다가 불합리하거나 효용가치가 떨어지는 것으로 느껴지면 해당 내용은 뺄 거야. 그리고 고객 트렌드에 맞게 수시로 변화를 주어야 해. 매뉴얼이라고 해서 고정된 게 아니야."

사업의 명운을 결정하는 매뉴얼이란

고객의 마음을 읽는 경청 매뉴얼

"그럼, 경청 매뉴얼부터 시작해볼까. 너희들 경청이 뭐라고 생각하니?"

"그냥 잘 듣는 거지요, 뭐."

민이가 말했다.

"저는 고객의 마음을 읽는 것이라고 생각해요."

하니가 진지하게 대답했다.

"그래, 두 사람 말이 다 맞다. 너희들 말처럼 고객의 말을 잘 듣고 고객의 마음을 읽는 게 경청이야. 잘 들으려면 먼저 고객을 귀하게 여기는 마음을 가져야 해. 그래야 귀를 기울여서 들을 수 있고, 존중하는 마음으로 들을 수 있어. 고객이 하는 말을 듣는 자세에 따라 서비스의 질이 완전히 달라지지. 아빠가 하나 물어볼게. 왜 우리는 고객의 말을 잘 들어야 할까?"

"그래야 고객들이 좋아하잖아요."

민이가 말했다.

"고객의 말을 잘 들어야 하는 것은 고객의 의도를 정확히 알기 위해서야. 잘 듣지 않으면 내 생각대로 이해하거든. 모든 불만의 씨앗이 거기서 생기지."

"아빠, 그럼 듣는 데도 무슨 방법이 있나요. 그냥 열심히 들으면 되는 게 아닌가요?"

"물론 경청에도 방법이 있지. 그냥 생각 없이 들으면 상대의 말을 잘 들을 수 없어. 듣는 데도 많은 노력이 필요해. 듣는 방법에는 크게 두 가지가 있어. 하나는 선택적 경청이고 다른 하나는 공감적 경청이야."

"듣는 데도 뭐가 그렇게 복잡해요."

"복잡할 거 하나 없어. '선택적 경청'은 듣는 사람이 상대의 말을 자신의 생각이나 고정관념의 틀 속에 넣고 듣는 거야. 즉 자신이 듣고 싶은 것만 듣는 거지. 그렇게 들으면 상대의 마음을 알 수가 없어. 반면 '공감적 경청'은 상대가 하는 말의 실마리와 문맥 등 전후 관계를 파악하며 듣는 거야. 즉 고객이 진정 무엇을 원하는지 집중하며 듣는 거지. 우리가 해야 할 경청이 공감적 경청이야. 공감적 경청을 잘하게 되면, 고객과 친밀감을 형성해 신뢰를 얻을 수 있고, 구체적인 도움을 줄 수 있기 때문에 고객만족도를 높일 수 있는 등 다양한 장점이 있어. 공감적 경청을 하기 위해서는 고객이 하는 말의 핵심을 파악하고 고객의 말을 중단시키거나 비난하는 일을 삼가야 해. 또 고객이 말할 때 집중하지 않고 다른 일을 하거나 시선을 다른 곳에 두는 것 등은 바람직한 경청 태도가 아니야."

아이들은 고객과 만날 일이 가장 많을 사람들이 자신들이라 더 열심히 아빠의 설명을 들었다. 그리고 고객의 말을 잘 듣는다는 것의 의미를 다시 한 번 생각하게 됐다.

■ 공감적 경청의 유용성

- 고객과 친밀감을 형성하고 신뢰를 얻을 수 있다.
- 고객이 말하는 의도와 내재된 욕구를 파악할 수 있다.
- 대화 중에 고객의 태도나 감정을 느끼고 이해할 수 있다.
- 가망고객을 단골고객이나 충성고객으로 발전시킬 수 있다.
- 고객에 대한 다양한 정보를 얻을 수 있다.
- 고객에게 해당 업체나 제품에 대해 호기심, 기대, 설렘 등의 마음을 갖게 할 수 있다.
- 고객에게 구체적인 도움을 줄 수 있다.
- 고객이 즐겁고 행복할 수 있다.
- 매출이 증가한다.
- 구성원 자신이 업무에 관심과 열정을 가질 수 있다.

■ 경청할 때 고려할 점

- 고객이 하는 말의 핵심을 파악하고 말할 기회를 빼앗지 않는다.
- 고객이 말을 할 때는 중단시키지 않고 설득하지 않는다.
- 고객의 말을 이해하기 위해 질문하며 쉬운 말로 요약하거나 바꾸어 말해준다.
- 고객의 내재된 감정과 욕구를 살피면서 판단과 비판은 삼간다.
- 고객에게 주의를 집중하며 다른 사람의 질문에는 양해를 구한다.
- 고객에게 불편한 감정을 표출하지 않는다.

- 고객이 말할 때 끼어들거나 화제를 바꾸는 행위
- 대화 중에 전화를 받거나 다른 것을 만지는 행위(예, 볼펜 돌리기 등)
- 조금 듣고 많이 말하는 행위
- 고객과 얘기할 때 자기 생각을 지나치게 장황하게 늘어놓는 행위
- 고객을 보지 않고 시선을 다른 곳에 두는 행위
- 고객이 이야기할 때 팔짱을 끼거나 다리를 꼬는 행위
- 대화 도중에 불필요하게 자리를 뜨는 행위

보이지 않는 상대를 위한 전화응대 매뉴얼

"다음은 전화응대 방법에 대해 이야기를 나눠보자."

"아빠, 전화는 조금만 신경 쓰면 누구나 잘할 수 있는 것 아닌가요. 제일 자주 하는 게 휴대폰으로 통화하는 건데."

"그렇지만은 않아. 전화는 얼굴을 볼 수 없으므로 나이나 직업, 성품 등을 알 수 없을 뿐 아니라, 예고 없이 답변을 요구하고 음성과 억양으로만 의사표시를 해야 하는 특징을 갖고 있어 의외로 까다로운 게 전화응대야. 전화응대는 신속하게 전화를 받는 것, 고객의 용건을 잘 듣고 메모하는 것, 자신 있게 응답하는 것, 그리고 정중하게 인사하며 끊는 것 등으로 이루어져 있어. 또 불만 사항에 대한 전화에 대해서는 먼저 사과하고, 불편 사항의 핵심을 잘 파악해 불만을 해소할 수 있어야 해. 해결이 힘들 경우에는 양해를 구하고 다른 방법을 제시해줘야 하지."

■ 전화응대의 기본 요소

- 벨이 울리면 신속하게 받는다.
- "감사합니다"로 첫 인사를 한 후에 반갑게 받는다.
- 발음을 분명히 하고 말의 뒷부분을 흐리지 않는다.
- 전화를 받을 때는 항상 메모 준비를 한다.
- 잘못 걸려온 전화라도 내 고객이라는 마음으로 정중하게 응대한다.
- 고객의 용건을 잘 듣되 정확하지 않으면 정중하게 다시 물어 확인한다.
- 주문을 넣을 때나 예약을 받을 때 품명, 수량, 단가, 일시, 장소 등의 정보를 천천히 정확하게 확인하고 가능하다면 문자로 다시 확인한다.
- 명랑하고 자신 있게 응답함으로써 고객이 신뢰하도록 한다.
- 상대방의 말을 미리 짐작하거나 넘겨 짚어 말하지 않는다.
- 전문용어 등은 알아듣기 쉬운 단어로 바꾸어 사용한다.
- 끊을 때 "전화주셔서 감사합니다"로 정중하게 인사하며 상대보다 나중에 끊는다.

■ 불만 전화 받는 요령

- "죄송합니다", "저희 불찰입니다", "제가 사과드리겠습니다" 등으로 먼저 사과한다.
- 변명하지 않고 고객의 불편 사항을 겸허하게 끝까지 경청한다.
- 고객의 불만 사항의 핵심을 파악한다.
- 도출된 불만 원인에 대한 해결책을 찾아 불만을 해소한다.
- 전화로 문제해결이 어려울 경우 다른 방법을 제시하며 양해를 얻어 전화를 끊는다.

■ 전화 응대 사례

상황	내용
첫 수신할 때	• 감사합니다. OOO입니다. 무엇을 도와드릴까요?

상황	내용
고객이 주문할 때	• 지금 고객님이 주문하신 품목과 주소를 다시 한 번 확인해보겠습니다. 저희 사료를 주문해주셔서 감사합니다. 고객님 행복한 하루 보내세요.
불만 전화를 받을 때	• 죄송합니다. 고객님, 저희 잘못입니다.
전화를 바꿔줄 때	• 전화 바꿨습니다. OO에 근무하는 OOO입니다.
전화를 끊을 때	• 전화주셔서 감사합니다. 좋은(행복한) 하루 보내세요.

불만고객을 충성고객으로 만드는 고객불만관리 매뉴얼

"이번에는 고객불만에 대해 알아보자."

"아빠, 우리가 열심히 하면 고객들이 불만을 가질 게 없잖아요."

"그렇지. 하지만 일을 하다 보면 불만이 없기는 힘들어. 불만이 중요한 것은 그 한 사람으로 끝나지 않는다는 거야. 또 고객불만이 다 나쁜 것은 아니야."

"나쁘지 않다니요. 신경 쓰이고 물어줘야 하고 골치 아픈 일 아닌가요?"

"그런 문제는 있지만, 고객불만을 어떻게 처리하느냐에 따라 고객과의 관계가 악화되기도 하고, 오히려 더욱 돈독해지기도 해. 마케팅 조사회사 TARP의 CEO인 존 굿맨은 한 고객이 특정 매장을 평소처럼 아무 문제없이 왔다 가면 재방문율이 10% 정도 되지만, 불만을 토로하는 고객에게 잘 응대하면 재방문율이 65%나 된다고 했어."

"그런 게 있었군요."

민이가 놀라워했다.

"고객은 직원이나 제품을 접할 때마다 만족과 불만족을 느끼지. 고객은 자신이 받은 제품이나 서비스에 대해 평가하며 그 내용을 밖으로 표출하기도 하고 그냥 지나치기도 해. 고객불만(컴플레인)은 고객이 구매하는 과정 또는 구매한 제품의 품질이나 서비스 등에 불만을 제기하는 것을 말하는데, 주위 사람에게 사적으로 불만을 표출하기도 하지만, 업체에 배상을 요구하거나 법원 등에 손해배상을 청구할 수도 있지. 이런 불만이나 오해 등을 해결하는 것을 고객불만관리라고 하며, 불만의 처리 상태에 따라 해당 회사의 매출은 절대적인 영향을 받게 되지. 고객불만은 우리가 제공하는 서비스의 문제점을 구체적으로 알게 하고, 문제를 해결하면서 고객과의 사이가 돈독해질 수도 있어. 무엇보다 직원 교육의 소중한 자료가 되기 때문에 불만을 표출하지 않고 그냥 지나가버리는 것보다 더 나을 수도 있어. 또한 불만 사항을 처리할 때는 내부 사항을 이유로 들거나 전문용어를 쓰며 어렵게 대처하기보다는 고객의 입장에서 생각하고 동감하며 긍정적인 자세를 유지하는 것이 중요해."

■ **고객불만의 유형**

• 가족이나 친지 등 개인적으로 친분이 있는 사람들에게 자신의 불만 사항을 토로하며 구매 중지나 경고성 항의 등 사적인 행동을 취한다.
• 해당 업체에 직접 항의하며 대상 업체에 직접 배상을 요구한다.
• 소비자보호원이나 정부기관 등에 불만을 토로하며 배상을 요구한다.
• 법원 등에 손해배상을 청구한다.

■ 고객불만이 중요한 이유

- 고객불만은 해당 업소의 제품이나 서비스 등에 대한 문제점들을 알려준다. 불만 고객의 95%는 불만사항이 있어도 지적하지 않고 그냥 떠나버리고 만다. (20명 중 한 명만 이야기한다.)
- 제기된 불만을 해결하는 과정을 통해 문제해결은 물론, 불만고객과의 사이가 더욱 돈독해질 수 있다.
- 종업원들에게 중요한 교육 자료가 된다.
- 업무를 조정하거나 직원을 재배치하는 데 합리성과 정당성을 부여한다.

■ 고객불만의 발생 원인

- 제품의 품질이 불량스러울 때
- 직원이 불친절할 때
- 정보 제공이 미흡할 때
- 직원이 고객에게 무리한 제안을 할 때
- 상해를 입었을 때
- 지불 조건이 맞지 않을 때
- 기타 잘못된 포장이나 계산, 광고 내용과 다를 때 등

■ 불만 관리 7단계

① 고객의 불만을 듣는다.
② 불만의 원인을 분석한다.
③ 해결 대안을 마련한다.
④ 고객에게 해결책을 제시한다.
⑤ 고객의 반응에 따라 대처한다.
⑥ 유사한 사례의 재발을 방지하기 위해 인력 배치나 업무 구조를 개선한다.
⑦ 불만관리 사례를 활용하여 유사한 상황에서의 대처 방안을 매뉴얼화한다.

- 고객은 불만이 있어 문제를 제기하고 있으며 기본적으로 선하다고 생각한다.
- 고객의 입장에서 생각하는 자세를 견지한다.
- 상냥하고 침착하게 고객을 응대한다.
- 고객에게 선입관을 갖지 않는다.
- 응대를 할 때는 전문용어나 어려운 표현을 자제하고 보다 이해하기 쉽게 말한다.
- 감정의 노출을 자제하고 고객의 말을 끝까지 경청한다.
- 상황을 설명할 때는 사실을 바탕으로 명확하게 말한다.
- 내부사정을 이유로 들지 않는다.
- 변명이나 논쟁을 하지 않는다.
- 상대방에게 동감하는 자세를 견지하며 긍정적인 자세로 경청한다.

'진실의 순간' 필요한 고객접점관리 매뉴얼

"접객 매뉴얼의 마지막은 고객접점관리 매뉴얼이란다. 너희들 MOT 라고 들어봤니?"

"아니, 처음 들어보는데요."

"MOT(Moment of truth)는 스페인의 투우 용어인 'Moment De La Verdad'를 영어로 옮긴 것으로, 스웨덴의 경제학자 리처드 노만이 서비스 품질관리에 처음으로 사용하면서 알려지기 시작했어. '진실과 마주치는 순간'의 영어 약자인 MOT는 스페인 투우에서 황소의 급소를 찌르는 순간, 즉 투우사의 생과 사를 결정짓는 일촉즉발의 찰나를 뜻해. 고객과의 관계에서 MOT는 '고객이 어떤 느낌을 받는 순간', '어떤 상황에서 인상이 남는 순간', '만족과 불만족이 교차하는 15초의 순간'을 말하지."

"그런 게 있었구나. 그럼, 그 순간에 고객이 우리 편이 될지 아닐지가 결정되겠네요."

"그렇지. '진실의 순간'에 회사의 이미지와 운명이 결정되는 거지."

"아빠, 그런 MOT는 주로 어느 때 결정되는 거예요?"

"MOT는 어떤 한 순간이나 특정한 서비스가 아닌, 고객과 접하는 모든 부분에서 결정돼."

"아빠, 좀 더 쉬운 사례 없어요?"

민이가 답답한 듯 물었다.

"그럼 아빠가 외식업소의 예를 들어볼게.《외식업 컨설팅 3.0》에 따르면, 저자는 외식업소의 MOT를 8개로 정리하고 있어. 광고나 홍보에 노출될 때, 간판이나 POP 등과 마주칠 때, 주차장에 진입할 때, 외식업소에 들어갈 때, 주문할 때, 음식이나 각종 서비스를 제공받을 때, 시설물을 이용할 때, 계산하고 점포를 나갈 때가 바로 외식업소의 MOT가 될 수 있지."

"그렇게 많아요? 그러면 우리 사료의 MOT도 장난 아니겠는데."

"그럼. 우리의 MOT도 꽤 되지. 우리의 MOT를 너희들이 생각나는 대로 한번 말해볼까?"

"글쎄요……. 홍보나 광고할 때, 사료를 손님에게 전달할 때, 고객의 전화를 받을 때, 고객이 레시피나 동영상 볼 때 등등입니다."

하니가 몇 가지를 말했다.

"누나, 또 있잖아. 우리 공장 견학할 때. 그리고 사료의 포장이나 디자인을 보는 순간도 MOT라고 할 수 있을 것 같아."

"그래. 그런 모든 것이 MOT야."

"야, 이거 정신 바짝 차려야 되겠는데."

민이가 의자를 당기며 말했다.

"아빠가 우리 제품과 관련된 MOT를 뽑아서 대응 방안을 마련할 거야. 그때 제대로 배워서 실천하면 돼."

"그런데 아빠, 궁금한 게 있어요."

하니가 머리를 긁적이며 말했다.

"뭔데?"

"인터넷 거래가 급속히 늘어나고 있고 심지어 스마트폰으로 구매하는 경우가 대부분인데, 이런 추세라면 앞으로 '진실의 순간'은 많이 줄어들 것 같아요. 특히 사람이 직접 하는 서비스 분야는 거의 소멸되지 않을까요? 그렇게 되면 고객접점에 있는 영업직원이 필요 없게 될 것 같아요. 그리고 회사의 제품이나 브랜드에 영향을 미치는 활동도 사람이 직접 하는 서비스보다 홍보나 광고 등에 집중될 것 같아요."

하니가 진지한 표정으로 질문했다.

"누나 말이 맞는 것 같아. 내가 좀 서비스 정신을 발휘하려고 했는데 별로 힘쓸 곳이 없겠네."

민이가 동의를 하며 말했다.

"하니가 아주 좋은 질문을 했다. 하니 생각처럼 회사의 제품을 고객에게 직접 설명하고 홍보하는 전통적인 영업 방식이 이제 쓸모없게 될 것이라는 견해가 지배적인 건 사실이야. 실제 많은 전문가들이 그렇게 예측했고 지금도 그렇게 생각하는 사람들이 많아. 그런데 예상을 깨고 영업직이 증가한다는 자료가 주목을 끌고 있어. 지금부터 100년 전인 1916년 미국 〈뉴욕타임즈〉에 '영업사원은 필요 없는 직종일까?'란 기사가 실렸지. 기사의 핵심은 '영업사원이 직접 고객들에게 제품을 권유하는 것보다 광고를 통해 제품을 알리는 게 더 나은 결과를 창출한다'라는 것이었어. 그런데 정확히 100년이 지난 2016년 3월에 미국 노동부는 다음과 같은 내용을 발표했어."

"어떤 내용인데요?"

"미국의 2015년 5월 현재 가장 많은 근무 직종은 리테일 영업사원이다'라는 내용이야. 조사를 해보니 다른 부서보다 영업직에 종사하는 사람이 줄지 않고 오히려 늘고 있었어. 1999년 기준으로 미국의 영업직 종사자는 1,300만 명이었는데, 15년이 지난 2014년은 1,400만 명으로 인터넷 혁명 이전보다 오히려 증가했지."

"정말 놀라운 결과인데요."

하니가 의아한 듯 말했다.

"그리고 세계적인 IT 기업의 경우를 봐도 영업사원이 가장 많은 자리를 차지하고 있어. 세계 최대 소셜커머스 기업 그루폰은 전체 인력 가운데 45% 이상이 영업직이야. 구글 역시 50% 이상이 영업직이고, 페이스북의 매출을 올려주는 사람 역시 '좋아요' 클릭을 광고업자와 연결하는 영업사원들이야. 모두가 영업의 미래를 부정하고 있지만 역설적이게도 '영업의 시대'를 알리고 있지. 하지만 이렇게 영업사원이 많아졌는데도, 여전히 영업직이 사라질 것이라고 생각하는 사람이 많아. 특히 최근 로봇 기술 발전과 인공지능 기술 발달로 사람들의 일자리가 로봇으로 대체될 것이라는 전망이 끊임없이 나오고 있지."

"아빠, 첨단기술의 발달로 오프라인에서의 구매가 감소하는데도 영업사원이 줄지 않는 이유는 뭘까요?"

"기계의 발전과 전자상거래의 증가에도 영업직이 건재한 이유는 고객들이 사람과 대화하며 물건을 사길 원한다는 거야. 고객은 자동화된 기계보다 사람과 소통하기를 원하고 있어. 고객이 브랜드나 제품에서 차별점을 느끼는 지점도 제품 자체보다 인적 서비스 분야야. 고객은 구매에 필요한 정보를 사람에게서 직접 듣고 싶어 하며, 구입하고 사용하는 데 따르는 문제도 사람을 만나서 해결 받고 싶어 하지. 아무리 온라인으로 정보 탐색을 많이 했다 하더라도 '진실의 순간'은 결국 사람에 있는 거야. 그래서 고객접점에 있는 사람들은 고객이 직면한 문제를 해결해주고 최적의 서비스를 제공할 수 있는 전문성을 갖추어야 해."

"여보, 그러면 우리도 준비를 많이 해야겠네요."

잠자코 듣고만 있던 이다정이 물었다.

"그래서 사료 제작 과정을 동영상으로 만들고, 고객들에게 레시피를 제공하는 거야. 또 일정한 장소에 사료를 직접 만들 수 있는 체험 공간을 마련하는 것도 그 때문이지. 우리가 고객과 함께하면서 그들의 문제를 해결해주고자 하는 의지를 보일 때, 고객은 우리를 신뢰하게 될 거야."

"그래서 아빠가 핵심성과지표(KPI)에서 교육을 그렇게 강조하는 거나."

"그렇지. 특히 고객과의 접점에서의 인적 서비스는 정말 중요해. '제품은 저급한 것이 우월한 것을 이길 수 있어도, 저급한 서비스는 우월한 서비스를 절대 이길 수 없다'는 말이 있어. 고객 접점에서의 서비스 품질은 절대적이라고 할 수 있지. 또 소매업에 이런 불문율도 있어. '가격은 하루, 품질은 한 달, 서비스는 3년, 훌륭한 조직문화는 평생이 걸려도 따라올 수 없다'라는 거야."

"그런데 왜 그런 말이 나온 거예요?"

"서비스는 '최소량 곱셈의 법칙'이 지배하기 때문이야."

"최소량 곱셈의 법칙이라니요? 저는 경영학을 공부해도 그런 말 못 들어봤는데……."

민이가 머리를 긁적이며 말했다.

"최소량 곱셈의 법칙에서 서비스는 친절, 매너, 예의, 교양, 존중, 친밀감, 청결 등의 요소로 구성되는데, 해당 업체의 이미지는 그중에서 가장 나쁜 요소 하나로 결정된다는 거야. 99% 만족스러운 서비스를 제공했어도 1%의 불만이 있으면 고객은 발길을 돌린다는 거지. 즉 이미지는 A+A+A가 아니라, 이미지는 A×A×A야. 결국 서비스에서는 100−1이 99가 아니라 0이 되는 거지. 그러니 모든 순간에서 서비스가 얼마나 중요하겠니."

"아! 그렇구나."

"그래. 서비스가 정말 중요한 것 같아. 어디 가서 무얼 사더라도 서비스가 안 좋으면 그 집 다시 안 가게 되잖아. 그러니 아빠 말씀대로 우리도 서비스에 특별히 신경을 쓰도록 하자."

이다정이 한마디 했다.

"서비스는 그냥 좋아지는 게 아니야. 진정으로 고객을 생각하는 마음이 있어야 돼. 고객을 만족시키겠다는 강한 의지가 있어야 진정한 서비스가 만들어져."

"아빠, 고객 서비스를 잘하기 위해 우리가 어떤 것을 배워야 하나요?"

"배울 게 한두 가지가 아니야. 우선 기본적으로 알아야 할 게 몇 가지 있어. 먼저, 고객과의 접점에서 소통을 원활하게 하는 방법을 살펴보자. 고객이 건넨 말이나 행위에 응답하는 방법으로 두 가지가 있는데, '말'로 하는 방법과 '몸'으로 하는 방법이야. 두 방법을 잘 섞어서 하면 서비스의 질을 크게 높일 수 있지. 이 두 가지는 앞에서 언급한 '경청'을 하는 구체적인 방법이기도 해. 그리고 이와는 반대로 고객에게 불쾌감을 주는 행위도 있어. 상대의 눈을 보지 않고 다른 곳을 보며 이야기하거나 팔짱을 끼거나 뒷짐을 지고 이야기를 하거나 얼굴에 인상을 쓰는 것처럼 누구나 당연히 잘 알고 있는 것들이지만, 생각보다 지키기 어렵단다."

■ 말로 하는 서비스-언어적 피드백

- **요약하기(Summarizing)** : 고객의 말을 '요약'해서 피드백하는 방법이다. 가령 고객이 자신의 근황에 대해 장황하게 이야기를 할 때, 경청 후에 "그러니까 ~하다는 거군요"라고 요약해서 말하는 방법이다. 이때 고객은 상대에게 인정을 받아 기분이 좋아질 뿐 아니라 충성고객으로 발전할 가능성이 높다.

- **바꿔 말하기(Paraphrasing)** : 고객이 한 말을 '다른 방식'으로 표현하는 방법이다. 고객이 한 말을 의도에 맞게 바꿔 표현함으로써 고객의 인식을 확장할 수 있다. "다시 말해, ~하다는 거군요"라는 방식으로 상대방 말을 피드백해줌으로써 고객은 성의껏 대우받는다는 느낌을 가질 수 있다.

- **반영하기(Reflecting Back)** : 고객이 갖고 있는 감정과 느낌을 말로 표현해주는 방법이다. "~라고 느끼셨군요. 지금 기분이 ~하군요" 하는 식으로 피드백을 하면, 고객은 자신의 마음을 잘 알아준다는 느낌을 받게 되어 기분이 좋아지고 높은 애호도를 표하게 된다.

- **맞장구치기** : 맞장구는 고객의 말이나 행동에 적극적인 동의를 표시하는 짧고 임팩트 있는 피드백 방법이다. "아! 그렇구나" 등은 대화에서 일당백의 효과를 낼 수 있으며 고객의 기분을 돋우는 매력이 있다. 맞장구는 타이밍과 톤에 의해 그 효과가 달라진다.

■ **몸으로 하는 서비스-비언어적 피드백**

- **미소 짓기(Smile)** : 고객과의 응대 순간에 환한 미소는 그 어느 것보다 사람의 마음을 편하게 하고 좋은 이미지를 형성한다. 입가를 살짝 들어 올려 얼굴에 미소가 감돌게 한다.
- **열린 자세(Open gesture)** : 대화할 때 허리에 손을 얹거나 팔짱을 끼는 몸짓은 피해야 한다. 팔짱을 끼는 것은 자신의 영역을 지키겠다는 무언의 암시이며, 상대를 적대시하거나 경계한다는 느낌을 줄 수 있다.
- **앞으로 기울이기(Forward-leaning)** : 몸을 10도에서 15도 앞으로 기울여 고객의 말을 들으면, 고객에게 관심을 갖고 있다는 인상을 강하게 남기면서 '당신의 말을 잘 듣고 있습니다'라는 메시지를 효과적으로 전달하게 된다.
- **접촉하기(Touch)** : 단골고객의 손을 살짝 잡아주거나 어깨를 가볍게 보듬는 행위 등의 가벼운 접촉이나 적당한 스킨십은 친밀감을 더해주며 고객과의 관계를 한층 끌어 올려준다.
- **눈 맞추기(Eye contact)** : 고객의 눈이나 눈언저리를 바라보며 대화를 나누면 고객은 자신의 말을 상대방이 성의 있게 들을 뿐 아니라 관심을 표명하고 있다는 느낌을 받는다.
- **끄덕이기(Nodding)** : 고개를 끄덕이는 행위는 고객의 의견에 동의를 표시할 뿐 아니라 고객의 말을 잘 듣고 있다는 느낌을 준다. 또한 상대방에 대한 친밀도를 높일 수 있다.

■ **고객에게 불쾌감을 주는 10가지 접객 행위**

- 상대의 눈이나 눈언저리를 보지 않고 다른 곳을 쳐다보며 말하는 행위
- 고개만 까닥이며 인사하는 행위
- 상대의 얼굴을 빤히 쳐다보며 말하는 행위
- 눈을 치켜뜨며 말하는 행위

- 팔짱을 낀 채 말하는 행위
- 옆구리에 손을 얹고 말하는 행위
- 뒷짐을 지고 말하는 행위
- 손님 바로 앞에서 큰소리로 말하는 행위
- 말의 뒤를 흐리며 말하는 행위
- 얼굴에 인상을 쓰며 말하는 행위

내 사랑 내 곁에

여러 매뉴얼에 대한 설명이 끝나자 이다정이 아이들을 살피며 말했다.

"여보, 밥 먹고 좀 쉬었다 하지요. 아이들도 피곤한 것 같은데."

"저는 뭐가 뭔지 아직 잘 모르겠어요. 준비할 게 이렇게 많은 줄 몰랐어요."

"그럼 좀 쉬었다 하지."

이다정이 식사를 준비할 동안 장천하는 베란다에 나가 바람을 쐬었다. 가슴이 벅찼다. 사업을 시작해 물건이 마구 팔려나가는 게 눈에 선했다.

"아빠, 식사하세요."

어떤 음식도 솟아나는 입맛을 감당할 수 없었다. 식사를 하면서 하니가 물었다.

"아빠, 우리 회사 이름은 무엇으로 할 거예요?"

"상호를 정하기 전에 먼저 생각할 것이 있어."

"그게 뭔데요?"

"우리가 왜 사료를 만들며, 우리의 사업 목표는 무엇이고, 어떤 가치를 가지고 이 사업을 하는지를 먼저 생각해야 돼. 우리가 그런 것들을 먼저 나눠보고 상호를 결정해도 늦지 않아."

"아빠, 우리가 이 장사 돈 벌려고 하는 건데 또 무슨 이유가 필요해. 그리고 1년 목표를 정했으면 이제 열심히만 하면 되잖아요."

민이가 귀찮은 듯 말했다.

"사업을 하려면 엔진 역할을 하는 동력이 필요해."

"엔진 역할을 하다니요?"

"기업이 나아갈 분명한 방향을 말하는 거야."

"아빠, 가훈 같은 거를 말하는 거예요?"

"그렇지. 미션과 비전, 가치는 사업을 하는 목적과 방향, 그리고 방법을 알려주는 자명종과 같아. 사업의 정체성이라 할까. 우리가 지녀야 할 DNA 같은 거지. '미션'은 우리가 왜 사업을 하는지 알려주는 도구로서 사업의 당위성과 조직의 구심점을 제공해주는 역할을 해. '비전'은 나아가야 할 미래, 즉 청사진이야. 앞으로 성취하고 싶은 목표나 지향점이지. 그리고 '가치'는 행동 규범이야. 미션과 비전을 이루기 위한 제도이며 수단이지. 다시 말해 미션은 사업을 하는 이유 'why'이고, 비전은 이루고자 하는 대상 'what'이며, 가치는 도구로서 'how'를 말하는 거야. 이런 것들을 정할 때 중요한 것이 협력과 합의야. 우리 모두가 함께 정하는 거야. 다른 회사 것을 가져오거나 우리의 진심을 담지 않으면 종이 위에 쓴 글씨에 불과해."

104

"다른 회사의 좋은 것을 가져오는데 그게 왜 나쁜 거예요?"

민이가 의아하다는 듯 말했다.

"다른 회사에서 사용하는 좋은 표현보다 보잘것없어 보여도 우리가 실제로 실천할 수 있는 게 더 훌륭한 거야. 그리고 남이 정해준 것은 실천이 잘 안 돼. 우리의 마음은 외부의 압력에는 저항이나 반발심이 생겨도, 내부에서 올라오는 압력은 잘 거부하지 못하거든. 함께 만든 미션과 비전, 가치는 사업을 해나가는 데 귀중한 이정표가 돼줄 거야. 우리, 진심을 담아 만들어보자."

"아빠, 미션은 어떻게 만들어야 해요?"

하니가 물었다.

"훌륭한 미션은 고객에게 차별적인 가치를 제공할 수 있어야 해. 그래서 미션은 사업의 성격, 고객, 제공할 가치 등을 잘 품고 있어야 해. 무엇보다도 미션은 진실해야 하지."

"정말 중요한 것 같은데 만드는 게 쉽지 않겠어요."

이다정이 말했다.

"아빠, 저는 그렇게 중요한 건지 몰랐어요. 제가 아르바이트했던 회사도 미션이나 비전, 그런 것들이 있었는데 직원들은 잘 모르더라고요. 그래서 저도 별로 중요하지 않은 것으로 생각했어요. 누나네 회사의 사명이나 비전이 무언지 알아?"

민이가 물었다.

"잘 기억이 안 나는데……."

하니가 계면쩍은 듯 입술을 실룩했다.

"누나 같은 사람이 있어서 문제라니까. 자기 회사 것도 모르고."

민이가 말했다.

"하하. 직원들이 간과하기 쉽지만, 미션은 한마디로 조직의 정신적인 지주인 셈이야."

"아빠, 그러면 우리의 미션은 무엇으로 정할까요?"

민이가 적극적으로 나섰다.

"글쎄, 생각나는 게 있으면 말해봐. 너희들도 우리 회사의 직원이니까 적극적으로 의견을 내봐."

"어! 이거 진지해지는데. 아빠, 참고할 수 있게 다른 회사 미션 좀 소개해주세요."

민이가 의자를 앞당기며 말했다.

"그래. 월트 디즈니는 '가족들에게 매혹적인 세계를 창조한다'라고 한 줄로 정의했고, 구글은 '전 세계의 정보를 체계화해 쉽게 접근하게 해준다'라고 했어. 구글 웹사이트의 첫 페이지에 배너 등 일체 광고를 하지 않는 것도 자신들의 미션을 실천하겠다는 의지의 표현이지. 그렇게 사업의 정체성을 함축적으로 표현하면 돼. 내용이 장황하거나 양이 많으면 구성원들이 기억을 잘 못하고 잊어버리기 쉬워."

"아! 그런 게 미션이군요."

하니가 고객을 끄덕이며 말했다.

"아빠는 이 사업을 하게 된 계기를 생각해봤어. 병원에서는 멍구가 얼마 못 살고 죽는다고 했는데 엄마의 지극정성으로 살아났잖아. 그것이 계기가 돼서 사업도 하게 된 거고. 아빠는 반려견들이 좋은 사료를 먹고 건강하게 오래 살았으면 좋겠어. 이런 부분을 가지고 아이디어를 내면 좋을 것 같아. 여보, 당신 생각은 어때?"

"나는 멍구가 살아나서 정말 좋아요. 멍구를 살린 수제 습식사료가 그렇게 고마울 수가 없어요. 나는 반려견들이 아프지 않고 주인과 오래 살았으면 좋겠어요."

"아빠, 엄마 생각대로 우리 미션을 고마움과 행복으로 하면 어떨까요?"

하니가 자신의 생각을 말했다.

"아빠, 저도 그게 좋을 것 같아요. 우리 사료로 모두가 행복하면 저희 장사 잘되는 것은 시간문제일 것 같아요."

민이도 한마디 했다.

"그러면 '반려동물과 함께 고객을 행복하게 하는 기업'으로 하는 게 어때요?"

하니가 제안했다.

"아빠, 좋은 것 같아요."

민이도 한마디 거들었다.

"여보, 저도 좋은 것 같은데요."

이다정이 말했다.

"모두 좋다면 '반려동물과 함께 고객을 행복하게 하는 기업'을 우리 미션으로 정하자. 이제 이 미션은 우리의 경영이념이자 사업의 궁극적인 목적이 되는 거야."

집 안에 박수소리가 울려 퍼졌다.

"아빠, 그러면 우리의 비전은 어떻게 해야 돼요?"

"비전은 지금 정하지 않고 향후 1년간의 목표를 비전으로 대신해도 될 것 같아."

"비전도 같이 정하는 것 아니에요?"

"큰 조직에서는 선언적인 말로 정하는 게 일반적이지. 그렇게 말로 정해도 좋지만, 이제 막 사업을 시작하는 경우에는 연간 목표를 비전과 같이 사용해도 돼. 지금은 연간 목표로 비전을 대신하고 1년 후에 사업의 성격에 맞게 중장기적인 비전을 새로 만드는 것도 괜찮을 것 같아. 미션은 여간해서 바뀌지 않지만, 비전은 기업이 처한 상황에 따라 바뀔 수 있어."

"아빠, 그건 왜 그런 거에요?"

"비전은 환경 변화에 따라 바뀔 수 있지만, 미션은 기업이 존재하는 궁극적인 목적이기 때문에 특별한 상황이 아니고는 바뀌지 않아."

"이제 잘 알았어요. 그러면 이제 상호를 정하면 되겠네요."

민이가 말했다.

"아니지! 핵심가치를 정해야지. 아빠, 핵심가치도 설명해주세요."

하니가 말했다.

"핵심가치는 구성원들이 공동으로 실천하는 행동 규범이야. 미션이나 비전을 실천하는 데 필요한 수단이며, 구성원들의 행위를 이끌어내는 진정한 기업문화를 의미하지. 우리집도 나름대로의 문화가 있잖아. 가령, 대화를 나눌 때 상대의 말을 다 들은 후에 말하기나 긍정적인 사고로 감사하는 것 등의 행동 규범을 핵심가치라고 말할 수 있지. 즉 미션을 수행하는 가이드라인이 되는 것이 핵심가치야. 예를 들어 삼성은 인재제일, 최고지향, 변화선도, 정도경영, 상생추구를 핵심가치로 하고 있지."

"아빠, 그럼 우리는 우리의 미션이 고객을 행복하게 하는 것이니까,

그 점을 생각해서 핵심가치를 정하면 좋을 것 같아요."

"여보, 서로 응원하는 문화가 있으면 좋겠어요. 서로 실수를 지적하기보다 허물은 덮어주고 부족함은 채워주는, 그래서 합해 100점이 되면 좋겠어요."

"아빠, 실패가 받아들여져야 또 다른 도전을 할 수 있다고 하셨잖아요, 열심히 하다 잘못되더라도 용서받을 수 있어야 한다고 생각해요. 그런 문화도 필요하지 않을까요?"

"저는 '구성원의 잠재력을 알게 하는 리더보다 위대한 리더는 없다'는 말을 참고로 해도 좋을 것 같아요."

"그러면 대충 몇 가지로 압축된 것 같구나. '서로 합해 100점이 된다', '창조적 실패를 권장한다', '구성원의 핵심역량을 계발한다' 어때?"

"아빠, 정말 좋아요."

민이가 신이 나서 말했다. 하니와 이다정도 좋다고 말했다.

"아빠, 이왕 하는 김에 상호도 짓고 제품 이름도 정해요."

처음에는 머리가 아프더니 시간이 지날수록 재미와 호기심이 발동했다. 가족 모두가 머리를 맞대고 의견을 내놓았다. 자연스럽게 온 가족이 하나가 되었다. 멍구가 고마웠다. 무엇보다 아내가 관심을 갖고 믿어주니 장천하는 더 바랄 게 없었다.

"그래, 무슨 좋은 생각이라도 있니?"

"아빠, 우리 그냥 '멍구'로 지으면 안 돼요?"

"야, 그건 너무 촌스럽잖아. 아무리 그래도 멍구는 대중성이 떨어지잖아."

"아빠, 멍구가 사랑스럽고 오랫동안 우리와 함께하길 바라잖아요. 그

렇듯이 사랑하는 반려견이 항상 주인 곁에 있다는 의미로 '내 사랑 내 곁
에' 어때요?"

하니가 말했다.

"누나, 그건 노래 제목이잖아."

민이가 불만스럽게 말했다.

"엄마는 마음에 드는 걸. 고객을 행복하게 하는 것이 우리의 미션이
듯, 내 사랑이 내 곁에 있으면 행복하잖아. 여보, 당신은 어때요?"

이다정이 장천하에게 동의를 구하듯 물었다.

"처음 들었을 때는 촌스럽더니 생각할수록 괜찮은 걸. 민이만 반대를
하는데, 더 좋은 의견 있으면 말해봐."

장천하가 민이를 보고 말했다.

"뭐, 모두 마음에 들면 할 수 없지. 75%가 찬성이면 나도 따라야지."

시큰둥한 목소리로 민이가 말했다. 이렇게 해서 상호는 '내사랑내곁
에'로 결정됐다. 그리고 사료 이름으로 일반 사료는 '튼튼이', 비만 방지
용 사료는 '날씬이', 비염 사료는 '멍구'로 정했다.

장천하는 하니와 민이가 대견스러웠다. 성인이 되었어도 철없는 아
이들로만 생각했는데 구성원의 하나로 손색이 없었다. 민이가 휴학을
한 것이 부담은 되었지만 좋은 경험이라고 생각했다. 오후의 햇살이 거
실 문지방을 넘고 있었다. 노을색이 아름다웠다.

■ 비전 있는 기업들의 미션과 프랙티스

브랜드	미션	프랙티스
애플	사람들이 기술을 즐기는 방식을 혁신한다	근사한 반문화적 접근법을 택해 아이팟(2001년) 아이폰(2007년)을 출시해 컴퓨터와 음악, 휴대전화 사용문화를 변모시켰으며, 픽사(2006년)로 애니메이션 영화를 재창조했다.
구글	전 세계의 정보를 체계화해 쉽게 접근하게 해준다	1998년 이래, 검색엔진 개념을 혁신시켰으며 검색엔진 기반의 광고 플랫폼을 제공함으로써 온라인 광고를 재구성했다.
월트 디즈니	가족들에게 매혹적인 세계를 창조한다	성공적인 애니메이션 캐릭터를 제작해서 라이선스와 테마파크를 주류 산업계에 진출시켰다.
이케아	적정 가격으로 스타일리시한 가구를 만든다	1960년대에 조립식 가구, DIY, 체험 매장이라는 개념을 고안함으로써 소비자들이 비용 절감을 하게 했다.
트위터	인맥과 관심사를 공유하는 도구를 제공한다	2006년 트위터를 설립해 미니블로그라는 개념을 만들고, 사람들이 네트워크를 통해 아이디어를 퍼트리는 방식을 새로이 개척했다.

■ 국내 유명 기업들의 핵심가치

기업명	핵심가치
삼성	인재제일, 최고지향, 변화선도, 정도경영, 상생추구
현대자동차	고객최우선, 도전적 실행, 소통과 협력, 인재존중, 글로벌 지향
이마트	고객 중심적 마인드, 브랜드를 통한 차별화, 디자인적 사고
기업은행	고객의 행복, 신뢰와 책임, 최강의 팀워크, 창조적 열정
관세청	동반자 정신, 명예 금지, 변화 혁신, 세계 최고

15%의

이기는 사장

3

제품이 아닌
가치를 팔아라

내사랑내곁에 - 세계로IT 합작회사 설립 협정

내사랑 내곁에

3단계
촉진전략

사명과 상호, 제품명까지 정하고 나자 이제 진짜 제대로 사업을 시작하는 느낌이 났다. 제품 생산을 위한 시설도 차츰 갖춰지기 시작했고, 이제 본격적 판매를 위해 회사와 제품을 홍보해야 할 일만이 남은 듯했다. 장천하는 어떻게 제품을 홍보하고 판매를 촉진할 것인지에 대한 의견을 나누기 위해 가족회의를 소집했다.

"사업계획서를 작성하면서 마케팅 계획도 세우고 차별화 방법도 정했지만, 좀 더 구체적으로 '촉진' 방법을 이야기해보자. 너희들이 해야 할 일도 있으니 그 의미와 내용을 자세히 살펴보는 게 좋을 거 같아."

"아빠, 촉진은 판촉을 말하는 거 아니에요? 광고나 판촉은 많이 들어봤어도, 촉진은 거의 못 들어본 거 같아요."

"촉진을 판촉과 혼용해서 쓸 때가 있는데, 원칙적으로 판촉은 촉진의 한 부분이야. 촉진(Promotion)에는 '광고, 인적 판매, 판촉, 홍보, 직접우편'

등이 있어. 오늘은 홍보와 광고 중에서 구전(口傳)과 온라인 마케팅, 스토리텔링에 대해 주로 이야기를 나눌 거야."

"아빠, 우리처럼 조그맣게 사업을 시작할 때는 사람들 눈에 잘 띄는 곳에 플래카드를 걸어놓고 전단 만들어 돌리면 되는 것 아닌가요?"

"그렇게 하는 것도 촉진의 한 방법이지. 하지만 그 외에도 다양한 방법이 있어. 우선 '홍보'는 대중과 우호적 관계를 맺기 위해 의도적으로 수행하는 커뮤니케이션 활동이야. 다시 말해 기업의 좋은 이미지는 개발·유지하고, 좋지 않은 소문이나 사건 등은 소비자의 기억 속에서 사라지게 하는 행위를 말하지. 사업 초기의 홍보 결과에 따라 그 정착 시기가 판가름 날 수 있어."

"그렇다면 홍보 방법에도 여러 가지가 있겠네요."

"크게 4가지로 나눌 수 있어. 우선, '간행물'이 있지. 간행물에는 브로슈어, 시청각 자료, 사업자의 자서전 등이 있어. 둘째, '특별 행사'가 있어. 흔히 이벤트라고 하는 것인데 세미나, 전시회, 운동 경기 등의 개최나 후원을 통해 우리의 사업이나 제품을 알리는 거야. 셋째, '뉴스거리의 개발'이 있는데, 이것은 사업자가 제품이나 종업원 등에 관한 흥밋거리를 찾아내거나 개발해 인쇄나 방송 매체, SNS 등 각각의 특성에 맞춰 기삿거리를 제공하는 것이지. 이 부분이 너희가 신경 써야 할 부분이야. 그리고 넷째, '공공 서비스 활동'이 있어. 건전한 사회활동에 시간과 자금을 기부 또는 후원함으로써 대중들에게 우호적인 이미지를 심는 거야. 즉 환경 운동, 도서관 건립, 심장병 어린이 돕기, 불우 이웃 돕기 등의 사회운동에 적극적인 참여나 후원을 함으로써 우호적인 기업 이미지를 형성하고 궁극적으로 매출의 증대를 꾀하는 거지."

"뭐가 그렇게 많아요. 저걸 다해야 돼요?"

민이가 놀라듯이 말했다.

"꼭 그런 건 아니야. 각자가 처한 상황에 맞게 하면 돼."

"실제 성공 사례 좀 알려주세요."

"피자헛은 우주가 갖는 꿈과 희망이라는 혁신적 이미지를 피자헛에 접목시킨 우주선 프로젝트를 통해 기업 이미지 개선에 큰 효과를 봤고, 유한킴벌리는 '우리 강산 푸르게 푸르게' 캠페인을 통해 착한 기업 이미지를 확실히 심어줬지. 요즘은 기업들이 페이스북을 통한 홍보와 마케팅에 관심이 많아. 빠르게 입소문을 내기에도 효율적이고, 실시간으로 독자들과 소통할 수 있어서 우리 같은 작은 기업에게도 효과적이지."

"여러 가지 홍보 방법 중에서 우린 어떤 것부터 할 거예요?"

"우선 브로슈어를 준비하고, 집과 공장에 사료 전시실을 조그맣게 만들어서 고객들에게 보여줄 거야. 플래카드도 만들고 명구 동영상도 준비할 거고."

"그런데 아빠, 홍보하고 광고가 비슷한 것 아니에요?"

"홍보는 후원금을 내는 것 외에는 공식적인 비용이 들지는 않아. 반면 광고는 돈을 들여서 적극적으로 회사나 제품을 알리는 거지. 광고는 보통 두 가지 방법이 있어. 제품에 대한 정보를 제공하고 구매를 설득하는 제품 광고와 사업장에 대한 소비자의 호의적 의견과 태도를 유도하는 사업장 광고야. 사업장 광고는 사업장에 긍정적 이미지를 심어주고 사회적, 환경적 이슈에 대한 사업장의 비전이나 철학을 전달하므로 PR 활동의 하나로 간주하기도 해. 또 다른 형태로는 협찬과 제품 삽입 광고(Product Placement, PPL)가 있어. 협찬이나 제품 삽입 광고는 상표에 대한 소비자의 친숙도를 높이는 데 효과적이지. 협찬은 이벤트 후원, 장소 제공, 해외여행 경비 제공 등 아주 다양해. 제품 삽입 광고는 영화나 TV 프로그램에 의도적으로 특정 제품을 끼워 넣거나 상표명을 사용하는 형태로 요즘 자주 볼 수 있지."

"이걸 다해야 돼요? 돈이 만만치 않게 들겠는데."

"우리 상황에 따라 형편에 맞게 하면 돼. 너무 어렵게 생각할 것 없어."

"여보, 사료 공장 공사가 다 끝나기 전에 홍보든 광고든 해야 하지 않을까요?"

"생각하고 있어. 영업 개시 전, 영업 시점, 영업 후, 이렇게 3단계로 나누어 할 계획이야."

"단계별로 하려면 돈이 많이 드는 거 아닌가요?"

이다정이 걱정스럽게 말했다.

"우리처럼 소규모로 시작하는 곳은 단계별로 나누어 꼭 필요한 것만 해도 돼. '영업 개시 전' 홍보는 잠재고객을 늘리면서 경쟁력을 높이기 위한 것으로 현수막, 전단 배포 등이 있어. 간혹, 현수막에다 개업 날짜만 써넣고 아무 정보도 알리지 않는 방법도 있지. 이를 '티저 광고'라고 해. 티저는 놀려대는 사람, 짓궂게 괴롭히는 사람이라는 뜻으로, 소비자의 호기심을 유발하고 향후 아이템에 대한 집중도와 제품의 인지도를 높이는 데 자주 사용해."

"저와 민이가 티저 광고를 기획할 테니 아빠 엄마는 현수막과 전단지를 맡아주세요. 그런데 아빠, 기억에 남는 티저 광고가 있으면 소개해주세요."

하니가 티저에 대한 아이디어가 있다는 듯 자신 있게 말했다.

"티저 광고는 신제품을 출하하기 전에 궁금증을 자아내기 위해 하는 촉진 활동의 하나야. 2000년에 대학가나 젊은 사람들이 많이 몰리는 강남, 대학로 등 대로변에 '선영아 사랑해'라고 적힌 플래카드와 포스터가 잔뜩 붙었던 적이 있어. 우리나라에서 가장 유명했던 티저 광고 중 하나인 마이클럽의 티저 광고였어. 당시 광고비로 50억 정도가 들었는데, 그 효과는 약 900억 원에 달했다고 해. 비슷한 형태로 '문대성, 한판 붙자'라는 엔프라니의 티저광고도 있었지."

"어떤 광고인지 알겠어요."

"영업개시 전 홍보 다음에는 '영업 시점 홍보'를 하게 되지. 오픈 기념 가격 할인 행사나 사은품 증정 행사 등이 그런 홍보지. 오픈 행사로 도우미나 엿장수, 피에로 등을 고용해 고객을 유인하기도 하지만, 우리는 가격 할인이나 사료 무료 제공, 사은품 등으로 개점 행사를 대신하려고 해. 영업 시점 홍보는 첫인상을 좋게 해서 잠재고객이나 가망고객을 단골고객으로 연결하는 게 핵심이야. 1주일 정도 무료로 우리 사료를 제공하면서 반응을 볼 거야. 사은품은 너희들이 엄마와 상의해서 준비해봐. 사은품은 싸고 흔한 것보다는 고객에게 필요한 것이어야 해. 그래야 요긴하게 자주 사용할 수 있고, 고마움을 느낄 수 있으니까. 사은품 때문에 본 제품이 잘 팔리는 경우도 있어."

"알았어요. 저희가 정성껏 준비할게요."

"영업 시점 홍보를 한 후에도 꾸준하게 홍보를 해야 돼. '영업 후 홍보' 활동으로는 전단 배포가 있지만 비용 대비 효과가 떨어지는 단점이 있어. 요즘은 종이로 된 전단과 모바일 쿠폰을 주로 쓰는데, 둘 다 장단점이 있으니 우린 두 가지 형태를 다 배포해볼 거야. 종이 전단은 나눠주는 방법에 따라서도 효과가 차이가 나는데, 일간지에 끼워 배포하거나 아르바이트를 동원해 배포하는 방법보다는 우리가 직접 고객들의 반응을 살피며 나눠주는 게 효과가 좋지. 또 제품의 특성이나 제품을 이용하는 고객의 라이프스타일에 따라서도 그 효과가 차이가 나지만 전단의 내용을 어떻게 하느냐에 따라서도 달라져. 다른 업체와 차별적인 내용이 없는 전단은 고객의 관심을 끌지 못하고 길에 버려지게 되지."

"그러면 전단에는 어떤 내용을 넣어야 해요?"

"전단을 보면, 판매자의 입장을 전달하기 위해 제품과 가격에 대한 정보들로 꽉 차 있어. 그렇게 꾸며진 전단은 고객의 관심을 끌기가 쉽지 않지. 전단에는 '스토리'를 담아야 해. 정보도 중요하지만, 일단 관심을 유도할 수 있는 감성적인 내용을 담는 게 중요해. 물론 자동차나 전자제품처럼 구체적인 제품 설명이 필요한 고가의 제품은 스토리와 함께 제품에 대한 정보가 중요한 역할을 하지. 하지만 일반 소비재의 경우는 감성적인 내용이 고객의 마음을 움직일 수 있어. 우리 제품 같은 경우에도 스토리텔링으로 고객들이 그 전단에 관심을 갖게 하는 것이 중요해. 물건과 가격 정보가 들어 있지만, 스토리텔링을 통해 고객들이 읽을 마음이 생기게 하면 상품이 '이야기'를 타고 팔리게 되지. 글에서 고소한 땅콩 냄새와 와사삭 소리가 날 것 같은 현대백화점의 검정 피땅콩 광고나 뼈다귀 해장국집을 경영하는 세 자매 스토리가 담긴 오가네의 광고가 그러하지."

"전단도 그냥 만드는 게 아니구나."

"전단을 받으면 식상해 하며 버리기 일쑤거든. 일단은 버리지 않도록 읽을거리를 제공하는 게 중요해."

"아빠, 우리의 경우 전단에 무슨 내용을 담아야 사람들이 버리지 않고 읽을까요?"

"가령, '우리 집 멍구는 아팠습니다. 무슨 약을 먹이고 주사를 맞아도 얼마 살지 못한다고 했습니다. 치료를 포기하고 집에서 만든 밥을 먹였습니다. 3개월을 못 넘길 것 같았던 멍구가 집밥을 먹고 6년째 저희와 행복하게 살고 있습니다. 그것을 함께 나누고 싶습니다' 등의 이야기와 함께 제품을 간단히 설명하면, 반려견을 키우는 사람들은 전단지를 버리기 전에 한 번은 읽어볼 거야. 그럼 성공이지. 더욱 궁금한 사람은 우리 홈페이지에 들어오거나 전화로 문의를 할 테니까."

"좋은 제품을 알리기 위해서 해야 할 일이 많네요. 사람들의 눈과 마음을 끌 아이디어가 계속 필요하겠어요."

하니와 민이는 사람들에게 알리기 위해 해야 할 일이 많다는 사실에 놀라면서도 이것만으로 충분할까 하는 생각도 들었다.

입소문을 부르는
구전 활동

"아빠, 그런데 요즘 저희가 물건을 구입하거나 식당을 찾을 때, 전단을 보는 경우는 거의 없거든요. 블로그나 페이스북 같은 SNS의 개인 사용 후기를 참고하는 경우가 많아요. 우리 제품도 그런 식의 홍보가 중요할 거 같아요."

"그렇지. 특히 요즘은 홍보 못지않게 중요한 게 입소문 마케팅이야. 그 수단이 SNS이고. 구전 활동을 얼마나 잘하느냐에 따라 사업의 성패가 갈리기도 하지."

"아빠, 입소문 마케팅이나 구전이 다 같은 말 아니에요?"

"입소문 마케팅이나 구전(word of mouth) 마케팅, 버즈(buzz, 꿀벌이 윙윙거리는 소리) 마케팅, 바이럴 마케팅 모두 같은 의미로 사용하기도 해."

"구체적으로 구전이 뭐예요?"

"구전은 특정 제품이나 서비스에 대한 소비자 경험을 비공식적으로 교환하는 행위야. '자발적 입소문'이라 할까. 성능이나 디자인이 뛰어나거나 소비자가 사용하는 데 편리한 제품은 제조사가 굳이 홍보하지 않아도 사용자들이 스스로 홍보를 해주지. 스마트폰이나 해리포터 시리즈 등이 대표적인 사례야. 구전 활동은 매스미디어를 사용하는 것보다 비용이 훨씬 저렴하고, 기존의 경로로 다가가기 어려운 고객에게 접근할 수 있다는 장점이 있어."

"근데 아빠, 왜 구전이 사업의 성패를 가를 정도로 효과가 큰 거예요?"

"하니가 좋은 질문했네. 구전의 효과가 큰 건 사업자가 제공하는 정보보다 친구나 가족, 이웃이 제공하는 정보를 소비가가 훨씬 더 신뢰하기 때문이야. 소비자는 판매자가 자기 제품이 좋다고 백 번 말하는 것보다 주변 사람의 말 한마디를 더 믿거든."

"우리 사료를 좋게 생각하는 고객들의 구전을 적극 활용해야겠네요."

"그렇지. 충성고객들을 활용해서 구전 활동을 조직적으로 해야 해."

"여보, 그건 시간이 지나면 자연스럽게 퍼져나가는 것 아니에요?"

"자연발생적 구전은 그 전파 속도가 대체로 늦어. 소비자가 제품을 구입해 사용해보고 그 제품의 장점을 다른 사람에게 알리고, 또 그 내용을 들은 사람이 사용 후 다시 알려야 구전이 발생하거든. 그러니 자연발생적 구전은 전달 속도가 늦을 수밖에 없어."

"좀 더 빠르게 할 수 있는 방법은 없을까요?"

"민이가 말한 것처럼, 우리 사료에 관심 있는 사람들을 조직화해서 일시에 소문이 나게 하는 거야. 우리처럼 신규 사업자의 제품일수록 조직적 구전이 더욱 필요해. 인터넷과 스마트폰 보급으로 구전의 전파 속도가 높아지고 그 범위가 넓어지고 있어. 그래서 온라인 마케팅 하면 먼저 입소문 마케팅을 말하는 거야. 만도는 김치냉장고 딤채 출시 전에 목표 고객층을 선정해 홍보 우편물을 미리 보냈고, 시제품이 나온 후에는 강남의 대형 슈퍼와 문화센터, 헬스클럽같이 목표 고객층인 주부들이 많이 드나드는 장소에서 제품을 직접 보여주고 설명하는 판촉 행사를 했어. 그 결과 3개월 만에 5,000여 대를 팔았고, 그게 입소문에 의한 홍보의 토대가 되어 큰 성공을 거두었지."

"그런데 좋은 소문이 있으면 나쁜 소문도 있잖아요."

"그래. 긍정적 소문보다 부정적 소문에 특히 신경을 써야 해. 부정적 구전은 긍정적인 것보다 그 파급 효과가 2배나 더 크지. 호의적인 소문은 4~5명에게 전해지지만, 부정적인 소문은 9~10명에게 전해진다는 연구 결과가 있어. 어쨌든 구전은 최초의 수제 습식사료를 파는 우리에게 절대적으로 중요하다 할 수 있지. 좋게 소문이 나고 빠르게 전파되도록 아이디어를 모으도록 하자."

"구체적인 계획은 어떻게 세워볼까요?"

"아빠가 구전에 대해 생각하고 있는 것을 말할게. 사업계획서를 보면, 공장 허가를 신청해서 2개월 후에 제품 개발과 시험 마케팅을 2개월 동안 하는 것으로 되어 있어. 그 2개월 동안 구전 활동을 본격적으로 하는 거야. 구전 활동의 1단계로 1, 2상권의 견주 1만 500가구의 10%에 홍보편지와 팸플릿을 보낼 거야. 한꺼번에 다 보내는 것이 아니라 2개월 동안 순차적으로 보내는 거야. 2단계는 시제품이 나올 때, 한 달 동안 300가구를 선정해서 일주일에 70가구씩 사료를 무료로 제공하는 거야. 3단계는 공원 입구 등에서 이벤트 행사를 1주일에 한 차례씩 7회 실시하고, 4단계는 사료에 대해 적극적인 관심을 보이는 고객 50가정을 1차로 선정해서 입소문 교육과 함께 각종 혜택을 제공할 거야. 그리고 너희들과 의논해서 온라인을 이용한 다양한 방법을 마련할 계획이야."

"아빠 말씀을 들으니 실제 장사를 하는 것 같아요. 누나와 내가 온라인상에서 버즈(입소문자)가 끊이지 않도록 할 테니, 아빠와 엄마는 오프라인상에서 좋은 소문 많이 내주세요. 또 민이와 내가 SNS 관리는 잘할 수 있을 것 같아요. 홈페이지 만드는 것도 아빠가 핵심만 잡아주면 저희가 알아서 만들고 관리해볼게요."

민이가 자신 있다는 듯 입꼬리를 올리며 말했다.

"알았다. 온라인 홍보는 너희 둘이 맡는 것으로 하자. 아빠 엄마보다는 너희들 감각이 뛰어날 테니까."

장천하는 아이들이 직접 나서주니 고마운 마음도 들고 힘이 났다.

"홍보뿐 아니라 마케팅 방법도 예전과 많이 달라지고 있어. 아빠도 열심히 배우고는 있지만, 워낙 다양하고 복잡해서 뭐가 뭔지 잘 모르겠더라."

"저희가 그건 더 잘 알 수도 있겠어요. 사업 목적이나 업종에 따라 활용하는 것들이 다르겠지만, 조금 전에 이야기한 바이럴 마케팅은 물론 키워드 광고, 언론 보도, 연관검색어 등이 온라인 마케팅의 범주에 들어갈 거 같아요. 우리의 경우에는 우리 웹사이트를 고객이 잘 찾을 수 있도록 키워드를 잘 정해서 핵심 키워드와 연관되거나 유사한 키워드를 찾는 사람에게 노출시키는 게 중요해요. 지식 검색이나 블로그와 카페 검색뿐 아니라 요즘은 페이스북이나 트위터가 대세예요. 취미나 취향이 맞는 사람들에게는 인스타그램도 중요하고요."

■ 온라인(인터넷) 마케팅의 종류

마케팅	브랜드 마케팅	SEO노출 마케팅	체험/리뷰 마케팅	SNS 마케팅	MPR 마케팅
의미	온라인 마케팅의 기본으로, 브랜드 가치를 높여 제품의 이미지를 더 좋게 하는 것	상위 노출을 위한 검색 엔진 최적화작업 (SEO, search engine optimization)	블로그를 통해 다른 사람들이 체험하고 느낀 사실을 찾아내게 하는 것	가장 이슈가 되고 있는 페이스북이나 트위터 등을 활용한 마케팅 서비스	마케팅 목표를 달성하기 위해 PR의 전략과 전술을 이용하는 것 (MPR, Marketing Public Relations)
종류	블로그, 카페, 연관검색어	웹문서, 블로그, 지식인, 카페	체험단, 블로그, 카페 커뮤니티	페이스북, 트위터, 핀터레스트	브랜드, 제품, 이미지

■ 국내 SNS 시장 현황

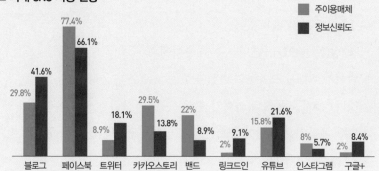

■ 외국 마케터들에게 가장 중요한 SNS

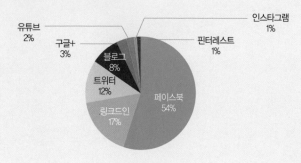

"매일 게임만 하는 줄 알았는데, 이제 보니 제법인데!"

"흠흠. 또 온라인에서 마케팅을 하려면 영상이 필요해요. 사진 20장 정도에 1~2분 정도 길이의 동영상을 만들어 카페나 블로그에 올리면 좋을 거 같아요."

"동영상을 제작하려면 돈이 많이 들지 않을까? 너희가 할 수 있는 일도 아닐 텐데……."

"그렇지 않아요. 저희도 충분히 만들 수 있어요. RC나 매직원, 윈도우 무비메이커, 뮤비 등 무료로 동영상을 만들어주는 프로그램으로도 충분히 만들 수 있어요. 아빠, 온라인 홍보는 저희에게 맡기시라니까요!"

"너 언제 그런 걸 배웠어?"

"관심 있는 애들이면 다 아는 내용이에요."

민이가 어깨를 으쓱하며 말했다.

"너희 얘기를 들으니 아빠가 힘이 솟는다. 사실 아빠가 온라인에 약하잖아. 온라인 마케팅이 중요한 것은 알면서도 고민을 많이 했는데, 너희들이 있어 다행이야."

장천하는 두 아이가 있는 게 든든했다.

감성으로 소통하는
스토리텔링

"너희들 스토리텔링 많이 들어봤을 거야. 스토리텔링이 무어라고 생각하니?"

장천하가 아이들에게 물었다.

"알리고 싶은 부분을 이야기로 하는 거 아니에요?"

"그래, 하니 말이 맞다. 스토리텔링은 언어, 글씨, 소리, 이미지, 그림, 영상 등을 활용해 그 내용을 설득력 있게 전달하는 행위를 말해. 아주 적극적인 홍보 방법이지. 스토리텔링은 고객의 마음속에 제품이나 서비스, 이미지 등을 강하게 심는 차별적 마케팅 수단이야."

"광고 회사는 물론이고, 웬만한 규모의 회사들은 전문 스토리텔러들이 있는 것 같아요. 그만큼 스토리텔링이 중요해서 그런 것 아닌가요?"

하니가 진지하게 말했다.

"맞아. 우리는 스토리텔링이 그 어느 때보다 중요한 시대에 장사를 하는 거야. 요즘 소비자들은 제품 자체보다 그 제품의 감성적인 스토리를 듣고 싶어 하지. 소비자들의 라이프스타일에 호소하는 성공적 브랜드의 이면에는 항상 이야기가 있어. 디즈니랜드나 할리데이비슨, 페라리 같은 세계적인 브랜드들도 이야기로 시작을 했어."

"근데 스토리가 왜 그렇게 중요한 거예요?"

"스토리텔링은 고객과 소통하며 감정을 교환할 수 있다는 거야. 꿈이 이야기를 통해 현실이 되는 거지. 흥미 있는 이야기가 담긴 제품은 우수한 품질이나 디자인보다 더 매력적이거든. 제품의 기능을 따분하게 늘어놓기보다 스토리로 고객의 감성에 호소하면 고객은 친밀감을 느껴 그 제품에 눈을 돌리게 돼. 구매 동기가 제품의 기능에서 감성으로 이동함에 따라 스토리텔링이 더 중요해지고 있어. 아빠가 말한 오가네의 세 자매 이야기도, 그 식당의 스토리가 손님의 마음을 자극해 호감을 갖게 하고 신뢰성을 높여주지. 사람들이 어떤 결정을 내리기 전에는 이성의 지배를 받다가도 막상 결정을 할 때는 감성의 지배를 받아서 그래."

"그러면 스토리텔링도 전략이 필요하겠네요."

"물론이지. 뻔한 이야기는 효과가 없어. 소비자가 좋아할 수 있고, 제품의 독특한 가치를 잘 설명할 수 있는 스토리를 만들어야 돼. 차별화된 스토리를 통해 소비자의 매력 타점(Sweet Spot, 야구, 골프 용어로서 마케팅에서는 소비자가 가장 크게 느끼는 심리적 혜택을 의미)을 타격해야 하지."

"아빠, 구체적인 스토리텔링 방법은 어떤 것들이 있어요?"

"사람들의 마음을 끌 스토리텔링의 소재를 먼저 찾아야겠지. 소재는 브랜드를 개발하고 판매하는 과정에서 있었던 에피소드나 세 자매 이야기처럼 사업주와 관련된 이야기가 될 수도 있고, 소비자들에게 체험 후기를 공모할 수도 있지. 그렇게 수집된 이야기들을 글이나 영상, 한정판 제품 등으로 만들어 다양한 채널에 노출시키는 거지. 스토리텔링은 소비자와 브랜드의 접점을 다원화할 수 있고, 다양한 채널을 복합적으로 활용하면 스토리를 빠르게 전파할 수도 있어서 그 효과가 무궁무진해. 구기백세주라는 술은 제품의 특징을 살린 이야기를 만들어 광고에 활용했고, 아르메니아의 브랜딩 회사인 백본 브랜딩은 테이크아웃 컵의 디자인을 독특하게 해 사람들의 이야기를 끌어냈지."

"그럼, 아빠가 스토리만 만들어주세요. 누나와 내가 인터넷이나 페이스북, 트위터 등을 활용해서 전달해볼게요."

"그래서 말인데, 이야기 내용은 엄마가 맡는 게 좋을 것 같아."

"그걸 내가 어떻게 해요. 지금 당신에게 처음 들었는데."

이다정이 당황하며 말했다.

"당신이 나보다 더 감성적이고 글도 잘 쓰잖아. 명구가 아프게 된 시점부터 건강하게 된 과정을 이야기하듯이 써봐. 우리처럼 구체적이고 사실적인 스토리도 흔하지 않아. 우리 명구의 생생한 상황을 이야기와 사진, 영상으로 만들어서 포장에 있는 QR코드(Quick Response의 약자로 흑백 정사각형 형식의 정보를 나타내는 바코드를 말함)나 브로슈어에 담으면 좋은 스토리텔링이 될 거야. 당신은 충분히 할 수 있어."

장천하는 이다정을 격려했다. 아이들도 엄마가 잘할 거라고 말했다.

"알았어요. 한번 해볼게요. 나중에 뭐라고 하기 없기예요."

해야 하는
실패도 있다

장천하는 시험 마케팅을 마치고 본격적으로 사료 시판에 나섰다. 입소
문을 내기 위해 개업 한 달 전부터 일주일에 70가구씩 대략 300가구에
사료를 무료로 제공했다. 또 오픈 기념으로 선착순 100가구에 사료와
간식을 나누어주었다. 수제 건식사료를 생산하는 업체는 몇 군데 있었
지만, 당일 만들어서 배송하는 수제 습식사료는 '내사랑내곁에'가 처음
이었다. 이것이 가장 큰 강점이자 차별점이 됐다. 입소문이 빠르게 퍼지
면서 반려견 사료 시장에 파란을 예고했다. 매출이 급증했다. 특히 혼자
사는 견주들의 반응이 좋았다. 일주일 분량을 미리 달라는 곳도 적지 않
았다. 하지만 신선도를 위해 3일분 이상은 판매하지 않았다. 매출이 가
파르게 상승했지만, 예기치 않은 곳에서 문제가 터졌다.

"내사랑내곁에입니다. 무엇을 도와드릴까요?"

"오늘 아침에 배달된 사료의 색이 좀 이상해서 전화했어요."

"양배추가 너무 흐물거리고 쉰내가 나는 것 같아요."

"사료가 뭉개지고 국물색이 너무 탁한 것 같아요."

비슷한 전화가 끊이지 않았다. 이다정은 장천하에게 전화를 했다. 전후 상황을 들은 장천하는 곧바로 공장으로 향했다. 사료가 신선하지 않고 주재료인 양배추가 쉽게 으깨졌다. 어떤 것은 냄새도 났다. 그때 옆에 있던 민이가 조그맣게 말했다.

"아빠, 사실 그 양배추 좀 오래 됐어요. 버리기 아까워서 그냥 썼는데 금방 짓물렀나 봐요. 어떻게 하죠?"

"뭘 어떻게 해. 사과하고 모두 수거해와야지. 백 집에 한 집만 그런 일이 있어도 우리 이미지는 모두 0이 되는 것 몰라! 아빠가 말했잖아. 99% 잘해도 1%가 잘못되면 다 잘못된 거라고. 작은 것을 얻겠다고 큰 것을 잃어버렸잖아!"

"아빠, 죄송해요."

"사료는 신선도가 생명인데 그런 재료를 사용하면 어떻게 해! 무슨 일을 할 때는 먼저 우리의 미션을 생각하라고 했잖아. 그래서 모두 함께 대화하며 미션을 정한 것 아니야! 그렇게 해서 고객이 행복할 수 있겠니? 어쨌든 다 수거하고 내일 사료는 전부 무료로 제공하도록 해. 그리고 오늘 내용을 사실대로 적어 사료와 함께 고객들에게 보내도록 해."

"여보, 무료로 주면 되지 내용까지 보낼 필요 있어요?"

옆에 있던 이다정이 말했다.

"여보, 말이 퍼져나가기 전에 먼저 손을 써야 해. 솔직한 것보다 더 좋은 것은 없어. 정면으로 헤쳐나갑시다."

"아빠, 죄송해요. 제가 경솔했어요. 다신 이런 일 없도록 할게요. 엄마, 미안해요."

민이는 자신의 실수로 안절부절 어쩔 줄을 몰랐다.

"네가 사실대로 말해준 것으로 됐다. 무엇을 잘못했는지 알았으면 됐어. 자, 빨리 수거하러 갑시다."

고객들에게 상황을 설명하고 남은 사료를 수거했다. 사람이 없는 집은 저녁 사료는 먹이지 말 것을 문 앞에 써붙였다. 그 일이 있은 후 주문이 대폭 감소했다. 처음 맞는 시련이었다. 다른 사람보다 잘못의 원인을 제공했던 민이가 힘들어했다. 장천하는 가라앉은 분위기를 추스르며 평소처럼 일했다. 그리고 한편에 우두커니 서 있는 민이를 불렀다.

"민이야, 민이야!"

"네, 부르셨어요?"

"그래, 거기 좀 앉아봐."

"아빠, 죄송해요."

"뭐가 죄송해. 일하다 보면 실수도 할 수 있지. 그런데 네가 진짜 무엇을 잘못했는지 아니?"

"중요한 시점에서 매출을 떨어뜨려 죄송해요. 앞으로 그런 일 없도록 할게요."

"매출을 떨어뜨린 게 잘못이 아니라, 해서는 안 되는 실수를 한 것이 잘못이야. 실패는 두 종류가 있다. 할 수 있는 실패와 하지 말아야 하는 실패가 있어."

"할 수 있는 실패라니요?"

"우리 사업의 핵심가치 중 하나가 '창의적 실패를 권장'하는 것이잖아. 너는 그 말뜻을 어떻게 생각하니?"

"열심히 하다 보면 실수를 할 수 있으니까 용서하는 것 아닌가요?"

"열심히 해서 용서하는 것이 아니라, 도전적이고 창의적인 실패 없이는 목표를 이룰 수 없기 때문에 실패를 용인하는 거야. 실패 없이 새로운 가치를 만들 수 없다는 뜻이지. 실패보다 실험이라는 말이 옳을지 몰라. 앞으로 더 좋은 사료를 만들려면 버려지는 재료도 많을 거다. 그런 재료들은 낭비가 아니라 투자인 셈이지. 이름난 대기업도 열 개의 사업을 하면, 하나 정도 성공할까 말까 해. 대기업이 특출난 아이디어를 가지고 상업화를 해도 성공률이 10%가 채 안 돼. 이는 '90%의 실패' 없이 '10%의 성공'은 이룰 수 없다는 의미지. 이런 현실에서 실패를 용납하지 않으면 혁신 제품은 이 세상에 나올 수 없을 거야. 세계적인 기업도 90% 실패를 하는데 그것을 핀잔을 주고 불이익을 주면 누가 아이디어를 내고 도전을 하겠니."

"……."

"해야 하는 실패는 꼭 필요한 거야. 그런데 이번 실패는 그런 것이 아니었어. 창조적 실패가 아니라는 얘기야. 해서는 안 되는 실패였어. 너는 이익을 더 남기기 위해 불량한 재료를 썼던 거야. 고객이 원하는 가치와는 거리가 먼 행위를 한 거지. 사전에 잘못된 재료라는 것을 알면서도 이익을 더 남기기 위해 그렇게 한 거야."

"아빠, 그렇다고 그 양배추를 다 버릴 수는 없잖아요."

"그걸 버려야 아까워서라도 앞으로 재료 관리를 제대로 할 거 아니야! 그렇지 않고 계속 사용하고도 아무 일이 없다면, 개선은커녕 그와 같은 일이 계속 반복될 거 아니야. 그렇게 돈 버는 데 재미가 붙으면 품질은 뒷전이 되고 고객은 안중에도 없게 되지. 결국 회사는 치명타를 입고

문을 닫고 말거야. 아빠가 너에게 '고객은 사랑의 대상이지 관리의 대상이 아니다'라고 한 말 기억하니?"

"그것과도 연관이 있나요?"

"고객을 관리의 대상으로 보는 순간, 회사는 돈 남기는 데만 신경을 쓰고 모든 전략은 돈을 버는 수단으로 전락하지. 돈이 회사의 목적이 되면 모든 실패나 실수는 투자가 아닌 비용이 되고 말아. 결국 기업은 이 땅에 발을 붙이지 못하고 말지. 반면 고객이 사랑의 대상이 되면, 회사는 고객이 원하는 가치를 만들기 위해 구성원들이 힘을 모으지. 또한 구성원의 아이디어를 살리고 창조적 실패를 환영하는 분위기가 조성돼."

"아빠, 제가 우리의 미션이나 핵심가치를 잘 이해하지 못했어요. 이익만을 생각해 큰 실수를 했어요. 정말 부끄러워요."

"너무 자신을 야단치지 마라. 자신이 무엇을 잘못했고, 왜 잘못했는지 알면 됐다. 과거는 잘못을 깨닫는 순간 끝난 거고 이제 미래로 향해 나가면 돼."

"아빠는 이런 것 다 생각하시고 미션을 만든 거예요?"

"물론이지. 아빠가 말했잖아. 고객을 행복하게 하는 미션이 우리를 이끄는 엔진이 된다고. 그것이 '원칙'이야. 그래서 열정보다 원칙이 중요하다고 말한 거야."

"아빠, 고마워요."

"고맙긴. 앞으로 아빠보다 민이가 일을 더 잘할 텐데. 우리가 아무리 조심을 해도 실수가 없을 순 없어. 다시 말해 그 얘기는 고객의 불만이 없을 수는 없다는 거지. 다만 불만 사항이 생겼을 때 어떻게 처리하느냐에 따라 성공과 실패가 갈리게 돼. 한 호텔에서 200여 명의 모임 예약을 받았는데, 실수로 같은 장소에 다른 50명의 예약을 더 받았다는 것을 알게 됐어. 두 모임 모두 소홀히 할 수 없는 고객들이었는데, 예약을 받은 직원이 정확한 설명 없이 '회사의 사정으로 중복예약이 되어 고객님의 예약을 취소하라는 지시가 있었다'라고만 전했고, 고객은 크게 화를 내며 법정소송까지 가겠다고 했지. 호텔 측은 상황을 파악한 즉시 자신들의 실수를 인정하고 자초지종을 설명하고 한 모임의 장소를 변경한 후 비용을 조정해 컴플레인을 해결했어. 정부는 소비자 불만과 피해를 예방하고 신속하게 구제하는 기업에게 각종 혜택을 제공하기 위해 프로그램도 만들었단다. CCMS라고 'Consumer Complaints Management System'의 약자로 소비자 불만 자율관리 프로그램을 말해. 선정 기업들은 공정거래위원회에 신고되는 소비자법령(표시광고법, 방판법 및 전자상거래법) 위반 사건 중 개별 소비자 피해 사건을 자율처리해, 소비자가 결과를 수락하면 공정위의 조사 및 심사 절차를 면제받게 되지."

"아, 그런 게 있었군요. 아빠, 이제 불만이 생기지 않도록 노력할게요. 만일 불만 사항이 생기더라도 단계별로 잘 처리할게요."

민이는 한동안 말 못하고 가슴속에만 가지고 있던 미안함을 털 수 있었다. 장천하와 가족은 더 이상 변명이나 용서를 구하는 대신, 신선한 사료를 제시간에 배송함으로써 고객 사랑을 실천했다. 고객들은 내사랑내곁에의 진정성과 성실성을 다시 받아주었다. 사건이 있고 한 달쯤 지나면서 매출이 다시 오르기 시작했다. 위기가 기회로 바뀌었다. 잃은 것보다 얻은 게 많았다. 고객의 가치가 얼마나 중요한지 몸으로 배울 수 있었다.

문제와 문제점은
다르다

내사랑내곁에는 매주 화요일 업무회의를 했다. 아침 일찍 사료를 만들어 배송하고 돌아오는 것을 감안해 오후 2시에 모였다.

"주간 실적을 말씀드리겠습니다. 매출은 지난달보다 100% 증가했으며, 이익은 80% 증가했습니다. 이익금은 증가했지만, 이익률이 전월 대비 10% 떨어진 것은 재료비와 인건비의 상승폭이 컸기 때문입니다."

민이가 월매출과 이익을 발표했다. 개업 초기에는 거래처가 조금만 늘어도 매출 증가폭이 컸다.

"이익률이 당초 계획과는 얼마나 차이가 나니?"

"25%입니다."

"계획 대비 이익률이 25% 하락한 원인은 어디에 있다고 생각하니?"

"아빠, 별 다른 문제는 없는 것 같아요. 매출도 예상보다 많이 올랐고 이익금도 꽤 증가했잖아요. 단지 이익률이 목표보다 떨어진 건데, 그것은 재료비하고 인건비가 올라서 그렇고요."

민이가 대답했다.

"여보, 이익률은 하락했지만 매출도 늘고 이익금도 늘었으니 된 것 아닌가요?"

이다정도 민이와 같은 생각을 했다.

"그렇게만 생각해선 안 돼. 그럼, 오늘은 문제와 문제점에 대해 이야기를 나눠보자."

"아빠, 문제나 문제점이 다 같은 뜻 아닌가요?"

"그렇지 않아. 문제란 의도한 목표와 비교해서 부족한 부분을 말하는 거야. 아직 충족되지 않은 부분이지. 즉 '현재의 상태와 목표와의 차이'가 '문제'인 거야. 지난달 목표이익률이 목표 대비 75%밖에 되지 않았어. 목표와 실적의 차이가 25%가 된다는 게 문제인 거지. 목표와 결과의 차이 25%를 없애줌으로써 목표와 결과의 차이를 0이 되게 하는 것, 즉 '문제가 0이 되게 하는 것'이 우리가 지금부터 해야 할 일이야. 그것을 '문제해결'이라 하지."

"아! 그런 것이 문제구나."

"그럼 문제점은 무엇일까?"

"문제점은 또 뭐예요?"

민이가 귀찮다는 듯 말했다.

"문제와 문제점을 아는 것은 매우 중요해. 사업뿐만 아니라 일상생활에서도 많은 도움이 되거든."

"아빠, 문제점은 문제의 원인이나 이유를 말하는 것 아닌가요?"

하니가 말했다.

"맞아. 문제점은 문제가 발생하게 된 '원인'을 말해. 문제를 해결하기 위해 '손을 써야 할 어떤 조치의 대상'이 문제점이야. 그런데 여기서 꼭 기억해야 할 것이 있어."

"그게 뭔데요?"

"문제의 이유가 되는 것이 모두 문제점이 아니라는 거야."

"그건 또 무슨 말이에요?"

"문제의 원인들 가운데 '대책'을 세울 수 있는 것만 문제점이 되는 거야. 가령, 장사하는 사람들에게 '매출 하락의 원인이 무엇이라고 생각하십니까?'라고 물었을 때, 많은 사람들이 경기 부진, 환율의 변화, 경쟁제품의 시장 진입 등을 문제의 원인이라고 하는데, 실제 문제의 원인은 그런 것이 아니야. 품질의 불량이나 서비스 질의 하락, 마케팅의 부진, 고객과의 소통 부재, 청소·정리정돈 상태 불량 등이 원인이지. 이처럼 장사하는 사람 입장에서 대책 수립이 가능한 것만이 문제의 원인이 되는 거야."

"대책 수립이 가능한 것이 문제라니요?"

"개인이나 기업 스스로의 힘으로 해결할 수 없는 것은 아무 의미가 없잖아. 가령 경기가 안 좋은 것을 우리가 어떻게 할 수 없잖아. 또 경쟁업체가 생기는 것을 우리가 막을 수 없는 일이잖아. 즉 우리가 직접 해결할 수 있는 게 아니니 문제점이라고 할 수 없는 거지."

"이제 이해가 좀 됐어요. 제가 한 번 정리해볼게요. 문제는 현재 상태와 목표와의 차이를 말하는 것이고, 문제의 원인인 문제점은 여러 이유 중에서 우리가 해결할 수 있는 것을 말하며, 문제 해결은 문제를 0으로 만드는 것이다. 어때요?"

"맞아. 정확하게 설명했다. 그렇다면 우리 목표이익률의 문제는 무엇이지?"

"목표이익률에 미달한 25%가 문제네요."

"그럼, 문제점은?"

"아까 말한 인건비상승이나 재료값이 오른 것은 문제점이 아니니까……. 문제점은 다시 찾아봐야겠는데요."

"그렇지. 인건비나 재료비 등이 부득이하게 상승했다면 그것은 문제의 원인이 안 되는 거지. 그런 부분이 상승했다고 꼭 이익률이 준 것은 아니니까."

"그건 왜 그런 거지요?"

"다른 노력을 더 했으면 원가가 올랐어도 목표이익률을 유지할 수도 있잖아."

"논리적으로 맞는 것 같아요. 아빠, 그러면 앞으로 모든 문제를 이런 식으로 분석해야 해요?"

"그렇지. 그렇게 하지 않으면 문제는 영원히 해결할 수 없어. 대부분의 회사들이 문제를 해결하지 못하는 이유도 원인을 못 찾아서 그래. 이런 문제와 문제점에 대한 이해는 꼭 사업에만 국한되는 것은 아니야. 우리가 살아가는 모든 상황에 적용되지."

장천하와 가족들은 문제 해결을 위해 문제의 원인을 다시 체크하기 시작했다.

커뮤니티
'내사모'

각종 질병에 시달리던 반려견뿐 아니라 일반 반려견도 내사랑내곁에의 수제 습식사료를 먹으면서 더욱 건강해졌다. 특히 비만견의 다이어트와 멍구처럼 저염식을 먹는 반려견에게 효과가 좋았다. 어느 날 30대 초반의 젊은 부부가 몰티즈를 데리고 장천하를 찾았다.

"어서 오세요."

"아, 네. 저희는 사장님네 사료를 먹고 건강해진 몰티즈 몽구 주인이에요. 몽구도 사장님네 멍구처럼 배에 복수가 찼었는데, 내사랑내곁에의 사료를 먹고 건강해졌어요. 정말 감사합니다. 진작 찾아뵈었어야 하는데 오늘에야 왔습니다."

"아! 네. 저희 사료를 먹고 좋아졌다니 감사합니다. 네가 몽구구나. 잘생겼네."

장천하 부부는 견주 부부와 반려견과 사료에 대해 이야기를 나누었다. 사료에 대한 주변 반응을 들을 수 있는 기회였다.

"사장님, 그래서 말인데요. 저희 부부가 커뮤니티를 하나 만들었으면 해요. 몽구가 수제 습식사료를 먹고 많이 좋아졌지만 다 나은 건 아니어서, 몽구 같은 견주들이 정보 교환을 할 수 있는 모임을 가졌으면 해요. 시작하기 전에 사장님과 의논하려고 왔습니다."

"그런 커뮤니티는 언제나 환영이지요. 여보, 당신 생각은 어때요?"

장천하가 이다정에게 물었다.

"좋지요. 저희가 사료를 만들고 있지만 저희도 반려견 관리 방법은 잘 모르거든요. 모임을 통해 정보를 주고받으면 견주들에게 많은 도움이 될 것 같네요."

"모임을 하려면 장소가 필요할 것 같아요. 전화로만 할 수도 없고, 때로 견주들이 어울릴 수 있는 공간이 필요할 것 같아요."

몽구 견주가 말했다.

"여보, 일단 장소는 우리 집으로 하는 게 어때요?"

이다정이 장천하를 보면서 말했다.

"당신만 괜찮다면 나는 상관없어."

"그러면 너무 폐가 되지 않을까요? 저희는 그런 뜻에서 말씀드린 것이 아닌데."

"아닙니다. 저희가 오히려 고맙지요. 저희 고객들 아닙니까. 처음은 이렇게 시작해도 크게 발전했으면 좋겠네요."

"그러면 모임 이름은 어떤 것이 좋을까요? 사장님, 좋은 이름 있으면 추천해주세요."

"그건 두 분이 정하는 게 좋을 것 같아요."

"사실 저희가 생각해봤는데 '내사모' 어떠세요? '내사랑내곁에를 사랑하는 모임'의 첫 글자를 딴 거예요. 어떠세요? 부르기 좋지 않으세요?"

"저희는 영광입니다. 저희가 별로 한 것도 없는데, 그렇게까지 생각해주시니 정말 고맙습니다."

"왜 하신 게 없어요. 저희 몽구를 살려주셨잖아요. 몽구 덕에 집안 분위기도 좋아졌고 여러모로 많은 도움을 주셨는데 저희가 감사하지요."

장천하는 '고객을 행복하게 하는 기업'의 미션이 생각났다. 고객이 행복하니 자신이 행복했다.

"그러면 저희가 먼저 저염식 사료를 먹이는 견주들에게 두 분의 취지를 설명하고 의향을 물어볼게요. 좋다는 분들에 한해 연락처를 드리도록 하지요."

"그렇게 해주시면 다음부터는 저희가 알아서 진행하겠습니다."

젊은 부부의 의욕이 대단했다. 첫모임에 일곱 가정이 함께했다. 동병상련이랄까, 분위기도 좋았고 자신의 애견을 마음껏 자랑하며 행복을 만끽했다. 웃음이 끊이지 않았고, 안타까운 이야기에는 함께 눈물을 흘렸다. 시간이 지나면서 회원수가 급격히 늘었다. 비만, 피부병 등의 반려견주들도 회원으로 가입했다. 병명으로 분과를 나누고 장천하는 이 모임을 아낌없이 후원하기 시작했다.

고객만족도 조사

장천하는 내사랑내곁에의 문제점을 파악하고 영업의 방향을 개선하기 위해 '고객만족도 조사'를 실시했다. 조사에 필요한 설문지는 장천하와 가족 및 직원들이 모여 브레인스토밍 방식으로 17개 문항을 엄선해 만들었다. 설문조사지를 만들며 장천하는 다음과 같은 사항을 고려했다.

- 가능한 쉽고 구체적인 단어를 사용한다.
- 고객이 응답하기 쉽도록 폐쇄형(객관식) 질문을 사용한다.
- 응답 항목 내용 중에 중복이 없게 한다.
- 다지선다형 질문은 가능한 응답을 모두 제시한다.
- 임의로 고객들에게 가정질문을 하지 않는다.
- 대답을 유도하는 질문은 하지 않는다.
- 제시된 단어의 의미를 명확하게 설명한다.

- 최소한 10개 이상의 문항을 준비한다.
- 고객이 대답하기 곤란한 내용에 대해서는 직접적인 질문을 피한다.
- 소득과 같은 대답하기 다소 예민한 질문은 가능한 우회적으로 질문한다.
- 고객들이 정확한 답을 모를 경우, 중간값을 선택하는 경향이 있다는 것을 고려한다.
- 고객의 욕구를 명확하게 인식하기 위해 개방형(주관식) 질문을 할 수 있다.

이렇게 만들어진 설문조사지로 1차적으로 '내사모' 회원들을 대상으로 설문조사를 했고, 일반고객으로 설문조사 실시를 확대했다. 설문조사를 통해 수집된 내용은 사업에 큰 도움이 됐다. 장천하는 3개월에 한 번씩 내사랑내곁에의 제품과 서비스에 대한 고객만족도 조사를 통해, 고객의 필요와 욕구를 확인했다.

내사랑내곁에 제품 및 서비스에 대한
고객만족도 조사

1. **고객만족도 조사에 대한 취지** ································
   안녕하십니까?
   내사랑내곁에의 제품 및 서비스에 대한 고객 여러분의 의견을 알아보기 위해 설문조사를 하고 있습니다. 본 조사는 고객님의 의견을 수렴하여 저희 제품과 서비스의 품질을 향상시키는 데 그 목적이 있습니다. 본 설문지에 고객님의 평소 생각과 느낌을 기록해주시면 진심으로 감사하겠습니다.
   본 조사의 결과는 오직 통계 목적으로만 사용될 것을 약속드립니다. 설문조사에 응해주신 고객님께 다시 한 번 깊은 감사를 드리며, 고객님과 고객님 가정이 건강하고 행복하시기를 기원합니다.

내사랑내곁에 대표 장천하

2. 설문에 대한 응답 요령 ···

각 문항을 주의 깊게 읽으신 후, 고객님의 의견과 가장 가까운 항목의 번호에 'O'표를 해주시거나 직접 기록해주십시오.

3. 설문 내용 ···

1. 고객님 댁에서 저희 공장까지의 거리는 어느 정도입니까?

① 99미터 이하　　　② 100~199미터　　　③ 200~299미터

④ 300~399미터　　　⑤ 400~499미터　　　⑥ 500~599미터

⑦ 600~699미터　　　⑧ 700~1000미터　　　⑨ 1000미터 이상

2. 고객님 댁에서는 사료를 구입할 때 의사결정은 주로 누가 하십니까?

① 부모님　　　② 자녀　　　③ 가족 간 합의　　　④ 기타(　　)

3. 고객님이 기존에 주로 선택한 사료의 종류는 무엇입니까?

① 일반 건식사료　　② 수제 사료　　③ 가정식 사료　　④ 기타(　　)

4. 사료 구입은 주로 어디서 하십니까?

① 대형마트　　　　　② 동물병원　　　　　③ 인터넷

④ 일반 슈퍼마켓　　　⑤ 기타(　　)

5. 고객님이 키우시는 반려견은 몇 마리입니까?

① 한 마리　　　　　② 두 마리　　　　　③ 세 마리

④ 네 마리 이상　　　⑤ 기타(종류대로 기재)

6. 고객님이 키우시는 반려견은 몇 kg입니까?

① 5kg 미만   ② 5~7kg 미만   ③ 7~10kg 미만   ④ 10kg 이상

7. 반려견에게 평소 먹이던 사료를 수제 습식사료로 바꾼 이유는 무엇입니까?

① 가격   ② 품질   ③ 서비스(구체적으로 :   )

④ 반려견이 잘 먹지 않아서   ⑤ 기타( )

8. 한 달 사료 값은 얼마나 됩니까?

① 19,900원 이하   ② 2만 원~29,900원   ③ 3만 원~39,900원

④ 4만 원~49,900원   ⑤ 5만 원~59,000원   ⑥ 기타( )

9. 한 달 사료 값은 얼마가 적당하다고 생각하십니까?

① 19,900원 이하   ② 2만 원~29,900원   ③ 3만 원~39,900원

④ 4만 원~49,900원   ⑤ 5만 원~59,000원   ⑥ 기타( )

10. 고객님이 사료를 선택하는 기준은 무엇입니까?(우선순위를 표시하여 주십시오)

① 맛( )   ② 가격( )   ③ 영양( )

④ 친절/서비스( )   ⑤ 신속( )   ⑥ 기타( )

11. 고객님의 주거형태는 무엇입니까?

① 단독주택   ② 아파트   ③ 연립/빌라/다세대

④ 상가주택   ⑤ 오피스텔   ⑤ 기타( )

12. 현재 고객님 가족의 월 평균 총소득은 얼마나 됩니까?

① 200만 원 미만 　　② 200~399만 원 　　③ 400~599만 원

④ 600~799만 원 　　⑤ 800~999만 원 　　⑥ 1,000만 원 이상

13. 반려견과 함께 하며 갖는 가장 큰 애로사항은 무엇입니까?

(　　　　　　　　　　　　　　　　　　　　　　　　)

14. 저희 사료를 고객님의 반려견이 잘 먹는 정도, 가격, 품질, 서비스 및 배송자의 태도 등에 대해 평가해주십시오. 아래 평가란의 좌측과 우측에 적혀 있는 단어를 보시고 위의 각 항목이 왼쪽 단어에 가까우면 1에 가까운 숫자로, 오른쪽 단어에 가까우면 6에 가까운 숫자를 표시해주시면 됩니다.

1) 반려견의 반응

전혀 안 먹는다	1-2-3-4-5-6	매우 잘 먹는다

2) 가격

매우 저렴하다	1-2-3-4-5-6	매우 비싸다

3) 서비스

전혀 마음에 안 든다	1-2-3-4-5-6	매우 마음에 든다

4) 품질

품질이 매우 떨어진다	1-2-3-4-5-6	매우 마음에 든다

5) 배송자의 태도

전혀 마음에 안 든다	1-2-3-4-5-6	매우 친절하다

(시정했으면 하는 점은?　　　　　　　　　　　　　　　　)

15. 고객님께서 가장 원하시는 사료를 6점이라고 가정한다면 저희 사료에 몇 점을 주시겠습니까, 그 이유는? (점,   )

16. 혹시, 있으면 좋겠다고 생각하는 사료가 있다면 말씀해주세요.
(   )

17. 마지막으로 저희 회사나 사료의 좋은 점과 좋지 않은 부분을 적어주시면 개선하는 데 최선의 노력을 다하겠습니다.
(   )

설문조사에 협조해주신 고객님께 진심으로 감사드립니다!

설문조사 항목의 해석 및 활용

① **집에서 공장까지의 거리** : 상권을 분석하고 고객이 접근할 수 있는 지리적인 한계를 나타낼 뿐 아니라, 해당 공장 입지의 장단점을 파악하는 데 도움을 준다. 또 구매력을 가늠하는 유용한 자료로 활용할 수 있다.

② **구매 결정권** : 사료 구입을 결정할 때 공동의사결정이 일반적이지만 실제로는 특정인이 하는 경우가 적지 않다. 사료와 구매 방식의 결정권자를 알게 됨으로써 그가 선호하는 서비스와 프로모션을 할 수 있다.

③ **사료의 종류** : 기존에 구입한 사료를 통해 고객의 구매 형태는 물론 반려견의 식성을 파악할 수 있다.

④ **사료 구입처** : 유통 구조를 개선하고 프로모션을 전개할 때 유용한 자료로 활용할 수 있다. 특히 광고나 홍보 시 매체 선정에 필요한 정보를 제공한다.

⑤ **키우는 반려견 수** : 매출 목표를 설정하는 데 필요한 자료를 제공하며, 충성고객

으로 발전시킬 대상의 기준을 제공한다.

⑥ **반려견의 무게** : 사료 시장을 세분화하는 도구로 사용될 뿐 아니라, 사료 소요량을 가늠할 수 있는 자료가 된다.

⑦ **사료를 바꾼 이유** : 사료 구입 동기를 가장 잘 나타내며, 사료에 대한 고객의 필요를 파악할 수 있다.

⑧ **실제 사료 구입비와 사료의 적정 가격** : 지역별 · 상권별 사료 구매 비용을 분석함으로써, 가격 정책에 중요한 요소로 작용할 뿐 아니라 새로운 사료 개발에 참고할 수 있다.

⑨ **사료의 적정 가격** : 고객의 심리적인 가격 저항선과 기꺼이 지출할 수 있는 비용의 한계를 보여줌으로써, 가격 결정은 물론 새로운 사료와 간식 개발에 참고가 되며 고가의 프리미엄 사료의 가능성을 파악할 수 있다.

⑩ **사료 선택 우선순위** : 고객의 기호에 맞게 시장을 세분화할 수 있으며, 고객군별로 높은 가치를 제공할 수 있는 기회를 얻을 수 있다.

⑪ **고객의 주거 형태** : 해당 상권의 구매력을 나타내는 지표로 사용되며, 매출액을 가늠할 수 있고 고객의 필요와 욕구를 파악할 수 있는 기회를 얻을 수 있다.

⑫ **가구당 월평균 소득** : 소득은 고객의 라이프스타일의 결정적 요소로 소득에 따른 구매 형태를 파악함으로써, 가격과 새로운 사료 정책을 설정하는 데 중요한 요소로 작용한다.

⑬ **반려견으로 인한 애로사항** : 새로운 사업의 정보와 동기를 제공한다.

⑭ **사료 및 사업자에 대한 고객의 의견** : 사업에 필요한 직접적인 개선점을 제공한다.

⑮ **고객이 사료에 주는 점수** : 고객의 사료에 대한 호불호는 해결해야 할 문제를 파악하는 데 도움을 주고, 자신감을 가질 수 있는 계기를 마련해 준다.

⑯ **추가되었으면 하는 사료에 대한 의견** : 신제품 개발이나 고객의 트렌드 변화를 읽을 수 있는 기회를 제공한다.

⑰ **제품과 사업자의 장단점에 대한 고객의 의견** : 고객의 주관적인 생각을 기술함으로써 해당 업체가 변화 방향을 설정하는 데 도움을 제공한다.

15%의

이기는 사장

4

장천하, 대표이사가 되다

내사랑내곁에 - 세계로IT 합작회사 설립 협정

내사랑 내곁에

주식회사가 되다

사업 초의 위기가 기회로 바뀌면서 고객수가 크게 증가했다. 사료 가격
이 수제 건식사료보다 비싸지 않고, 일반 사료보다 위생적이라는 소문
이 나면서 습식사료를 원하는 견주들이 계속 늘었다. 9개월 만에 연도
목표를 달성했다. 매출 증가폭이 컸다. 장천하는 가족회의를 거듭한 끝
에 주식회사를 설립하고 공장을 몇 군데 더 운영하기로 했다.

주식회사를 설립하고 지금의 개인 사업을 법인으로 전환하려면 전문
가의 도움이 필요했다. 장천하는 동생 장도전의 소개로 조현명 회계사
를 찾았다.

"어서 오세요. 조현명입니다. 장도전 사장님에게 말씀 많이 들었습니
다. 이리 앉으시지요."

"예, 감사합니다. 저도 동생에게 회계사님 말씀 많이 들었습니다. 동
생이 사업하기 전부터 많이 도와주셨다고요, 정말 감사합니다."

"감사는요. 장도전 사장님은 워낙 꼼꼼하고 일에 열정이 있어 무엇을 해도 잘했을 겁니다. 형님도 사업이 번창하고 있다니 진심으로 축하드립니다."

"잘되기는요, 그냥 열심히 할 뿐입니다."

"이번에 법인 설립을 하신다고요?"

장천하는 주식회사로 바꾸려는 취지를 설명하고 조현명의 설명을 들었다.

"개인사업자에서 주식회사로 바꾸려면 챙겨야 할 것들이 있습니다. 먼저 법인 설립을 해야 하고 그에 따른 자본금이 필요하지요. 개인 사업에서 사용하던 부동산이나 기계를 현물출자하여 자본금으로 대치할 수 있지만, 그 절차가 좀 까다롭습니다. 현금으로 자본금을 납입하여 법인을 설립한 후, 그 법인으로 개인사업체의 자산을 포괄적으로 양도하는 방법이 좋을 듯싶습니다."

"자산을 포괄적으로 양도하다니요?"

"사업장별로 사업용 자산을 비롯해 인적자원·시설·권리·의무 등을 포괄적으로 승계해 양도하는 것을 말합니다. 사업 양도·양수 계약서에 사업의 포괄적 양도 사실을 기재하고, 사업 양수도 후 사업양도신고서를 제출하는 것입니다. 이 경우 양도소득세나 부가세는 내지 않아도 됩니다."

"아, 그렇군요. 그 밖에 다른 건 없습니까?"

"상호, 자본금 규모, 본점 위치, 사업 목적, 임원 등이 필요합니다. 사업 내용은 기존에 하시던 걸로 하면 되고요."

"네, 저희는 반려동물들을 위한 사료 제조·판매가 주업종입니다."

장천하는 향후 사업에 대해서도 설명했다.

"사업 내용에 따라 허가나 인가가 필요할 수 있으니 업종별로 꼼꼼히 확인하셔야 합니다. 민원24(www.minwon.go.kr) 인허가 자가진단 서비스에서 업종별 인허가 사항을 참고하실 수 있습니다. 동물 사료는 폐수배출시설을 설치해야 하는데 이미 설치되어 있으니 별 문제는 없겠네요. 간혹, 정부 사업에 지원할 경우 정관에 특정 사업명의 기재를 요구할 수 있습니다. 유사한 입찰공고문의 업종을 미리 확인해두시면 도움이 됩니다. 인터넷 판매를 하시니 통신판매업을 추가하는 게 좋겠네요. 그리고 회사 운영의 기본 규칙에 대한 정관을 작성하시면 됩니다. 상호는 정하셨나요?"

"지금 사용하고 있는 '내사랑내곁에'를 그대로 사용할까 합니다."

"이름이 독특하네요. 동일한 등기소 관할 구역 내에서는 주식회사의 같은 상호는 등록이 금지되어 있습니다. 인터넷 등기소에서 상호를 검색해보면 금방 알 수 있습니다. 제가 여기서 같은 상호가 있는지 찾아보지요. 마침 서울에는 같은 상호가 없네요. 사용해도 문제가 없겠어요."

"다행이네요. 또 준비할 게 있나요?"

"혹시 자본금은 준비하셨나요?"

"1억 원 정도 준비했는데, 전부 자본금으로 할지 아니면 5,000만 원만 하고 나머지는 예비비로 놔둘지 생각중이에요."

"그러시군요. 요즘 회사 설립은 전보다 훨씬 수월해졌습니다. 전에는 주식회사의 최소자본금이 5,000만 원이었습니다. 그 돈을 구하기 위해 바쁘게 뛰어다녔지요. 금전을 융통해서 회사를 설립하고는 바로 자본금을 회사 통장에서 인출하는 일이 빈번했습니다. 그러다 보니 비는 자금을 대표이사 대여금(가지급금)으로 처리해 대여금에 대한 이자를 부담해야 했지요. 지금은 이 제도가 없어졌습니다. 이제 100원으로도 얼마든지 회사를 설립할 수 있습니다."

"100원만 있으면 설립할 수 있다고요?"

"네, 자본금에 제한이 없는 거죠. 하지만 자본금 등기를 하려면 등록세, 교육세, 인지대 등 세금과 비용이 들어갑니다. 2,000만 원까지는 들어가는 비용이 같습니다. 초기에 들어갈 비용을 감안해서 자본금의 액수를 정하시면 됩니다. 사장님은 개인사업의 자산과 부채를 양수하는 방식으로 하게 될 테니, 개인사업의 순자산가액 이상으로 자본금을 정하시면 됩니다."

"순자산이라 하면 자산총액에서 부채를 뺀 것을 말씀하시는 건가요? 그러면 4,000만 원은 될 것 같습니다."

"그럼, 5,000만 원으로 자본금을 납입하시고 나머지는 여유자금으로 갖고 계시면 되겠네요. 자본금으로 납입하면 주식을 팔기 전에는 다시 돌려받기가 쉽지 않거든요. 회사 자금이 필요할 때, 일시적으로 회사에 빌려주는 형식으로 하는 것이 낫습니다. 회사에 돈이 생겼을 때 바로 받을 수 있으니까요."

"아하, 그렇군요. 법인 설립하는 데 세금은 얼마나 들어가나요?"

"등록세는 자본금의 0.4%(2,000만 원 이하는 8만 원으로 동일), 지방교육세는 등록세의 20%입니다. 단, 과밀억제지역은 3배를 중과합니다. 과밀억제지역은 세금 혜택에 차이가 있습니다."

"그럼, 설립 후에도 과밀억제지역과 그 이외 지역의 세금이 다른가요?"

"그럼요. 대표적으로 창업 중소기업은 50%의 세금을 깎아주는데 과밀억제지역은 적용이 안 됩니다. 부동산을 취득해도 과밀억제지역은 중과세를 합니다."

"혜택의 차이가 크군요. 사업 지역이 수도권이니 감수할 수밖에 없겠네요. 참, 주주 관계는 어떻게 해야 하나요? 출자를 제가 다 하는 것이 좋을까요?"

"그건 실제 자금을 누가 납입할 것인가에 달려 있습니다. 사장님 혼자 출자를 해서 경영권을 강화하실 수도 있고 직원들에게 10~20% 정도 출자를 받을 수도 있습니다."

"경영권을 강화한다는 의미가 무엇입니까?"

"주식회사는 지분율로 운영되기 때문에 주식을 100% 소유하면 사장님의 결정대로 회사를 운영할 수 있습니다. 최고 의사결정기관인 주주총회에서 지분율에 의해 중요 사안을 결정하거든요. 주주총회는 보통 연 1회 정기적으로 개최하고 중요사항이 생길 때마다 임시총회를 엽니다. 평상시의 주요 경영의사결정은 이사회에서 이루어지고요. 이사에 대한 선임 및 해임이 주주총회에서 이루어집니다. 직원들이 주주로 참여하여 회사 발전에 도움이 되는 경우도 많습니다. 물론 나중에 직원들에게 스톡옵션으로 줄 수도 있고요. 이 부분은 법인설립 시 등기하면 됩니다."

"그런 의미였군요. 회사가 자리를 잡으면 스톡옵션으로 동기부여를 하는 것도 좋겠네요. 아직은 가족 중심으로 운영하고 있지만, 직원이 계속 늘면 한번 생각해봐야겠어요. 저희 집 애들이 회사 일을 돕고 있는데 주주로 올렸으면 합니다. 돈은 제가 대고요. 아이들이 수고를 많이 했거든요."

"원칙은 자녀 돈으로 자본금을 송금해야 합니다. 아버님이 대신 내주시면 증여가 됩니다. 자녀 증여는 10년 동안 합산해서 5,000만 원, 미성년자일 경우 2,000만 원까지는 세금이 없습니다. 지금까지 증여한 적이 없으시면 설립 자금을 증여하는 것도 괜찮을 것 같습니다. 나중에 회사 가치가 커져 증여액이 두 배, 세 배가 되면 세금부담이 커질 수 있으니까요."

"아이들도 고생을 했으니 500만 원씩 증여를 해서 주주로 참여시키는 것도 괜찮겠네요."

장천하는 아이들에게도 힘을 주고 싶었다.

"네, 그렇게 하시면 됩니다. 이제 등기이사만 정하면 되겠네요. 등기이사로 사장님 외에 생각하는 분이 있으신가요? 현재 상법에는 자본금 규모가 10억 원 미만인 회사는 이사 1인이 필요하고, 감사는 선임하지 않아도 됩니다."

"그래도 감사 선임은 하는 게 좋겠어요. 감사는 제 아내로 할게요."

장천하는 아내를 배려하는 마음과 혹 자신이 간과할 수 있는 부분을 아내가 체크해주길 바라는 마음에 이다정을 감사로 선임했다.

"다음으로 회사를 운영하는 틀인 정관을 만드는 일입니다. 정관은 회사를 운영하는 기본 플랫폼이므로 매우 중요합니다. 임원에 대한 보상, 자기주식의 취득이나 중간배당 등 예상 가능한 내용은 모두 정관에 삽입하는 게 좋습니다. 발행해야 할 주식도 사업이 확장될 것을 감안해서 충분히 기재하는 것이 좋습니다. 그리고 실제 발행할 자본금은 5,000만 원으로 결정하면 됩니다."

"아, 그렇군요. 정관이 복잡하네요."

"정관은 나라의 헌법처럼 회사를 운영하는 내부 규정입니다."

"오늘 정말 좋은 정보 잘 들었습니다. 그럼 회계사님과 나눈 내용대로 법무사에게 맡기면 되겠네요."

"저와 나눈 내용대로 법무사에게 법인설립등기업무를 의뢰하시면 됩니다."

장천하는 법무사를 통해 법인설립등기를 마치고 법인등기부등본을 받았다. 그리고 사업자등록을 위해 세무서를 방문했다. 불안한 마음으로 개인사업자등록을 신청했던 작년과는 사뭇 달랐다. 법인등기부등본과 정관사본, 주주명세서, 임대차계약서, 동물 사료 제조에 필요한 허가증인 폐수배출시설 설치허가증을 구비해갔다.

이제 '내사랑내곁에'는 새로운 법인으로 탄생했다. 장천하는 꿈만 같았다. 이제는 주먹구구식이 아닌 제대로 회사를 경영해야 한다는 책임감과 새로운 시작에 대한 설렘이 함께 밀려왔다.

─○ 알아 두세요! ○─

세금 납부하는 법

세금의 종류

사업을 하면서 꼭 알아야 할 세금, 소득세, 부가가치세, 원천세를 짚어보겠다. 1년 동안 사업을 해서 이익이 나면 개인사업자는 종합소득세를, 법인사업자는 법인세를 납부한다. 부가가치세는 상품을 판매하거나 서비스를 제공해 발생한 매출액(공급가액)의 10%를 납부한다. 종합소득세나 법인세는 소득에 대한 세금이므로 이익이 발생해야 납부하지만, 부가가치세는 손실이 나도 무조건 내야 한다. 생활필수품이나 의료 및 교육 관련 용역을 판매·제공하는 경우에는 부가가치세를 내지 않는다. 이것을 면세라고 한다. 부가가치세는 소비자가 물건값 외에 부가된 가치, 즉 10%를 더하여 지급하는 것이기 때문에 사업자는 소비자를 대리하여 납부하는 것이다. 원천세는 직원들에게 급여를 줄 때 직원들이 내야 할 소득세를 원천징수해서 납부하는 것이다. 근로계약을 하지 않고 수당을 지급할 때도 세금을 원천징수해서 납부해야 한다.

세금은 크게 국세와 지방세로 구분된다. 국세는 중앙정부에서 부과 및 징수하는 세금이고, 지방세는 지방자치단체에서 부과 및 징수하는 세금이다. 법인세나 종합소득세는 세무서에 납부해야 하고, 법인세나 종합소득세의 약 10%를 내야 하는 지방소득세는 구청 등에 납부해야 한다.

주요 세금의 신고 및 납부기한

구분	사업자	신고 · 납부기한		신고 · 납부할 내용
원천징수 이행상황 신고	원천징수 의무자	일반사업자	다음 달 10일	매월 원천징수한 세액
		반기납부자	7.10/1.10	
부가 가치세	법인사업자	1기 예정	4.1~4.25	1.1~3.31의 사업실적
		1기 확정	7.1~7.25	4.1~6.30의 사업실적
		2기 예정	10.1~10.25	7.1~9.30의 사업실적
		2기 확정	1.1~1.25	10.1~12.31의 사업실적
	개인일반 사업자	1기 확정	7.1~7.25	1.1~6.30의 사업실적
		2기 확정	다음 해 1.1~1.25	7.1~12.31의 사업실적
	개인간이 사업자	1.1~1.25		1.1~12.31의 사업실적
	개인면세사 업자 사업장 현황 신고	다음 해 1.1~2.10		1.1~12.31(폐업일)의 면세수입금액
법인세	법인사업자	확정신고	다음 해 3.1~3.31	1.1~12.31의 연간 소득금액
		중간예납	8.1~8.31	1.1~6.30
종합 소득세	개인사업자 (과세·면세)	확정신고	다음 해 5.1~5.31	1.1~12.31의 연간 소득금액
		중간예납(고지)	11.1~11.30	중간예납 기준액의 1/2

개인기업과 법인기업의 세금 차이

개인기업과 법인기업은 여러 부분에서 차이가 있다. 개인기업은 소규모 자본으로 사업을 시작하므로 비용이 적게 들고 설립 절차가 비교적 간단하다. 반면 법인은 법원에 설립등기를 해야 하는 등 절차가 복잡하고 자본금과 등록세, 채권매입 비용 등 설립 비용이 개인기업보다 많이 든다. 개인기업은 사업으로 발생한 이익을 사업주 임의대로 사용할 수 있지만, 법인기업은 적법한 절차에 의해서만 자금 유출이 가능하다. 즉 개인기업은 사업자금으로 부동산 투자에 사용하든 생활비로 쓰든 전혀 상관이 없지만, 법인은 급여, 퇴직금, 배당으로만 가져갈 수 있다. 특히 배당은 주주총회에서 배당 결의를 통해서만 가져갈 수 있다. 만약 주주가 법인의 돈을 이런 절차 없이 가져가면 해당 금액만큼 이자를 지불해야 한다. 다시 말해 개인기업은 모두 내 주머니인 데 반해, 법인기업은 주주 공통의 주머니라고 할 수 있다.

책임 부분에 있어서는 법인기업이 좀 더 가볍다. 개인기업의 경영상 발생하는 모든 부채와 손실은 사업주가 전적으로 책임을 진다. 이에 반해 법인기업은 출자한 지분의 한도 내에서만 책임을 지면 된다. 다만, 무덤까지 따라간다는 세금은 예외가 있다. 회사의 100분의 50을 초과하는 주식 또는 출자 지분에 관한 권리를 실질적으로 행사하며 법인의 경영을 사실상 지배하는 경우, 회사 체납액에 대해 소유 지분율만큼 제2차 납세의무를 지게 된다. 특수 관계자는 합산하여 지분율을 산출하므로 본인이 40%, 배우자가 15%를 보유하고 있으면 총 55%의 지분을 보유하고 있는 것이므로 회사 체납액에 대해 55%의 납세의무가 있다.

세법상 개인과 법인의 가장 큰 차이는 세율이다. 개인사업자의 종합소득세율은 6%에서 최고 38%까지 초과누진세율로 되어있다. 반면 법인의 세율은 과세표준 2억 원 이하는 10%, 2억 원 초과는 20%, 200억 원 초과는 22%다. 또 개인사업자의 본인 급여는 비용으로 인정되지 않아 세금이 더 나올 수 있으나, 사업용 고정자산이나 유가증권을 팔았을 때 발생하는 처분이익에는 과세를 하지 않는다. 반면 법인의 소득에는 법인세가 과세되며, 대표이사는 별도의 고용인이므로 대표자 본인 급여는 비용으로 처리된다. 고정자산이나 유가증권의 처분이익에 대해서는 법인세가 과세된다.

개인사업자와 법인사업자의 주요 차이

구분	개인기업	법인기업
납부 세금	소득세	법인세
세율 구조	6~38%(5단계)	10~22%(3단계)
설립 절차	매우 간단	복잡, 비용 발생
기장 의무	간편장부/복식부기	복식부기
외부감사제도	없음	자산총액 120억 원 이상 자산, 부채 각각 70억 원 이상
자금 인출	자유	급여, 퇴직금, 배당
대표자 인건비	비용 불인정	비용 인정
대표자의 기업자금 인출	불이익 없음	인정이자 등 과세

모두를 위한
4대 보험

장천하는 경영 매뉴얼을 비롯해 각종 업무에 필요한 플랫폼을 꾸준히
보완하고 개선했다. 회사를 주식회사로 전환하고 공장 세 곳을 더 가동
했다. 습식사료의 특성상 큰 규모보다 소규모 시설이 여러 곳에 필요했
다. 공장마다 월 매출이 1억 원이 넘었고 전체 직원이 20명으로 늘었다.
회사 규모가 커지면서 가족들의 도움만으론 회사를 운영하기 어려워졌
다. 민이도 학교로 돌아가야 했다. 휴학을 연장하기보다 학업을 마치고
다시 돌아오는 것으로 의견을 모았다. 하니는 석사 논문이 통과되고 졸
업만 남아 있어 일을 돕기에 수월했다. 특히 자신이 디자인한 포장의 반
응이 좋아 일에서 재미와 보람을 점점 더 발견해갔다. 이다정은 세금과
자금, 직원 관리 등 회사의 내부 일을 도맡아 했다.

회계장부기록(기장)과 세금 신고는 모두 집 근처 세무사 사무실에 맡
겼다. 매월 25일에 급여 명단을 세무사에게 넘기면, 4대 보험(국민연금, 건

강보험, 고용보험, 산재보험)을 제외하고 직원에게 지급해야 할 급여액을 알려주었다. 매월 30일에는 급여명세대로 이체를 했다. 세무사는 매월 10일에 원천세 납부서를 보내주었다. 또한 세무사는 직원이 입·퇴사를 하면 바로 알려달라고 했다. 직원 수를 제때 알려주지 못해 과태료를 낸 적도 있었다.

이다정은 그동안 4대 보험에 대해 잘 몰랐다. 4대 보험 대상이 누구이고 얼마를 내야 하는지 잘 모른 채 세무사 사무실에서 해주는 대로만 보험료를 내고 있었다. 직원이 늘고 회사의 규모가 커지면서 4대 보험의 의미를 정확하게 알아야했다. 이다정은 주식회사로 전환할 때 도움을 받았던 조현명 회계사를 찾았다.

"안녕하세요, 회계사님. 이다정입니다."

"사모님, 어서 오세요. 오전에 전화 주셔서 기다리고 있었습니다. 장 사장님도 잘 계시지요?"

"네."

"지금 다들 어렵다고 난리인데 내사랑내곁에는 매출이 계속 늘고 있으니 정말 대단하세요."

"대단하긴요. 그냥 열심히 하는 것뿐입니다."

인사를 나누는 동안 책상 위에 원두커피 두 잔이 놓였다.

"회계사님 덕분에 법인 전환을 잘 끝냈습니다."

"아, 법인 전환을 하셨군요. 잘하셨습니다. 오늘은 어떤 일로 오셨나요?"

"회사 매출은 느는데 관리에 좀 문제가 있어서요. 구멍가게일 때는 별 문제가 없었는데, 매출이 증가하고 식구들이 늘면서 주먹구구식으로 해서는 안 될 것 같아 회계사님을 찾아왔습니다."

"잘 오셨습니다. 관리하는 데 어떤 어려움이 있으세요?"

"새로 들어온 직원을 신고하지 않아 과태료를 낸 적도 있고, 보험료 정산을 잘못해서 낭패를 본 적도 있어요. 여러 가지 시행착오를 겪었어요. 우선 오늘은 4대 보험에 대한 내용을 좀 알았으면 해서 왔습니다."

"그러셨군요. 그럼 제가 4대 보험에 대해 몇 가지 중요한 내용을 말씀 드릴게요. 사모님도 잘 아시겠지만 4대 보험은 국가에서 국민의 복지를 위해 시행하는 국민연금, 건강보험, 고용보험, 산재보험을 말합니다. 근로자가 1인 이상이면 무조건 4대 보험에 가입해야 하고, 대표이사 1인만 있는 법인사업장도 가입 대상이 되지요. 반면 근로자가 없는 개인사업장은 사업주가 사용자가 아니므로 적용 대상이 되지 않습니다."

"그럼 알바생도 4대 보험에 가입해야 하나요?"

"시간제 근로자도 월 60시간 이상이면 4대 보험 대상이 됩니다. 과거보다 사업주의 부담이 커진 셈이지요. 직원을 뽑으면 건강보험은 자격 취득일로부터 14일 이내에 신고를 하고, 나머지 국민연금, 고용보험, 산재보험은 자격취득한 날이 속하는 달의 다음 달 15일까지 신고를 해야 합니다. 요즘에는 시스템이 통합되어 4개 공단 중 한 곳에만 신고해도 가입이 완료되지요. 그리고 다른 보험은 신고기일이 경과되어도 과태료가 없지만, 고용보험은 건당 5만 원의 과태료가 부과되므로 유의하셔야 합니다. 또 건강보험은 100인 이상 사업장에 한해 보수가 변동되면 신고를 해야 합니다. 나머지 보험은 익년에 정산이 되므로 신고의무는 없습니다. 퇴사 역시 자격 상실일로부터 14일 이내 건강보험관리공단에 직장가입자 자격상실신고서를 제출하시면 됩니다."

"4대 보험은 사업주와 근로자가 함께 부담하는 건가요?"

"국민연금, 건강보험, 고용보험은 사업주와 근로자가 함께 부담하지만, 산재보험은 전액 사업주가 부담합니다. 회사는 매월 총 급여에서 근로자 부담분을 제외한 금액을 급여로 지급합니다. 4대 보험료율은 업종에 따라 차이가 있지만, 근로자는 급여액의 약 8.41%를, 사업주는 9.36% 이상을 부담한다고 보시면 됩니다."

4대 보험료율(2017년 1월 기준)

구분	적용대상	요율	사업주	근로자	비고
국민연금	전 직원	9.00%	4.50%	4.50%	60세 이상 근로자 및 월 60시간 미만 근로자는 제외
건강보험	전 직원	6.12%	3.06%	3.06%	1월 미만의 일용근로자 및 60시간 미만의 단시간 근로자 제외
장기요양보험	전 직원	건강보험료 ×6.55%	약 0.20%	약 0.20%	
고용보험	전 직원	1.55%	0.90%(♦)	0.65%	외국인근로자(체류자격에 따라 의무, 임의, 제외로 구분), 65세 이상자, 월 60시간 미만자 제외
산재보험	사업장	1.00%	0.7~34%	─	도소매업기준 0.9%, 산재보험은 업종별로 요율이 다름
주체별 부담비율 합계			9.36% 이상	8.41%	

♦ 150명 미만 기업 기준

"급여를 책정할 때는 단순히 지급되는 돈만 생각할 게 아니라 4대 보험도 감안을 해야겠네요."

"당연하지요. 4대 보험이 부담이 돼 급여 신고를 안 하고 현금으로 지급하는 사업주들이 간혹 있어요. 지금은 거의 없어졌지만, 전에는 급여를 현금으로 지급하기 위해 매출을 누락시키는 경우가 종종 있었어요."

"지금은 거의 없지 않나요?"

"네, 그렇습니다. 지금은 손님들이 물건을 구입할 때 대부분 카드를 사용하고, 현금 매출은 현금영수증을 발행해야 하지요. 일부 업종은 건당 10만 원 이상의 현금 거래 시 소비자가 발급을 요청하지 않아도 의무적으로 현금영수증을 발급해야 합니다. 만일 현금영수증을 발급하지 않으면 해당 금액의 50%만큼 과태료를 내야 합니다. 이런 점 때문에 지금은 많이 없어졌어요."

현금영수증가맹점 가입의무 대상자

- 소비자상대업종(소득세법 시행령 별표 3의 2) 사업자 중 직전년도 수입금액 2,400만 원 이상 개인사업자
- 소비자상대업종을 영위하는 법인 사업자
- 의사 · 약사 등 의료보건 용역 제공 사업자
- 변호사 · 변리사 · 공인회계사 등 부가가치세 간이과세 배제 전문직 사업자
- 소득세법 시행령 별표 3의 3의 현금영수증 의무발행업종

- 미가맹시 미가입기간의 수입금액의 1%를 가산세로 부과한다.
- 현금영수증 의무발행업종 사업자는 건당 10만 원 이상의 현금 거래 시 소비자가 발급을 하지 아니하더라도 반드시 현금영수증을 의무 발급해야 한다. 현금영수증을 발급하지 아니한 경우 해당 금액의 50%를 미발급 과태료로 부과한다.[소비자의 신분 인식 수단을 모르는 경우에는 국세청 지정코드(010-000-1234)로 발급]

현금영수증 의무발행업종(소득세법 시행령 별표 3의 3)

사업서비스업	변호사업, 공인회계사업, 세무사업, 변리사업, 건축사업, 법무사업, 심판변론인업, 경영지도사업, 기술지도사업, 감정평가사업, 손해사정인업, 통관업, 기술사업, 측량사업, 공인노무사업
보건업	종합병원, 일반병원, 치과병원, 한방병원, 일반의원, 기타의원, 치과의원, 한의원, 수의업
숙박 및 음식점업	일반유흥주점업(식품위생법시행령 제21조 제8호 다목에 따른 단란주점영업 포함), 무도유흥주점업, 관광숙박시설운영업
교육서비스업	일반교습학원, 예술학원, 운전학원
기타업종	골프장 운영업, 장례식장 및 장의관련 서비스업, 예식장업, 부동산 자문 및 중개업, 산후조리원, 시계 및 귀금속 소매업, 피부미용업, 다이어트센터 등 기타 미용관련 서비스업, 실내건축 및 건축마무리 공사업(도배업만 영위하는 경우 제외), 인물사진 및 행사용비디오 촬영업(결혼사진 및 비디오 촬영업으로 한정한다), 맞선주선 및 결혼상담업, 의류임대업, 「화물자동차 운수사업법 시행령」 제9조제1호에 따른 이사화물운송주선사업(포장이사운송업으로 한정한다), 자동차 부품 및 내장품 판매업, 자동차 종합 수리업, 자동차 전문 수리업, 전세버스 운송업, 가구 소매업, 전기용품 및 조명장치 소매업, 의료가구 소매업, 페인트, 유리 및 그 밖의 건설자재 소매업, 안경 소매업

"저희도 소비자 대상 업종이라 현금영수증 가맹점으로 가입은 했는데, 현금영수증 의무발급 업종은 아니라고 하더군요. 그런데 4대 보험료 산정의 근거가 되는 급여는 기준이 어떻게 되나요? 어떤 달은 보험료가 많이 나오던데."

"중요한 내용을 말씀하셨네요. 4대 보험료는 과세 근로소득을 기준으로 합니다. 또 업무와 관련 있는 교육의 학자금, 한 달에 10만 원 이하의 식대, 20만 원 이하의 자가운전보조금 등은 비과세 소득으로 4대 보험료에서 제외됩니다. 이런 부분도 잘 활용하면 보험료를 절약할 수 있습니다."

"그런 것이 있는지 전혀 몰랐어요."

"그리고 매년 4월에 보험료가 크게 변동되는 것은 보험료 정산이 그때 이루어지기 때문이지요. 보험료 산정 및 부과는 전년도 소득을 기준으로 하고, 익년 4월에 그에 대한 정산이 이루어집니다. 해가 바뀌면서 급여가 올라 4월에 보험료를 신고할 때 금액이 대부분 커집니다."

"그런데 국민연금도 정산을 하나요? 그렇지 않은 것으로 알고 있는데."

"네, 맞습니다. 국민연금은 정산하지 않습니다."

"이제 4대 보험에 대해 감이 좀 잡히네요. 바쁘신데 시간 내주셔서 정말 감사합니다."

"별말씀을요. 궁금한 게 있으시면 언제든지 연락주세요."

재무회계 전문가를
영입하다

개인사업자와 달리 법인사업자로 전환하고부터는 부가가치세도 분기별로 신고해야 했다. 대부분 개인을 상대로 판매하다 보니 세금계산서를 발행해야 하는 일은 거의 없었다. 판매 대금은 대부분 카드 결제이거나 통장 입금이어서 현금 결제보다 정산이 쉬웠다. 하지만 워낙 소액 거래가 많다 보니 매출신고누락으로 가산세를 무는 일도 적지 않았다. 각종 지출증빙은 모아서 3개월마다 세무사 사무실로 보냈다.

지난 3월은 법인세 신고를 하는 달이었다. 세무사는 이익이 많아 세금을 많이 낼 것 같으니 빠진 증빙 없이 보내달라고 했다. 3월 중순에 세무사 사무실에서 전년도 재무상태표와 손익계산서를 보내왔다. 가지급금이 3,000만 원이었다.

"서류 잘 받았습니다. 그런데 궁금한 게 있어서요."

"네, 말씀하세요."

"가지급금이 3,000만 원이 있는데 이게 어떻게 된 건가 해서요."

"사장님이 가져가신 돈입니다."

"사장님은 그런 적 없다고 하시는대요."

"내역을 잘 살펴보세요."

8월 30일에 50만 원이라고 기록되어 있었다. 기억을 더듬었다. 작년 여름, 온 가족이 양평에 갔다 돌아오는 길에 유기농 농장에서 당근과 양배추를 샀던 기억이 났다. 현금으로 사면 싸게 해준다고 해서 주머니를 탈탈 털어 50만 원 어치를 샀다. 그리고 회사 통장에서 50만 원을 뺀 것이 생각났다. 또 10월 20일에는 300만 원이 기록되어 있었다. 기존 농장 물량으로 부족해서 평소보다 비싼 가격에 동네 야채가게에 구입했던 것이다. 하나하나 되짚어보니 모두 회사일로 쓴 돈이었다. 세무사에게 자초지종을 이야기했다.

"그렇더라도 증빙할 수 있는 서류를 챙겨주셔야 해요. 그러지 않으면 비용으로 인정 못 받거나, 인정받더라도 2%의 가산세를 내야 됩니다."

장천하는 매출에 신경을 쓰느라 주로 외부 일을 도맡아 했고 회사 내부 일을 이다정이 혼자 했지만, 사업 규모가 늘어나면서 둘이서 경영을 감당하기는 무리였다. 장천하는 재무나 회계뿐 아니라 경영도 같이할 사업 파트너가 필요했다. 이제는 기업의 형태를 제대로 갖추어야 했다.

장천하는 며칠을 고민했다. 그때 한승우가 떠올랐다. 중학교 1학년 때 같은 반 친구로 만나 40여 년을 둘도 없는 사이로 지냈다. 부부끼리도 잘 아는 사이다. 한승우는 은행 지점장에서 명예퇴직을 하고 지인의 소개로 중소기업의 부사장으로 있었다. 장천하의 머리는 이미 한승우로 가득 차 있었다. 성실하고 마음결이 고울 뿐 아니라, 정직하고 원칙이 분명했다. 이다정은 찬성은 하면서도 두 사람 우정에 문제가 생기지 않을까 망설였다. 장천하는 오전 일을 끝내고 한승우의 사무실로 향했다.

"어서와. 오늘은 무슨 바람이 불어 바쁜 몸이 여기까지 오셨나. 어떻게 시간을 냈어? 내게 무슨 할 말이 있어서 온 거야?"

"그냥 네가 보고 싶어서 왔어. 요즘 어때?"

"남의집살이가 다 그렇지 뭐. 은행에 있을 땐 잘 몰랐는데, 중소기업이라는 게 말이 기업이지 힘들고 답답한 게 한두 가지가 아니야."

한승우는 담배를 한 입 물면서 말을 꺼냈다.

"뭐가 그렇게 힘든데?"

"다 힘들지 뭐. 돈도 빌리러 다녀야 하고 영업도 해야 하지. 사람들 속 썩이면 뒤치다꺼리 하고……. 할 일이 한둘이 아니야. 무엇보다 오너와 마음 맞추기가 가장 힘들어."

"너, 사장하고 안 좋아?"

"사람은 좋은데, 회사 운영하는 게 좀 그래. 회사가 어려우니까 사장은 자꾸 쉬운 길로만 가려고 해. 나와 그런 것이 잘 안 맞아."

"말이 나왔으니까 말인데, 승우야!"

장천하는 머뭇거렸다.

"야! 무슨 일인데 말을 못하고 그래. 너 무슨 일 있구나?"

"너, 나 좀 도와주면 안 되겠니? 네 도움이 필요해. 너 나 좀 도와줘. 주문량이 늘어나서 도저히 나 혼자 감당을 못하겠어. 너도 알다시피 내가 직장에서 생산만 해서 재무 쪽은 잘 모르잖니. 하니 엄마가 있지만 그 사람은 숫자만 볼 줄 알지, 재무나 회계의 깊은 내용은 몰라. 재무나 회계 전문가가 있어야 제대로 된 경영계획으로 사업을 확장하거나 새로운 투자도 할 수 있을 것 같아. 네 사업이라고 생각하고 나 좀 도와줘. 너만큼 나를 아는 사람도 없잖아. 우리 둘이 힘을 합하면 얼마든지 해나갈 수 있을 것 같아. 승우야, 같이 하자."

"네 뜻은 알겠는데 이곳에서 아직 할 일도 있고……. 그리고 친구끼리 사업하는 게 쉬운 게 아니야. 아무튼 생각 좀 해볼게."

한승우는 간단히 생각할 문제가 아니라고 생각했다. 단순히 직장을 옮기는 게 아니라 친구를 잃을 수도 있어 신중했다.

"승우야, 난 이 사업에 모든 것을 걸었어. 너도 알다시피 내가 하는 일마다 안 됐잖아. 이젠 제대로 사업을 하고 싶어. 그렇게 하려면 네 도움이 필요해. 그리고 다른 이유도 있어."

"다른 이유라니?"

"외로워서 그래. 승우야, 나와 짐을 나눠지면 안 되겠니? 물론 식구들이 있고 직원들이 있지만, 모든 결정을 나 혼자 한다는 게 여간 부담이 되는 게 아니야. 어떤 결정을 하려고 하면 자꾸 실패한 게 생각나서 그래. 네가 좀 도와줘. 너와 내가 회사를 일으키면 내 회사가 아니라 우리 회사가 되는 거야. 내가 너 섭섭하지 않도록 신경 쓸게."

한승우는 장천하의 제의를 수락했다. 한 가지 마음에 걸리는 것은 아내였다. 그 시간에 이다정은 한승우의 아내를 만나고 있었다. 평소 잘 알고 지내던 사이라 솔직하게 얘기할 수 있었다. 한승우의 아내도 한승우와 같은 마음이었지만, 결국 한승우의 아내도 뜻을 같이했다. 어차피 모르는 기업에서 눈치 보며 일할 바에, 규모는 작아도 마음 맞는 사람끼리 함께하는 것도 의미가 있다고 생각했다. 잘만 하면 정년 없이 자기 회사처럼 일할 수 있고, 무엇보다 동업이 아니어서 부담이 덜 했다.

세무 불이익 예방하는 법

회사가 세금을 못 내면 주주가 내야 한다 – 2차 납세의무

체납 법인의 발행주식 총수나 출자총액의 100분의 50을 초과하는 주식 또는 출자 지분에 관한 권리를 실질적으로 행사하고 법인의 경영을 사실상 지배하는 경우, 회사 체납액에 대해 소유 지분율만큼 제2차 납세의무가 있다. 특수 관계자는 합산하여 지분율을 산출한다.

주주로 이름만 빌려줘도 세금을 낸다 – 주주 명의대여

세금을 피하기 위해 본인의 명의를 다른 사람에게 빌려주고 주식을 취득한 경우, 이름을 빌려준 사람이 그 주식을 증여받은 것으로 보아 증여세를 내야 한다.

법적 증빙

3만 원을 초과하는 거래(접대비는 1만 원 초과, 경조금은 20만 원)를 인정받기 위해서는 세금계산서, 계산서, 신용카드 매출전표, 현금영수증 등 적격 증빙을 갖추어야 한다. 증빙이 없으면 부가가치세 납부 시 매입세액 불공제는 물론, 비용을 인정받을 수 없어 부가가치세와 법인세 부담이 커진다. 사업 관련 지출이지만 적격 증빙이 아닐 경우, 비용으로는 인정은 되나 증빙불비가산세로 수취금액의 2%를 가산세로 납부해야 한다.

대표자 가지급금(대여금)의 세무상 불이익

- 대표자 가지급금은 회사가 대표자에게 빌려준 돈으로 간주되므로, 대표자는 그 돈의 이자를 지급해야 하며, 회사는 이자소득의 증가로 법인세가 증가한다.
- 대표자가 이자를 회사에 지급하지 않으면, 그 금액만큼 회사가 대표자에게 급여를 더 지급한 것으로 간주되어, 대표자의 소득세가 증가한다.(가지급금 인정이자)
- 회사가 금융기관에서 차입을 한 경우, 대표자 가지급금만큼의 차입금에 대한 이자는 비용으로 인정되지 않으므로 법인세는 증가한다.(지급이자 손금불산입)

모두의 성적표,
손익계산서와 재무상태표

한승우가 출근한 지 보름이 지났다. 장천하는 부사장 자리를 권했으나 한승우는 한사코 전무를 고집했다. '부'자는 왠지 책임감이 없는 느낌이 든다는 것이 이유였다. 한승우는 보름 이상 자료를 검토하고 공장을 돌아보았다. 그간의 회계 장부, 통장, 발주서, 구매 내역, 거래명세서 등을 검토했다. 세무사 사무실에 일을 맡긴다 하더라도 결산 업무는 회사 내부에서 스스로 할 줄 알아야 한다는 게 한승우의 지론이었다. 그래야 일결산, 월결산, 연차결산 등을 통해 회사의 정확한 자금 및 손익 상황을 진단하고 적절한 대응을 세울 수 있다는 것이었다. 또 회사의 결산은 경리직원만 하는 것이 아니라 모든 직원이 협조해서 같이 하는 것이라고 생각했다. 그래서 한승우는 전 직원을 대상으로 회계 교육을 했다. 교육을 듣기 위해 모인 직원들은 경리부에서 알아서 하면 될 것을 자기들만 귀찮게 한다고 불만이 가득했다. 한승우가 그 속을 모를 리 없었다.

"여러분, 교육에 참여해주셔서 감사합니다. 힘든 줄은 알지만 강의를 듣고 나면 모두 이해할 줄 믿습니다. 회사의 모든 경영활동은 숫자로 나타납니다. 공장에서 제품을 잘 만들어도 잘 팔아야 회사가 성장할 수 있습니다. 또 매출이 많아도 원가나 판매관리비 등의 경비를 잘 관리해야 이익을 낼 수 있습니다. 이런 일련의 경영활동은 모두 숫자로 나타납니다. 회계상의 숫자는 회사에서 일어나는 모든 활동의 결과입니다. 여러분이 회사에서 한 모든 활동이 숫자로 모인 거지요. 여러분이 숫자와 친숙해져야 일을 효율적이고 효과적으로 할 수 있고, 성과도 정확하게 평가할 수 있습니다."

왜 숫자를 알아야 하는지 한승우는 그 핵심을 간단히 설명했다. 직원들이 고개를 끄덕였다. 한승우는 준비한 자료를 펴며 본격적으로 회계 강의를 시작했다.

"우선 회계의 더하기, 빼기인 차변과 대변에 대해 설명하겠습니다. 복식부기라는 말 들어보셨나요? 기업의 자산, 부채, 자본, 수익, 비용의 변동을 차변과 대변으로 구분하여 이중으로 기록·계산하는 부기 형식을 복식부기라고 합니다. 모든 거래를 차변과 대변에 동시에 기록하는 거지요. 왼쪽이 차변, 오른쪽이 대변입니다. 차변에는 자산, 대변에는 부채 또는 자본을 기록합니다. 만약 여러분이 3,000만 원을 주고 차를 구입했는데, 1,000만 원은 내 돈으로 2,000만 원은 대출을 받았다고 합시다. 그러면 3,000만 원인 차는 여러분의 자산이므로 차변에 기록하고 자금의 조달 방식은 대변에 기록하는 거지요."

차변	대변
자산(차량) 증가 3,000만 원	부채(차입금) 증가 2,000만 원
	자본금 증가 1,000만 원

"또 수익은 대변에, 비용은 차변에 기록합니다. 여러분이 1년 동안 3,000만 원의 급여를 받아 그중 2,000만 원을 쓰고 1,000만 원은 저축을 했다고 가정합시다. 급여 3,000만 원을 현금으로 받았으니 차변에는 자산 증가분을, 대변에는 수익 증가분을 씁니다."

차변	대변
자산(현금) 증가 3,000만 원	수익 증가 3,000만 원

"그리고 그중 사용한 현금 2,000만 원과 저축한 1,000만 원은 다음과 같이 쓸 수 있습니다."

차변	대변
비용 증가 2,000만 원	자산(현금) 감소 2,000만 원

차변	대변
자산(예금) 증가 1,000만 원	자산(현금) 감소 1,000만 원

"이렇게 양쪽에 기록을 하는 방식을 복식부기라고 합니다. 기본적인 작성 방식은 다음과 같이 정리할 수 있습니다."

차변	대변
자산의 증가	자산의 감소
부채의 감소	부채의 증가
자본의 감소	자본의 증가
비용의 증가	수익의 증가

"여러분, 재무제표에 대해 들어보셨나요?"

"자세히 몰라서 그렇지 재무제표와 손익계산서는 자주 들었습니다."

직원 중 한 사람이 대답했다.

"기억하고 있으니 다행입니다. 재무제표는 말 그대로 재무를 나타내 주는 표입니다. 재무제표에는 재무상태표, 손익계산서, 자본변동표, 현금흐름표가 있습니다. 재무상태표는 말 그대로 일정한 시점의 재무상태를 나타낸 표를 말하고, 손익계산서는 일정 기간 얼마나 벌었는지를 나타내는 표입니다. 또 자본변동표는 일정 기간 자본의 변동을 나타내며, 현금흐름표는 일정 기간 현금이 어떻게 들어오고 나갔는지를 보여줍니다. 어때요? 참 쉽죠?"

한승우는 회계를 전혀 모르는 직원의 눈높이에 맞춰 차근차근 설명해갔다.

"자 그럼, 지금부터 재무제표를 만들어보도록 하겠습니다. 2017년 1월 1일에 여러분이 3,000만 원을 주고 차를 구입했는데, 1,000만 원은 내 돈으로, 2,000만 원은 대출을 받았다고 합시다. 그러면 2017년 1월 1일 여러분의 재무상태표는 이렇게 되는 거지요."

재무상태표
2017년 1월 1일

차변	대변
자산(차량) 3,000만 원	부채(차입금) 2,000만 원
	자본금 1,000만 원

"다음은 손익계산서를 만들어보겠습니다. 1년 동안 3,000만 원의 급여를 받았고, 그중 2,000만 원은 쓰고 1,000만 원은 저축을 했습니다."

손익계산서
2017년 1월 1일부터 2017년 12월 31일까지

수익 : 3,000만 원
비용 : 2,000만 원
이익 : 1,000만 원

"그럼, 2017년 12월 31일에 여러분의 재무상태표는 어떻게 변했을까요? 1년 동안 번 3,000만 원에서 쓴 돈 2,000만 원을 뺀 1,000만 원이 늘어났죠. 1년 동안 늘어난 이익 1,000만 원은 자본(이익잉여금)을 1,000만 원에서 2,000만 원으로 늘어나게 한 겁니다. 처음의 자본금인 1,000만 원과 이익으로 늘어난 이익금 1,000만 원은 모두 자본으로 구분되지만, 그 원천은 다르다고 할 수 있습니다."

재무상태표

2017년 12월 31일

차변	대변
자산(현금) 1,000만 원	부채(차입금) 2,000만 원
자산(차량) 3,000만 원	자본금 1,000만 원
	이익잉여금 1,000만 원
합계 : 4,000만 원	합계 : 4,000만 원

"자본변동표는 말 그대로 재무상태표에 자본으로 표기되어 있는 자본 항목의 변동을 보여주는 겁니다."

자본변동표

2017년 1월 1일부터 2017년 12월 31일까지

기초자본 : 1,000만 원
이익증가 : 1,000만 원

기말자본 : 2,000만 원

"다음으로 일차결산이 뭘까요? 1차, 2차, 3차의 1차가 아닙니다. 매일 하는 결산을 '일차결산'이라고 합니다. 매일의 거래와 예금의 입출금을 기록하는 것이지요. 계약서, 거래명세표, 세금계산서, 카드영수증과 같은 자료에 근거한 거래와 현금, 예금의 입금과 출금 거래를 기록하는 것이 일차결산입니다. 일차결산이 이루어지면 매일의 자금 현황을 정확히 알 수 있습니다. 일차결산을 하면 월차결산, 연차결산은 쉽게 이루어집니다. 일차결산 위에 1개월분의 매출과 매출채권, 매입과 매입채무, 미지급 경비 등을 계산하면 월차결산이 됩니다. 그러면 월 손익을 알 수 있습니다. 여기서 '발생주의'라는 용어가 나옵니다. 예를 들어 10만 원의 사료를 팔았는데 돈을 받지 못했다면, '현금주의'의 매출은 0원입니다. 그러나 '발생주의'는 10만 원이 되지요. 돈은 못 받았지만 매출은 이미 실현됐으므로 매출채권으로 10만 원을 기록합니다. 회계기준은 발생주의를 원칙으로 하고 있습니다. 비용 측면에서 살펴볼까요? 물건을 사고 카드를 사용했다면, 카드 대금은 아직 지불하지 않았어도 이미 발생한 비용이므로 미지급비용으로 장부에 기록합니다. 경리부에서 각 부서의 모든 증빙을 바로 달라고 하는 것도 정확한 월별 손익을 분석하고 불비 서류로 불이익을 당하지 않으려는 겁니다."

경리부의 재촉을 이해하는 듯 직원들이 고개를 끄덕였다. 강의는 계속 이어졌다.

"회계의 중요한 원칙이 또 하나 있습니다. '수익·비용 대응의 원칙'입니다. 말 그대로 수익과 관련된 비용은 대응해서 인식해야 한다는 것이지요. 가령, 제품 생산을 위해 5년 동안 사용가능한 기계를 1,000만 원에 구입했다고 합시다. 구입한 연도에 들어간 자금은 1,000만 원이지만 첫 해 비용은 1,000만 원을 5년으로 나눈 200만 원이 되는 겁니다."

"좀 전에 말씀드린 여러분의 재무상태표를 이용해서 발생주의, 수익·비용 대응의 원칙을 설명하도록 하겠습니다. 12월 30일 송년회에서 사장님이 1년 동안 여러분의 열정에 감동했다며 전격적으로 1,000만 원의 보너스를 지급하겠다고 발표하셨습니다. 그러면 여러분에게는 1,000만 원의 상여금이 발생하게 된 거죠. 아직 받지는 못했지만 나중에 받을 것이므로 이것도 수익으로 인식을 합니다. 이것이 발생주의입니다. 또한 3,000만 원 주고 연초에 차량을 구입했지만, 1년 동안 여러분은 출퇴근에 차량을 사용했기 때문에 차량의 가치는 떨어지게 됩니다. 즉, 3,000만 원의 급여, 1,000만 원의 상여를 받기 위해 소모된 차량의 가치를 비용으로 인식하는 겁니다. 차량을 10년 동안 사용한다고 하면 구입한 금액인 3,000만 원 중 10분의 1인 300만 원을 비용으로 인식합니다. 바로 '수익·비용 대응의 원칙'인거죠. 발생주의, 수익·비용 대응의 원칙에 의해 손익계산서는 이렇게 바뀌게 됩니다. 물론 재무상태표도 바뀌게 되겠지요."

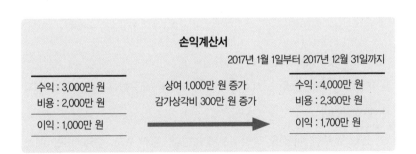

손익계산서

2017년 1월 1일부터 2017년 12월 31일까지

수익 : 3,000만 원	상여 1,000만 원 증가	수익 : 4,000만 원
비용 : 2,000만 원	감가상각비 300만 원 증가	비용 : 2,300만 원
이익 : 1,000만 원	→	이익 : 1,700만 원

재무상태표

2017년 12월 31일

차변	대변		차변	대변
현금 1,000만 원	부채(차입금) 2,000만 원	미수금(상여) 1,000만 원 증가	현금 1,000만 원 미수금 1,000만 원	부채(차입금) 2,000만 원
차량 3,000만 원	자본 1,000만 원 이익 1,000만 원	→ 감가상각비 300만 원 증가	차량 3,000만 원 감가상각누계액 (300만 원)	자본 1,000만 원 이익 1,700만 원
합계 : 4,000만 원	합계 : 4,000만 원		합계 : 4,700만 원	합계 : 4,700만 원

"1년 동안 늘어난 현금은 1,000만 원이지요. 이것을 나타낸 표가 현금흐름표입니다."

현금흐름표

2017년 1월 1일부터 2017년 12월 31일까지

현금의 증가 : 1,000만 원
기초 현금 : 0원

기말 현금 : 1,000만 원

장천하는 내용들을 노트에 적으며 강의에 집중했다. 한승우의 열강이 계속되었다.

"오늘 공부한 내용을 정리해보겠습니다. 발생주의, 수익·비용 대응의 원칙에 근거해서 진행된 일결산, 월결산이 모여 연차결산이 됩니다. 일정 기간 벌어들인 수익과 지출했거나 지출해야 할 비용을 나타내는 것이 손익계산서입니다. 우리 회사의 회계 기간은 1월 1일부터 12월 31일이니 이 기간 동안의 성적표라고 할 수 있겠지요. 이렇게 벌어들인 결과, 특정 시점의 재무상태를 나타내는 것이 재무상태표입니다. 12월 31일 현재 우리 회사의 자산, 부채가 얼마인지를 알 수 있지요. 손익계산서와 재무상태표는 우리 전 임직원의 성과표입니다. 앞으로 모두 관심을 갖도록 합시다. 강의 듣느라 수고 많았습니다."

한승우의 강의가 끝나자 장천하가 마이크를 잡았다.

"부끄러운 일이지만 저 역시 재무제표에 크게 신경을 쓰지 않았습니다. 강의를 듣고 회계상의 숫자가 왜 중요한지를 잘 알게 됐습니다. 앞으로 매월, 매년 결산한 내역을 여러분과 함께 공유하도록 하겠습니다. 함께 힘을 모아 좋은 성적표를 만들어갑시다."

인수를 제안 받다

"승우야, 오늘 오후에 시간 있니?"

"왜, 무슨 일 있어?"

"너랑 같이 갈 데가 있어서."

"오늘 오후는 괜찮아."

"그럼 점심 먹고 나랑 같이 나가자."

두 사람이 가는 곳은 장천하가 OJT를 했던 동물사료 주식회사였다. 동물사료의 양건실 사장은 장천하가 사료 사업을 시작하는 데 큰 도움을 준 은인이었다. 장천하가 양건실 사장에게 전화를 받은 것은 며칠 전이었다. 가능한 빨리 만나자는 전화였다. 전화로 할 내용이 아니라고 했다. 장천하는 사업과 관련된 일 같다는 생각에 한승우와 동행했다.

"사장님, 안녕하세요. 저 왔습니다."

장천하가 먼저 인사를 건넸다. 왠지 양 사장의 얼굴이 좋아 보이지 않았다. 전과는 전혀 딴판이었다.

"어서 들어오세요. 이리 앉으세요."

양건실 사장은 하던 일을 멈추고 두 사람을 반갑게 맞이했다.

"한 전무, 인사하세요. 우리 사업에 많은 도움을 주신 사장님이세요."

"한승우라고 합니다. 말씀 많이 들었습니다. 만나서 반갑습니다."

"사장님, 저와 함께 일하는 한 전무는 재무, 회계뿐 아니라 경영전략에도 전문가입니다. 제가 많은 도움을 받고 있습니다. 앞으로 잘 좀 부탁드립니다."

"무슨 소리, 내가 부탁을 해야지요."

일흔이 다 된 나이에도 양건실 사장의 눈매는 또렷했다.

"오늘 사실 내가 장 사장에게 부탁할 게 있어서 보자고 했어요."

양건실 사장은 저간의 사정을 자세히 설명했다.

"3년 전에 위암이 발견됐어요. 불규칙한 식사와 스트레스가 원인이었지요. 수술 후에 회복도 필요하고, 또 나이도 있고 해서 큰아들에게 하던 일을 맡겼어요. 큰아이는 미국에서 공부를 했고 사업에 대한 의지가 남달랐습니다. 아들이 맡고 나서 회사는 활기를 띠고 새로운 변화가 일어나는 듯했지요. 그 참에 나와 집사람은 아예 공기 좋은 지방으로 내려 갔어요. 큰아이는 아침 7시에 출근해서 밤늦게까지 일을 손에서 놓지 않았어요. 저와 다른 것을 보여주려고 애를 썼던 것 같아요. 직원들은 2년제 전문대나 지방대학 출신이 많았지만, 다른 어느 회사 직원들보다 성실했습니다. 하지만 직원들의 학력과 일하는 방법이 아들 마음에 들지 않았나 봅니다. 우리 아이는 자신의 방법으로 변화와 혁신을 주도했어요. 그 과정에서 직원들을 몹시 닦달했나봅니다."

"아드님이 구체적으로 어떻게 했는데요?"

"직원들을 무시했어요. 기존 것을 무조건 바꾸는 것을 혁신으로 착각해서, 회사의 사규나 업무 방식을 제 마음대로 바꿨지요. 직원들을 틀 안에 가두고 다른 의견은 용납하지 않았지요. 여러 사람의 지혜를 모아야 할 중요한 사안도 임의로 결정했어요. 게다가 매출 주도로 회사를 운영하다 보니, 영업직원들은 거래처 신용조사도 제대로 하지 않고 밀어내기식으로 영업을 했어요. 장기 미수와 악성채권이 눈덩이처럼 불어나기 시작했지요. 관련 부서의 책임자들의 말도 듣지 않았어요. 직원들을 파트너로 생각하지 않고 관리의 대상으로만 생각했던 겁니다."

"관리의 대상으로 생각하다니요?"

한승우 전무가 물었다.

"직원을 소중한 자산이 아니라 경영의 도구로 생각한 겁니다. 조직은 혼란에 빠졌지요. 일 잘하는 사람들이 하나둘 떠나기 시작했습니다. 어찌 보면 당연한 결과지요. 제가 알았을 때는 이미 돌이킬 수 없는 상황이었습니다. 제 말도 듣지 않았어요. 제 딴에는 열심히 하는데 아버지가 도와주진 않고 방해만 한다고 오히려 섭섭해 했어요. 그런 와중에 사고가 터졌습니다. 아들에게 불만을 품은 직원들이 돈을 빼돌리고 장부를 조작했어요. 일부 직원들이 아들을 비웃듯이 회사 자금을 빼갔습니다. 어차피 회사가 오래 못 간다고 생각한 거지요. 빨리 한 몫을 챙겨야겠다고 생각한 겁니다."

동물사료의 상황은 생각보다 훨씬 심각했다. 다른 직원의 급여를 임의대로 올리고 그 직원에게는 원래의 급여를 지급하고 차액을 본인의 계좌로 받았다. 아르바이트생의 수를 조작하고 시간을 임의대로 조작해서 차명 계좌로 아르바이트비를 입금 받았다. 그뿐이 아니었다. 매입처에 대금을 송금한다고 결제를 받아놓고는 본인의 차명계좌에 매입대금을 송금했다. 구매 파트에도 문제가 터졌다. 농산물 매입 과정에서 송장 같은 매입 증빙서류를 조작해 매입 물량을 실제보다 부풀리거나 허위매입을 잡아 송금한 뒤 차명계좌로 되돌려 받았던 것이다.

"나중에 경찰이 수사를 해서 그 직원을 잡았지만 돈은 이미 없어진 상황이었어요."

말을 마치고 입이 타는 듯 양건실 사장은 물을 한 컵 들이켰다.

"그랬군요. 사장님 마음이 얼마나 아프셨어요. 그러면 아드님은요?"

"그나마 남은 직원들이 아들이 있으면 다 그만두겠다고 해서, 하는 수 없이 아들을 그만두게 하고 제가 다시 올라왔습니다. 하지만 손쓰기에는 이미 늦은 상황이었습니다. 회사를 팔려고 해도 팔리지는 않고, 나서는 사람은 거저먹으려드니 어떻게 해야 할지 모르겠어요. 장 사장! 부탁 하나 합시다."

"말씀하세요, 사장님."

"우리 동물사료를 인수해주세요. 제 자식보다 귀한, 40년 이상을 내 손으로 일군 사업을 모르는 사람에게 넘겨줄 수는 없어요. 잘 키울 수 있는 장 사장에게 넘기고 싶어요. 조건은 장 사장 하자는 대로 할게요."

양건실 사장은 흐르는 눈물을 닦으면서 말을 이었다.

"그나마 장 사장이 있어 다행이에요. 제 마지막 부탁이니 이 늙은이 한 번만 도와줘요. 내가 장 사장 말이라면 다 들을게요."

"네. 사장님 마음은 충분히 알겠습니다. 부족한 저를 그렇게까지 생각해주시니 면구스럽습니다. 저희가 돌아가서 심사숙고해서 고민해보겠습니다."

"고마워요, 장 사장. 잘 부탁해요. 그리고 같이 오신 한 전무님, 잘 부탁드립니다."

사무실을 나와 차에 오를 때까지 양건실 사장은 장 사장의 손을 잡으며 다시 한 번 부탁했다. 차 안에서 두 사람은 한동안 말이 없었다. 장천하는 과거의 실패에 잠겨 눈을 감았다. 지금의 양건실 사장의 처지를 생각하니 가슴 한편이 저렸다. 한승우도 그 마음을 아는 듯 두 사람 사이에는 아무 말이 없었다. 사무실에 도착하자마자 장천하 사무실로 두 사람이 함께 들어갔다.

"승우야, 네 생각은 어때?"

"글쎄. 나도 오면서 계속 생각했어. 과연 이 회사가 우리에게 어떤 의미인지, 인수하는 것이 우리에게 필요한 일인지 생각해봤어."

"우리에게 필요하다니?"

"내사랑내곁에가 성장하는 데 양 사장님의 동물사료 공장이 꼭 필요한지를 말하는 거야. 사업을 인정으로 할 수는 없잖아. 도와주는 것과 도움이 되는 것과는 별개 문제라는 뜻이야. 나는 양 사장님 회사의 회계장부를 검토해볼 테니까, 너는 인수했을 때의 경영상의 장단점을 분석해보는 게 어때?"

한승우는 직관보다 냉철한 분석이 더 중요하다고 생각했다.

"그럼, 그렇게 하자. 양 사장님이 저렇게 애타하시니 빨리 결론을 내는 게 좋을 것 같아. 결정은 보름 안에 끝내는 것으로 하고 아직은 우리 둘만 아는 것으로 하자."

이익 증가의 함정에 빠진
동물사료 주식회사

한승우는 동물사료의 자료를 분석했다. 연매출 100억 원의 동물사료는 최근 3년간 매출이 꾸준히 늘었다. 매출액 대비 영업이익율도 증가했다. 그런데 자금은 3년 전보다 턱없이 부족했다. 대출 한도를 늘리기 위해 뛰어다닌 흔적이 역력했다. 매출도 늘고 이익도 증가했는데 왜 회사는 자금이 없는 걸까? '흑자도산'이라는 말이 바로 동물사료를 두고 하는 말이었다. 이유는 간단했다. 매출은 늘었지만 판 것만큼 대금 회수가 되지 않았다. 매출채권이 큰 폭으로 증가했다. 재고자산 역시 매년 크게 증가했다.

재고자산이 늘어난 데는 두 가지 이유가 있는데, 매출을 확대하기 위해 밀어내기식으로 생산을 늘린 것이 그 첫 번째 이유였다. 두 번째는 이익을 늘리기 위해 재고금액을 늘린 것이다. 즉 판매 제품의 대금 회수가 안 되는 상태에서 제품 생산을 늘리니 당연히 자금이 부족할 수밖에 없었다. 부족한 자금을 대출로 메꾸기 위해 건실한 재무제표가 필요하자, 이익을 거짓으로 늘리는 것은 정해진 수순이었다. 이익을 늘리기 위해 비용을 감소시켜야 했다. 결국 가장 손쉽게 할 수 있는 방법으로 재고자산을 부풀렸던 것이다. 제품의 매출원가는 '기초제품재고 + 당기제품제조원가 - 기말제품'으로 산출하는데, 기말제품금액을 부풀리면 매출원가는 감소하고 이익은 증가한다. 3년 동안 재고자산을 부풀리다보니 실제 재고와 상당히 큰 차이를 보였다. 늘어난 매출채권 중 상당수는 회수하기 어려운 불량채권들이었다. 악성채권을 손실로 하고 부풀린 재고자산을 바로 잡으니, 지난 3년간의 당기순이익이 플러스에서 마이너스로 돌아섰다. 3년간의 손실로 회사의 이익잉여금은 상당히 줄었다.

얼마 후 장천하는 한승우와 마주 앉았다. 연매출 60억인 내사랑내곁에가 100억 규모의 회사를 인수하는 것이 쉬운 일은 아니었다. 무분별한 사업 확장이라는 오해를 받을 수 있었다.

"승우야, 검토해보니 어때?"

"네가 말한 대로 3년 이전과 지난 3년간의 재무상태를 분석해보니 많은 차이가 났어. 양 사장님의 아들이 경영하기 전까지는 안전성이나 효율성, 수익성, 성장성 등 어느 하나 나쁘지 않았어. 지난 3년간의 재무제표상의 성장성과 수익성은 그리 나쁘지 않은데, 안정성과 효율성이 현저하게 떨어져."

"회사가 성장하고 이익이 나는데 왜 재무구조는 안정화되지 않는 걸까?"

"그건 채권관리, 재고관리, 자금관리 등이 제대로 안 되고 있기 때문이지. 게다가 무리하게 매출을 확대하고 이익을 내기 위해 재고자산을 과다하게 계상한 것 같아. 지금 상태로는 인수하는 게 그리 바람직하지 않은 것 같아. 부실채권과 재고자산뿐 아니라 차입금이 너무 많아서, 부실 자산을 정리하고 재무구조를 안정화시키는 게 여간 어려울 것 같지 않아. 그나마 양 사장님이 경영하실 때의 안정성이 눈여겨볼 점이긴 해."

"그게 무슨 뜻이야?"

"내가 자료를 보니까 동물사료 시장이 안 좋았을 때가 두 번 있었는데, 건실했던 회사들이 문을 닫을 때도 동물사료는 안정적인 성장을 했더라고. 물론 양 사장님이 운영하실 때지."

"그렇구나……. 승우야, 사업을 확장할 때 따르기로 한 원칙이 있어. 처음 이 사업을 시작할 때 가족들과 함께 정한 거지."

"무엇을 정했는데?"

"인수나 합병 또는 새로운 사업을 할 때, 우리의 핵심역량을 발휘할 수 있고 우리와 함께 할 수 있는 문화, 즉 유사한 핵심가치를 가지고 있는 회사를 1순위로 하자는 거였어. 지난번에 네가 나한테 얘기했지. 우리에게 중요한 것은 좋은 회사가 아니라 필요한 회사라고. 나는 양 사장님 회사가 그런 회사라고 생각해."

"양 사장님 회사가 그런 회사라니?"

"내가 알아본 바로는, 양 사장님의 경영방식이 우리와 매우 흡사한 것 같아. 양 사장님은 실수에 대해서 굉장히 관대하셨더라고. 실패 없는 성공은 없다며 창조적 실패, 도전적 실패는 오히려 상을 주셨더라고. 실패할 권리는 누구에게나 있다고 하시면서 '창의적 실패상'까지 만드셨어. 굉장히 앞서가신 거지. 그리고 사람을 키우지 않는 기업은 존재 가치가 없다고 말씀하셨대. 그래서 이익의 몇 퍼센트가 아니라 매출의 일부를 직원들 역량강화에 투자하셨더라고. 승우 너도 알다시피 우리 회사의 핵심가치가 창의적 실패를 권장하고, 직원들의 역량을 계발하는 것 아니냐. 그런 점이 우리와 잘 맞는다고 생각해."

"네 말 뜻은 잘 알겠는데……, 재무구조가 마음에 걸려."

"네 말대로 양 사장님이 회사를 운영했을 때는 모든 지표가 좋았으니까, 경영은 양 사장님이 계속 하는 조건으로 인수했으면 하는데, 네 생각은 어때?"

"경영을 양 사장님이 계속하시다니, 그게 무슨 소리야?"

"동물사료를 그대로 유지하는 거야. 지금 그대로 양 사장님이 사장으로 있고, 우리 내사랑내곁에는 투자자로만 참여하는 거지. 동물사료를 우리 회사로 편입하지 않고 별도 법인으로 운영하면서 양 사장님이 도와달라고 하는 것만 도와주는 거야. 그래야 양 사장님이나 직원들이 전처럼 의욕 있게 일할 수 있을 것 아니야. 그리고 승우야! 지금 우리에게 연구실과 교육장이 필요하잖아. 동물사료 공장 뒤편에 있는 땅을 활용하면 좋을 것 같아. 따로 투자할 필요도 없고. 적당한 시기에 필요하면 합병을 할 수도 있고."

장천하는 입에 침을 튀기며 말했다.

"그렇게까지 생각하고 있었구나. 쉽지 않은 결정인데……."

"승우야, 우리 욕심을 내려놓고 훌륭한 회사를 만들어보자. 양 사장님이 회사를 잘 키워주시면 우리 내사랑내곁에도 큰 도움이 될 거야. 발전된 기술로 세계를 향해 나갈 수도 있고. 물론 잘못되면 큰 시련을 받을 수 있겠지만, 승우야, 우리 한 번 해보자. 이것은 양 사장님을 돕는 게 아니라 우리가 해야 할 사명이라 생각해. 만일 네가 안 된다고 하면 나는 포기할 수밖에 없어. 둘이 찬성하지 않으면 안 하기로 한, 우리들의 약속을 어기면서 하지는 않을 거야."

"천하야, 네가 양 사장님을 그렇게까지 신뢰하는지 몰랐다. 내가 분석한 재무적 요인들이 인수 조건에 다 맞지 않는 것은 아니야. 3년 그 이전으로 다시 돌아갈 수만 있다면 잘될 수도 있어. 그래, 우리 한번 해보자."

"네가 그렇게 말해주니 마음이 놓인다. 사실 네게 인수하자고 말을 하면서도 실패에 대한 두려움 때문에 마음이 불안했거든. 그동안 뭐하나 성공한 게 없잖아. 지금 하는 사료 사업이 잘되고 있지만 아직 성공했다고 말할 수는 없잖아. 네가 없었으면 이런 결정 못 내렸을 거야. 그런데 승우야, 결정을 하고 난 지금도 여전히 불안하긴 해. 기쁨보다 걱정이 앞서는 게 사실이야. 성공 경험이 없는 사람들에게 나타나는 증상인가봐."

"천하야, 너무 걱정하지 마. 우리가 힘을 합하면 어떤 일도 해낼 수 있어. 스티브 잡스는 우리 인생을 6차선 도로와 같다고 했어. 꿈이 길 건너편에 있다면 횡단보도를 꼭 건너야 한다고 말했지. 그는 그 횡단보도라는 게 바로 모두가 두려워하는 실패와 좌절이라고 말했어. 그런데 신은 우리에게 건널 수 있는 횡단보도만 만들어놓았대. 천하야, 우리 함께 실패와 좌절의 횡단보도를 건너보자. 잘될 거야."

"고맙다, 승우야."

○── 알아 두세요! ──○

재무제표 쉽게 읽는 법

1단계 : 재무상태표를 확인하자

재무상태표는 과거의 대차대조표와 동일한 서류로, 해당연도말 현재 기업의 자산과 부채 및 주주들의 몫(자본)까지 구분한 재산 상태를 나타낸다. 해당연도에 이익이 발생하면 자본항목 중 이익잉여금이 늘어난다.

2단계 : 손익계산서를 확인하자

손익계산서는 해당 기업이 1년 동안 올린 매출에서 비용을 제외하고 남은 이익을 한 눈에 보여준다. 손익계산서를 볼 때는 먼저 전년 대비 매출의 증감 현황을 본 후에, 하단 끝에 있는 당기순이익의 부호를 확인한다. 손익계산서상의 매출이 증가하고 당기에 이익이 발생했으면 경영 상태를 긍정적으로 볼 수 있다. 그리고 손익계산서상의 매출의 변화, 원가의 구성, 영업이익 및 당기순이익의 규모 등을 전년도와 비교함으로써, 해당 기업의 경영 상태를 쉽게 파악할 수 있다. 그 외에도 여러 항목들을 추가로 파악할 수 있다.

3단계 : 이익의 질을 확인하자

기업 경영 상태의 파악을 위해, 손익계산서의 이익이나 손실 현황은 물론 결과가 어떻게 나왔는지 그 과정 역시 중요하다. 일반 기업의 단계별 과정은 다음과 같다.

- 매출총이익(매출-매출원가)
- 영업이익(매출총이익-판매관리비 및 일반관리비)
- 세전이익(영업이익-금융비용 및 영업외손익)
- 당기순이익(세전이익-법인세)

이익의 질은 무엇인가? 먼저 영업이익과 당기순이익의 차이를 주목할 필요가 있다. 영업이익은 기업의 본질적 활동인 영업의 수익력을 나타내는 반면, 당기순이익은 영업활동은 물론 일시적이고 반복 없는 비경상적인 활동까지 포함한다. 따라서 기업의 경영실적과 수익력을 평가할 때는 당기순이익보다 영업이익으로 판단하는 것이 바람직하다.

4단계 : 자금 흐름을 파악하자

현금 및 예금(현금및현금등가물)의 증감 원인을 파악하자. 매출이 늘고 이익이 증가하면 현금및현금등가물은 당연히 증가한다. 그렇지 않다면 그 원인을 파악해야 한다. 영업잉여자금으로 차입금을 상환하거나 새로운 자산(유형자산, 주식 등)을 구입해서 현금및현금등가물이 줄어들 수는 있지만, 그렇지 않고 매출채권과 재고자산이 큰 폭으로 늘었다면, 그 원인을 주의 깊게 살펴봐야 한다. 이익을 내기 위해 임의적으로 재무제표를 단장했을 수 있다.

5단계 : 숫자의 의미를 파악하자(비율 분석)

숫자에서 명확히 무엇을 알고 싶은지를 정해야 한다. 회사의 안정성을 확인하려면 안정성 지표를 분석해야 하고, 투자액 대비 회수율을 알려면 수익성 지표를 알아야 한다. 매출의 변화 추이를 알려면 성장성 지표를 확인해야 한다.

....

비율 분석

안정성비율

회사의 지불 능력과 재무상태의 건전성을 나타내는 지표로 유동비율, 당좌비율, 부채비율, 이자보상비율 등을 활용한다.

- **유동비율** : 1년 미만의 단기부채 상환능력을 나타내는 지표로 유동비율이 높을수록 상환능력은 높다. 유동비율이 100%보다 높은 회사는 유동부채보다 유동자산이 많아 단기채무 지급능력이 좋은 것을 나타낸다.

$$유동비율(\%) = \frac{유동자산}{유동부채} \times 100$$

- **당좌비율** : 단기간에 유동부채를 지급할 수 있는 능력을 나타내는 지표로 유동자산에는 재고자산이 포함되어 있다. 재고자산은 판매를 해야 하므로 상대적으로 유동성이 낮다. 당좌자산은 현금, 외상매출금, 대여금처럼 판매 과정 없이 현금화할 수 있는 유동자산을 의미하며, 당좌비율이 100% 이상이면 단기적으로는 안정성이 있는 것을 나타낸다.

$$당좌비율(\%) = \frac{당좌자산}{유동부채} \times 100$$

- **부채비율** : 타인자본인 부채와 자기자본 사이의 관계를 나타내는 지표로 부채비율이 100% 이내면 안정적이다. 부채비율이 높으면 높을수록 재무구조가 불안정해 채권자는 대출금 회수에 어려움을 겪을 수 있다.

$$부채비율(\%) = \frac{부채}{자기자본} \times 100$$

- **이자보상비율** : 이자비용에 대한 영업이익의 정도를 나타내는 지표로 이자상환능력을 나타낸다. 이자보상비율이 100% 이하면 영업이익으로 이자비용을 갚을 수 없는 상황을 나타낸다.

$$이자보상비율(\%) = \frac{영업이익}{이자비용} \times 100$$

수익성비율

일정 기간의 영업성과를 나타내는 지표로 매출총이익율, 영업이익율 등을 활용한다.

- **매출총이익율** : 매출로부터 얼마만큼의 이익을 얻느냐를 나타내는 재무비율이다. 업종과 규모에 따라 차이는 있으나, 비율이 높을수록 기업의 판매 · 제조 또는 매입활동이 양호함을 나타낸다.

$$매출총이익율(\%) = \frac{매출총이익}{매출액} \times 100$$

- **영업이익율** : 영업이익은 매출총이익에서 영업비를 뺀 것으로 기업 영업활동 그 자체의 업적평가를 행하는 수익성 지표이다.

$$영업이익율(\%) = \frac{영업이익}{매출액} \times 100$$

성장성비율

기업의 규모와 매출 등의 성장성을 나타내는 지표로 총자산증가율, 매출액증가율 등을 활용한다.

- **총자산증가율** : 기업의 전체적인 성장 규모를 나타내는 지표로 기업에 투입된 총 자산이 얼마나 증가했는가를 나타낸다.

$$총자산증가율(\%) = \frac{(당기말총자산 - 전기말총자산)}{전기말총자산} \times 100$$

- **매출액증가율** : 당기 매출액이 전년보다 얼마나 증가했는지 나타내는 지표로 기 업의 성장을 나타내는 대표적인 비율이다.

$$매출액증가율(\%) = \frac{(당기매출액 - 전기매출액)}{전기매출액} \times 100$$

활동성비율

기업의 자산을 얼마나 효율적으로 사용했는지를 나타내는 지표로 매출채권 회전율, 재고자산회전율 등을 활용한다.

- **매출채권회전율** : 매출채권이 잘 회수되고 있는지 나타내는 지표로 매출채권회전 율이 높으면 매출채권의 현금화 속도가 빠른 것을 나타낸다.

$$매출채권회전율(\%) = \frac{매출}{평균매출채권} \times 100$$

- **재고자산회전율** : 재고자산의 적정 수준을 나타내는 지표로 재고자산회전율이 높 으면 재고자산의 회전이 빠르다는 것을 나타낸다. 즉 악성재고가 그만큼 적은 것 을 의미한다.

$$재고자산회전율(\%) = \frac{매출원가}{평균재고자산} \times 100$$

가치에
투자하다

장천하와 한승우는 열흘 만에 양건실 사장을 다시 찾았다.

"사장님, 안녕하세요? 저희들 왔습니다."

밖에서 차가 들어왔다. 따뜻한 대추차에서 단맛이 느껴졌다. 추운 겨울이면 어머니가 끓여주시던 그 맛이었다. 차를 몇 모금 마신 후 장천하는 본론으로 들어갔다. 한승우 전무가 동물사료에 대해 조사한 내용을 가감 없이 말했다.

"아! 그렇군요. 우리 직원들이 보고한 것과 차이가 크군요. 생각보다 많이 안 좋은 상황이네요. 내가 장 사장에게 맡아달라고 한 것이 무리였네요. 내가 억지를 부렸습니다. 저는 그 정도인지 몰랐어요. 내가 장 사장이라도 이런 상황이면 인수 못 하지요. 괜히 신경 쓰게 해서 미안해요. 암은 거의 완치된 상태지만 제 몸이 전과 같지 않아요. 이젠 의욕도 떨어지고 나이도 있으니 그만 정리하는 게 좋겠어요. 아무튼 장 사장 고마워요. 내가 장 사장같이 좋은 사람 만난 것으로 만족해야지 더 이상 욕심을 부리면 안 되겠어요."

양건실 사장은 마음을 비운 듯 편한 모습으로 대추차를 입에 댔다.

"사장님, 오늘 저희는 동물사료의 재무구조를 이야기하러 온 것이 아닙니다."

"그게 무슨 말이에요?"

"양 사장님을 모시고 사업을 하려고 온 것입니다."

"저와 사업을 하다니요. 저희 회사를 인수하려고요? 안 됩니다. 저는 실패한 사람입니다. 자식 농사도 잘못 짓고 사업도 망가뜨려 훌륭한 직원들을 내쫓은 장본인이에요."

양건실 사장은 손사래를 치며 말했다.

"사장님, 제가 사장님과 함께 하려는 데는 두 가지 뜻이 있습니다. 첫째, 저희 내사랑내곁에와 동물사료의 기업문화가 비슷하다는 점입니다. 동물사료의 기업문화가 제 마음을 움직였습니다. 두 회사의 핵심가치가 유사하다는 것은 인수라는 부부의 연을 맺을 수 있는 가장 중요한 동기가 됩니다. 지금의 어려움을 극복하고 훌륭한 회사로 거듭나는 데는 재무구조보다 건전한 실패를 용인하고 구성원의 역량을 살리는 사장님의 경영철학이 무엇보다 중요합니다. 내사랑내곁에와 동물사료가 한 가족이 된다는 것은 또 다른 도전이며 희망입니다. 내사랑내곁에가 혼자 할 수 없는 일도 동물사료와 함께라면 얼마든지 가능합니다. 그리고 같은 식구가 되기로 마음을 먹은 또 다른 이유는 양 사장님의 실패에 있습니다."

"실패에 있다니요?"

양건실 사장은 의아하다는 듯 두 사람을 번갈아 쳐다보았다.

"양 사장님의 40년 사업 경험과 이번의 실패 사례는 어떤 것과 바꿀 수 없는 좋은 교육 자료가 될 것입니다. 저희 회사의 핵심가치 중에 '창의적 실패를 권장한다'라는 것이 있습니다. 저는 도전, 실패, 성공은 다 동의어라고 생각합니다. 표현만 다를 뿐 다 같은 곳에서 모양만 다르게 나타나는 현상이지요. 사장님의 실패를 통해 배우고 싶습니다. 그런 점이 저희가 동물사료와 한 식구가 되기로 결정한 이유입니다. 단, 경영은 지금처럼 양 사장님이 계속하시는 조건입니다."

"제가 경영을 계속하다니요?"

"네. 그렇습니다. 저희 내사랑내곁에의 임직원이 이쪽으로 오는 일은 없을 겁니다. 모든 의사결정은 지금처럼 양 사장님이 하십니다. 경영목표와 자금 집행 및 인사관리 등 사업에 관련된 모든 의사결정은 사장님과 동물사료 직원들 스스로 해야 합니다. 저희는 주주로만 참여합니다. 저희는 동물사료가 요청하는 사안에 대해서만 지원할 것입니다. 저희는 동물사료 전체 주식의 49%만 인수할 예정입니다. 대주주는 지금과 같이 양 사장님을 비롯한 동물사료 임직원이 됩니다. 물론 동물사료의 필요한 자금은 저희가 조달해드리겠습니다. 회수가 어려운 악성채권과 과대 계산된 재고자산을 조정하면 동물사료의 1주당 가치는 액면금액인 5,000원을 밑돌고 있습니다. 하지만 인수가액은 그동안의 업력을 감안하여 1주당 6,000원으로 하면 어떨까 합니다."

장천하는 자신의 소신을 말했다.

"그건 말이 안 됩니다. 회사를 살리고 돈도 빌려주고 저에게 일할 기회까지 주면서 주식을 그런 가격으로 사주시는 것은 도저히 받아들일 수 없습니다. 제 양심이 허락하지 않습니다."

"그렇게만 생각하실 일이 아닙니다. 갚으면 됩니다. 동물사료가 지금보다 더 열심히 해서 저희가 투자한 돈의 열 배, 백 배 갚아주세요. 누가 사업을 하든 저희는 투자자일 뿐입니다. 투자수익률이 높은 곳에 투자할 뿐이에요. 이 부분은 저희 내부 결정사항이므로 사장님께서 받아들이시길 바랍니다."

"…… 그럼 좋습니다. 하지만 제가 대표로 남는 것은 아니라고 생각해요. 장 사장이 나를 예우하고 격려하는 것은 제가 잘 알겠습니다만, 이건 아닙니다. 마음만 받도록 하겠습니다."

양건실 사장은 눈시울을 글썽이며 말했다.

"사장님, 저는 지금 예우나 격려 차원에서 말씀드리는 것이 아닙니다. 저희 회사의 운명이 걸린 문제입니다. 저희 내사랑내곁에 전 직원의 생계가 달린 문제입니다. 인정으로 그런 결정을 내린 것이 아닙니다. 양 사장님은 이제 오너가 아니라 전문경영인입니다. 회사를 유지하고 발전·성장시킬 의무와 책임이 있는 CEO입니다. 저와 사장님은 이제 서로에게 어엿한 사업 파트너가 되는 것입니다. 누가 누구의 신세를 지는 게 아닙니다. 사실 사장님께 배울 수 있는 기회를 갖게 된 저와 내사랑내곁에 임직원이 고맙게 생각해야지요."

장천하가 양건실 사장을 바라보며 힘주어 말했다.

"……. 네, 잘 알겠어요. 장 사장의 뜻을 받아들이겠습니다."

양건실 사장의 말이 끝나자, 세 사람의 찻잔이 공중에서 부딪쳤다. 장천하가 말을 이었다.

"사장님. 공장 뒤편에 500평 규모의 부지가 조성돼 있던데, 그건 어떤 용도로 쓰실 건가요?"

"네, 그 땅은 연구소를 지으려고 구입했던 거예요. 당장은 필요하지 않고 자금도 없어 주차장으로 사용하고 있지요."

"그러면 그 땅에 건물을 지어서 연구소와 교육장소로 이용하면 어떨까요? 동물사료와 내사랑내곁에가 공동연구도 할 수 있고 시너지 효과가 날 것 같아서요."

"좋습니다. 연구실과 연수원으로 사용할 수 있으면 좋지요."

회의를 마치고 세 사람은 저녁을 함께 했다. 화기애애한 분위기 속에서 시간은 과거로 흘러갔다.

"암 선고를 받았을 때 '이제 죽었구나' 하고 생각한 것처럼, 동물사료도 죽었다가 다시 살아날 수 있게 되었으니 이 은혜를 어떻게 갚아야 할지 모르겠네요. 어쨌든 장 사장에게 누가 되는 일은 없도록 할게요."

양사장은 결의를 다지듯 말했다.

비상장주식 거래하는 법

주식시장에서 거래되지 않은 주식을 사고 팔 때 그 금액을 얼마로 정해야 할까?

- 주식시장에서 자유롭게 거래되는 주식에는 시세가 있어, 특수관계자 이외의 사람과 거래 시 서로의 이해관계에 따라 합리적인 가격으로 결정되므로 큰 문제가 되지 않는다. 하지만 특수관계자들이 특정인에게 부를 몰아주거나 세금을 회피할 목적으로 주식의 가격을 의도적으로 높이거나 낮추는 행위를 할 경우, 세법상 증여세나 법인세를 부과한다.

- 양수자가 양도자와 특수관계일 경우, 대가와 시가와의 차액이 시가의 30% 이상이거나, 그 차액이 3억 원을 초과하는 경우에는 증여세가 발생한다. 내사랑내곁에㈜와 동물사료㈜의 양건실 사장이 특수관계가 있다고 가정하면, 내사랑내곁에㈜가 동물사료㈜의 주식을 양건실 사장으로부터 주당 시가가 4,000원인 주식을 6,000원에 매입함으로써 시가보다 50%나 높게 매입한 것이 된다. 이 경우, 내사랑내곁에㈜의 회계 장부에는 동물사료㈜의 주당 금액이 매입가인 6,000원으로 계상되지만, 세무상 주당 가격은 4,000원만 인정된다. 차액 2,000원은 양건실 사장이 증여를 받은 셈이 되는 것이다.

- 반면 그 양수자가 특수관계인이 아닐 경우는, 대가와 시가와의 차액이 시가의 30%에 미달하거나 그 차액이 3억 원 이하일 때는 증여세를 과세하지 않는다. 이는 특수관계인과의 거래보다 완화된 증여금액 계산방식이라 할 수 있다. 내사랑내곁에㈜와 양건실 사장은 사업상 아는 사이일 뿐 특수관계는 아니다. 내사랑내곁에㈜는 동물사료㈜의 주식을 양건실 사장으로부터 시가보다 50% 높게 매입했다. 하지만 대가와 시가와의 차액이 시가의 30%를 넘는다 하더라고 총 차액이 3억 원 이하이기 때문에(양수도 주식수가 15만 주 이하(3억 원/2,000원) 양건실 사장은 증여세를 낼 필요가 없다.

비상장주식의 시가는 어떻게 결정되는가?

- 비상장주식의 평가는 원칙적으로 평가기준일 현재 시가로 평가한다. 이때의 시가는 불특정 다수가 자유롭게 거래하는 것으로 인정하는 가액이 된다. 평가기준일 전후 6월(증여재산일 경우 3월) 이내에 매매가액이 확인되는 경우에도 당시의 가격을 시가로 인정한다.

- 평가 대상 비상장법인 주식의 사례가액 등 시가가 확인되지 않은 경우, 비상장주식 거래가액은 해당 법인의 순자산가치와 순손익가치를 감안하여 비상장주식 보충적 가치 평가(♦)로 한다. 비상장주식 거래가액의 총 가치는 1주당 평가액에 보유주식수를 곱하여 산정하며, 1주당 평가액 산정은 다음과 같이 한다. 가령, 1주당 액면가액이 5,000원인 일반 법인의 주당 순손익가치가 3만 원, 주당 자산가치가 2만 원일 경우 1주당 가치는 (1주당 순손익가치 3만 원×60%)＋(주당 자산가치 2만 원×40%)로 계산해 2만 6,000원이다. 즉 액면가액은 5,000원이지만 회사의 주식 가치는 2만 6,000원이다.

♦ 비상장주식 보충적 가치 평가방법

구분	1주당 평가액
일반 법인	1주당 순손익가치×60%＋1주당 순자산가치×40%
부동산 과다보유 법인(부동산가액이 자산총액의 50% 이상, 80% 미만)	1주당 순손익가치×40%＋1주당 순자산가치×60%
부동산 법인(부동산가액이 자산총액의 80% 이상)	1주당 순자산가치×100%

- 최대주주 등의 지분율 규모에 따라 50% 이하일 경우 당해 주식의 평가액에 그 가액의 20%(중소기업의 경우 10%)를 가산하여 평가하고, 최대주주 등의 지분율이 50%를 초과할 경우에는 당해 주식의 평가액에 그 가액의 30%(중소기업의 경우 15%)를 가산하여 평가한다.

자금 계획을
세우다

장천하는 한승우 전무와 고약해 재무·회계 팀장을 불렀다.

"고 팀장은 동물사료에 대한 내용 알고 있나?"

"네, 전무님으로부터 일부 들었습니다."

"자세한 내용은 한 전무에게 듣기로 하고, 이번 동물사료 인수 건은 한 전무와 고 팀장이 맡아서 해주세요. 그럼, 이제 무엇을 준비해야 하지요?"

"우선 동물사료의 금융권 부채의 일부를 상환해야 할 것 같습니다. 동물사료의 상환 자금은 내사랑내곁에서 자금을 대여하거나 유상증자로 마련하는 게 좋을 것 같아요. 현재 우리가 가지고 있는 연구개발 유보자금과 잉여자금을 합해도 인수자금이 부족해 일부 차입을 준비 중에 있습니다."

한 전무가 답했다.

"그렇게 하는 데 얼마나 걸리나요?"

"한 달 정도 예상하고 있습니다."

"그 외 다른 일은 없나요?"

"동물사료와 관련된 나머지는 절차에 따라 진행하면 됩니다. 그 외 시급한 일은 공장 확장과 '내사모'의 지원을 확대하는 일입니다."

"그럼, 계획을 짜서 실행하도록 하세요. 동물사료 건은 차질 없이 진행해주세요."

고약해는 동물사료 주식을 인수할 자금 계획을 세웠다. 동물사료 주식 총 60만 주 중 49%인 29만 4,000주를 주당 6,000원에 인수하는 조건이므로 약 18억 원의 인수자금이 필요했다. 게다가 동물사료가 상환해야 할 차입금 2억 원까지 합하면 총 20억 원을 마련해야 했다. 내사랑내곁에는 연구개발에 투자할 목적으로 유보해놓은 5억 원과 잉여자금 10억 원을 합해, 총 15억 원의 가용자금을 가지고 있었다. 인수를 위해서는 최소 5억 원이 더 필요했다. 연구개발자금 5억 원을 그대로 유보시킨다면 10억 원이 필요한 셈이다. 우선, 자체 조달로 개발하려했던 자금 5억 원을 국고보조금에서 조달할 수 있는지 알아봤다. 한국산업기술진흥원(www.kiat.or.kr)에서 진행하는 사업화기술지원사업이 있었다. 개발기술의 사업화를 조건으로 지급되는 보조금으로 2년에 걸쳐 5억 원이 보조되는 사업이었다. 사업화에 성공할 경우 30%를 환원해야 했다. 사업계획서를 작성해서 심사를 통과해야 하고 사용한 자금에 대하여는 감사도 받아야 했다. 불편한 점은 있지만, 사업계획서를 심사하는 과정에서 개발 기술에 대한 검증도 받을 수 있는 일석이조의 장점이 있었다.

나머지 5억 원은 중소기업진흥공단에서 중소기업을 위해 제공하는 다양한 정책자금을 검토했다. 이런 자금은 금리도 낮고 상환 기간이 길다는 장점이 있었다. 하지만 금융권에서 직접 차입할 경우 매출이 줄거나 이익이 크게 떨어지지 않는 이상 상환에 대한 압력이 없는 데 반해, 정책자금은 일정 기간이 지나면 반드시 상환해야 하는 조건이 있었다. 정책자금은 신청서와 사업계획이 중요했다. 내사랑내곁에는 현재 무차입으로 경영하고 있어 10억 원의 금융권 차입은 무난했다. 고약해 팀장의 자금 계획에 대한 보고를 받은 한승우와 장천하는 5억 원을 우선 금융권 차입으로 조달하고, 개발자금과 유동자금은 국고보조금과 정책자금을 활용하는 것으로 결정했다.

내사랑내곁에와 동물사료가 한 가족이 되기로 결정한 지 40일이 지나서야 모든 일이 마무리되었다. 동물사료의 협조로 예상보다 빨리 끝났다. 두 회사의 조직문화가 오늘의 결과를 낳았다. 동물사료 직원들도 내사랑내곁에와 한 가족이 된 것을 환영했다. 동물사료는 어제의 아픔을 딛고 새롭게 출발했다. 장천하는 직원들의 역량을 충분히 발휘할 수 있게 도와주는 것이 자신의 사명이라 생각했다. 장천하는 회사 홈페이지와 직원 이메일을 통해 두 회사가 한 식구가 된 것을 알렸다.

제목 : 두 회사가 함께하며

수신 : 내사랑내곁에, 동물사료 임직원 및 관계자 여러분

내사랑내곁에와 동물사료는 이제 한 식구가 되었습니다. 양사가 공유하는 핵심가치를 더욱 발전시킬 수 있게 되어 기쁩니다. 두 회사가 함께할 수 있는 가장 큰 이유는 서로의 경영이념과 기업문화가 같다는 데 있습니다. 동물사료

의 사장님과 임직원은 건실하고 탁월한 역량을 마음껏 발휘할 것입니다. 두 회사는 누가 누구의 소유가 아닌, 협력으로 위대한 공동체를 만들어갈 것입니다. 또한 양사의 임직원은 동등한 위치에서 협업을 통해 서로의 잠재력을 최대로 발휘할 것입니다. 회사 운영 방침 세 가지를 말씀드리겠습니다.

첫째, 양사의 기업 체제는 현 상태대로 운영합니다. 동물사료의 양건실 사장을 비롯한 임직원들은 생산, 영업, 인사, 재무 등 경영과 관련된 의사결정을 스스로 합니다.

둘째, 미션과 핵심가치를 충실히 이행합니다. 두 회사의 경영이념인 '고객에게 행복을 드리는 기업'을 최고의 사명으로 창조적인 실패를 권장하는 핵심가치를 이행해나갈 것입니다.

셋째, 공급업체는 우리와 한 가족입니다. 공급업체들 역시 우리들과 한 가족으로, 그들의 기업 개선과 경영 발전에 도움이 되는 지원을 아끼지 않을 것입니다. 투명하고 공정한 경쟁을 보장하며 구매 현황과 가격 및 궁금한 사항 모두를 공개할 것입니다. 또 훌륭한 기업문화를 만들고 양질의 제품과 유통구조 개선을 위해 필요한 자금과 교육을 제공할 것입니다.

내사랑내곁에와 동물사료 임직원 여러분, 그리고 관계자 여러분, 이번 일은 여러분이 하셨습니다.

감사합니다!

사랑합니다!

행복하세요!

내사랑내곁에 대표 장천하

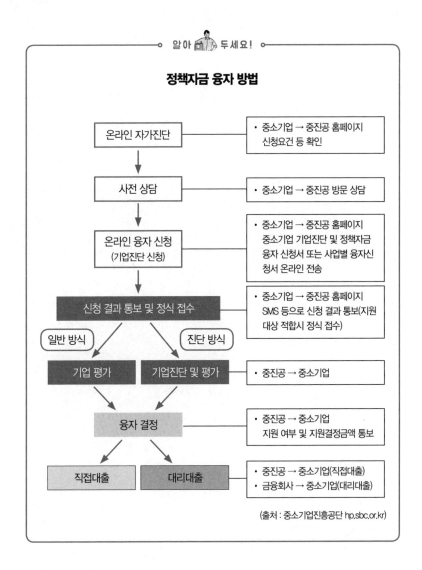

알아 두세요!

정책자금 융자 방법

| 온라인 자가진단 | • 중소기업 → 중진공 홈페이지 신청요건 등 확인 |

| 사전 상담 | • 중소기업 → 중진공 방문 상담 |

| 온라인 융자 신청 (기업진단 신청) | • 중소기업 → 중진공 홈페이지 중소기업 기업진단 및 정책자금 융자 신청서 또는 사업별 융자신청서 온라인 전송 |

| 신청 결과 통보 및 정식 접수 | • 중소기업 → 중진공 홈페이지 SMS 등으로 신청 결과 통보(지원 대상 적합시 정식 접수) |

일반 방식 / 진단 방식

| 기업 평가 | 기업진단 및 평가 | • 중진공 → 중소기업 |

| 융자 결정 | • 중진공 → 중소기업 지원 여부 및 지원결정금액 통보 |

| 직접대출 | 대리대출 | • 중진공 → 중소기업(직접대출) • 금융회사 → 중소기업(대리대출) |

(출처 : 중소기업진흥공단 hp,sbc,or,kr)

5

실패는
방향을 바꾸라는
신호일 뿐

새로운 비즈니스 모델을 발굴하다

내사랑내곁에의 주간회의는 매주 화요일 아침 8시에 시작했다. 회의 시간은 1시간 반 정도로, 늦어도 2시간을 넘지 않았다. 7시 반에서 8시까지는 간단한 조식을 나누며 회의를 준비했다. 화요 주간회의에는 장천하 대표, 한승우 경영총괄전무, 장진성 전략/기획이사, 양승필 영업팀장, 고약해 재무/회계팀장, 전혁신 생산팀장, 이다정 교육팀장, 한정석 경영지원팀장, 이미소 대리, 그리고 동물사료의 양건실 사장과 장사해 영업총괄상무가 참석했다.

내사랑내곁에의 회의에는 네 가지 원칙이 있었다. 첫 번째, 끝장 토론이 없었다. 시간을 연장하며 억지로 결론을 내기보다 일정한 시간을 보낸 후에 다시 논의하는 것이 바람직하다고 생각했다. 장천하는 강박 속에서는 창의가 사라지고 자유가 실종된다고 생각했다.

두 번째, 사장의 발언 시간과 횟수가 적었다. 장천하는 사장이 회의 시간에 말을 많이 하면 구성원의 아이디어가 빛보다 더 빠르게 사라진다는 것을 잘 알고 있었다. 장천하는 3분, 1분, 30초짜리 구슬 3개를 갖고 회의에 들어갔다. 3번, 4분 30초만이 그가 말할 수 있는 시간이었다. 시간이 지나면 진동이 울렸고, 불가피한 경우는 질문으로 대신했다.

세 번째, 과거 '실적'에 할애하는 시간은 회의 시간의 30%를 넘지 않았다. 실적에 중점을 두면 '누구'의 잘잘못인가를 따지느라 미래를 이야기할 시간을 낭비하게 된다. 장천하는 과거에서 배우기를 원하지, 과거 속에서 살기를 원하지 않았다. 그래서 회의 시간의 30%를 현재를 비추기 위한 과거, 즉 '원인 분석'에 두었고, 70%는 문제해결을 위한 미래, 즉 '기회'에 할애했다.

네 번째, 문제 해결이나 대안 마련을 위한 회의는 '인디언 토킹스틱' 방식으로 진행했다. 이는 미국 원주민 사회에서 수백 년 동안 중요한 결정을 할 때 사용됐던 방식으로 1미터 50센티미터의 지팡이를 사용한다. 서로 다른 사람들이 상호존중을 하면서 어떻게 서로를 이해할 수 있는지를 보여주는 회의 방식이다. 토킹스틱 방식은 지팡이를 들고 있는 사람에게만 발언권이 허용되고, 스틱을 갖고 있을 때에는 누구의 간섭도 받지 않고, 모두가 자신의 의견을 이해했을 때만 지팡이를 넘겨주는 방식이다. 이 방식은 조직의 커뮤니케이션을 활성화하고, 제3의 대안을 마련하는 데 매우 효과적이었다. 또한 부정적 감정과 논쟁이 사라지면서 상호 존중의 분위기가 형성되고, 참석자들이 창의성을 발휘하는 데 도움을 주었다.

이런 원칙 하에서 참석자들의 순수하고 진정성 있는 의견들이 거침없이 날아다녔다. 프레젠테이션을 할 때는 제외하고, 1회 발언 시간이

3분을 넘지 않았다. 회의는 자신의 잘못된 생각을 확인하는 시간이지 자신의 주장을 관철하는 게 아니라는 것을 모두가 인식하기 시작했다. 회의에서 과제를 도출하는 사람이나 그 과제를 실행하는 사람이 동일한 구성원들이었다. 또 스스로 결정한 사안이기 때문에 실행의 속도를 높일 수 있었다. 장천하는 정해진 전략이나 계획의 실행을 돕고 이견을 좁히는 조정자로서 존재하지, 결정권자로서 군림하길 원하지 않았다.

"회의를 시작하겠습니다."

한승우 전무의 개회로 회의가 시작되었다. 양승필 영업팀장이 영업 현황을 보고했다. 생산이 따르지 못할 정도로 매출이 호조를 보였다.

"영업 현황에 대해 더 이상 의견이 없으시면 지난 상반기에 의결했던 프랜차이즈 사업에 대해 말씀드리겠습니다."

전략/기획부문장인 장진성 이사가 말을 이었다. 성실하고 주도면밀한 장진성 이사는 장천하뿐 아니라 많은 직원들의 신뢰를 얻고 있었다. 사료 주문이 빠르게 늘면서 공장 수도 급속하게 증가했다. 연일 프랜차이즈 가맹점 요청이 끊이질 않았다. 장천하는 내사랑내곁에와 뜻을 같이하는 사람들에게 창업의 기회를 주는 것도 바람직하다고 생각했다.

"그럼 준비한 내용을 말씀드리겠습니다. 오늘 현재, 전국에 153개 공장영업소가 있습니다. 앞으로의 수요를 감안하면 100여 곳이 더 필요한 상황입니다."

"수제 습식사료 업체가 우리만 있는 게 아니어서 경쟁 상황에 맞게 공장을 확장해야 하지 않을까요?"

한정석 경영지원팀장이 말했다.

"한동안 경쟁이 치열했지만 사료의 품질과 배송 시간, 배송자의 서비스 등의 문제로 대부분 문을 닫았고, 현재는 두 곳만 남은 상황입니다. 그 두 곳마저도 단일 공장이어서 실질적인 경쟁 상대는 아닙니다. 얼마 전에는 우리에게 공장 인수를 요청하기도 했습니다. 이런 상황에서 공장 증설은 매우 고무적이라고 볼 수 있습니다. 현재 지역마다 우리 사업에 동참하겠다는 사람들이 끊이지 않습니다. 프랜차이즈 사업은 우리의 판매 전략에 중대한 변화를 가져오는 사안이므로 여러 사람의 의견을 모아야 한다고 생각합니다."

"프랜차이즈 가맹사업에 대한 청사진이 나왔습니까?"

영업을 총괄하고 있는 양승필 팀장이 물었다.

"지금부터 그 내용을 말씀드리겠습니다. 우리가 하려는 사업은 프랜차이즈 가맹사업이 아니라 '공동투자사업'입니다."

"공동투자사업이라니요?"

경영지원팀의 한정석 팀장이 물었다.

"네. 기존 프랜차이즈 가맹사업은 투자금의 전부를 가맹점주가 출연합니다. 간혹 가맹본부에서 지원하는 경우가 있는데, 이것은 투자금의 일부를 융자해주는 방식입니다. 새로운 비즈니스 모델인 공동투자사업은 전체 투자금의 49%는 회사가, 51%는 동업자가 투자하는 형식입니다. 동업자가 공장 입지를 추천하고 당사가 상권과 입지 등 제반 상황을 분석해 양호하다는 판단이 설 때 계약은 이루어집니다."

"49:51은 무슨 의미입니까?"

양건실 동물사료 사장이 물었다.

"투자 지분을 49:51로 한 것은 동업자를 위한 배려입니다. 공장 운영을 맡게 될 동업자에게 자기 것에 대한 책임감과 자부심을 심어주는 것이지요. 예를 들어, 총 투자비가 8,000만 원일 때 저희는 49%인 3,920만 원을 투자하고, 나머지 51%인 4,080만 원은 동업자가 출연합니다. 동업자가 자금이 부족할 경우, 투자금의 50% 범위 안에서 시중 금리의 −1%로 우리가 융자를 해줄 계획입니다. 결론적으로, 동업자는 2,000만 원으로 우리의 사업 파트너가 될 수 있습니다. 또 동업자는 언제든지 우리에게 빌린 돈을 갚으며 우리의 지분을 양도받을 수 있습니다."

장진성 이사가 간략하게 설명했다.

"그런 계약이 어디 있어요! 사업이 무슨 장난입니까!"

고약해 재무/회계팀장이 소리를 높였다. 고약해 팀장은 성격이 불같고 다른 사람을 배려하는 법이 없었으며, 남의 말에 토를 달고 매사에 부정적이었다. 단 하나 장점은 수치에 정확하고 원칙이 아니면 일체 타협하지 않는 것이었다.

"파격적인 조건에는 두 가지 뜻이 있습니다. 하나는, 진입장벽을 낮추어 훌륭한 사업 파트너를 발굴하는 것입니다. 자금 때문에 사업을 못 하는 성실하고 신뢰할 수 있는 파트너를 영입한다고 보시면 됩니다. 다른 하나는, 수제 습식사료의 생태계를 확장하는 것입니다. 현재 수제 습식사료 시장은 전체 반려동물 사료 시장의 5%도 안 됩니다. 이 시장을 확대해야 합니다. 생태계를 키우기 위해서는 경쟁자도 환영해야 할 상황입니다. 사업 파트너의 자금 부담을 줄여주고 오너십을 강화해줌으로써, 수제 습식사료 시장을 더욱 확대할 수 있습니다."

"그럼, 사업 파트너 모집은 어떻게 합니까?"

평소 말이 없던 동물사료의 장사해 영업총괄상무가 질문했다.

"투자 부담이 적은 만큼 저희와 파트너가 되기 위해서는 다소 까다로운 절차를 거쳐야 합니다. 총무팀에서 서류 심사와 1차 면접을 하고 제가 2차 면접을 합니다. 그리고 최종 면접은 한승우 전무께서 하게 됩니다. 면접을 통과해도 6개월간의 교육과 훈련을 받아야 합니다. 이런 과정을 거친 후, 우리와 함께할 수 있다는 판단이 설 때만 파트너 관계를 맺습니다. 물론 이 방법은 시간이 오래 걸리고 많은 노력이 필요하겠지만, 어떤 사업 모델보다 성공 가능성이 높을 것으로 우리 팀은 의견을 모았습니다. 결국, 견주들을 행복하게 하는 우리 미션에 충실한 사업 모델이 될 것입니다."

"말은 좋아요. 하지만 실제 사업을 하려면 최소 7, 8개월에서 1년은 걸릴 텐데, 그동안 주문량은 어떻게 소화합니까? 너무 현실과 동떨어진 것 아니에요?"

고약해 팀장이 한심하다는 듯 물었다.

"네, 그 공백을 메우기 위해 주문량이 많은 지역순으로 인력과 시간을 더 투입해 생산량을 늘리고 배달 속도를 높여 향후 6개월간 20곳에 공장을 더 증설할 예정입니다."

"재무적 관점에서 이건 사업이 아니라 자선 행위입니다. 투자금의 반을 우리가 대면서 경영은 딴 사람이 하고, 게다가 저리로 융자까지 해준다는 것이 말이 됩니까? 그럼, 공동투자사업의 공장 시설과 인테리어는 어떻게 합니까? 그런 데시라도 이익을 남겨야 하는 것 아닙니까? 남들은 돈 벌려고 사업을 하는데 이건 자선 사업을 하려고 하니……. 이게 무슨 사업계획입니까!"

고약해 팀장은 윗도리를 벗으며 물을 한 컵 들이켰다.

"고 팀장의 우려는 충분히 이해합니다. 하지만 이 사업은 자선 행위가 아니라 고객의 뜻을 받드는 것입니다. 좋은 품질의 사료를 고객이 원하는 시간에 제공하려면 우리와 동업자가 합체가 되어야 합니다. 우리가 먼저 혜택을 주고 애정을 보여야 그들도 고객을 귀하게 여길 것입니다. 콩나물시루에 부은 물이 다 빠져나가는 것 같아도 그곳에서 콩나물이 자라납니다. 우리의 정성 속에 고객의 행복이 피어날 것입니다."

장진성 이사가 차분히 말했다.

"참! 답답하네. 정말 말귀를 못 알아들으시네. 누가 고객을 행복하게 하지 말랍니까? 방법이 틀렸다는 겁니다. 자금 사정이 어려우면 장 이사님이 돈 꿔올 겁니까? 정말 답답해서……."

고약해 팀장은 그 자리에서 일어나 나가버렸다.

"더 질문이 없으면 이것으로 보고를 마치겠습니다."

장진성 이사가 발표를 끝냈다.

"한 전무는 장 이사의 기획안에 대해 어떻게 생각하세요?"

장천하 사장이 물었다.

"당장은 회사에 부담이 되지만 장기적인 측면에서 보면 참신하고 도전적이라고 생각합니다. 이 사업 모델은 기업 운영에 여러모로 도움이 될 것 같습니다. 무엇보다 서비스 품질이 높아질 것 같습니다."

한승우 전무가 미소를 띠며 말했다.

"나도 고객 서비스가 좋아질 것으로 생각합니다. 자기 것이라고 생각하면 동업자들이 얼마나 열심히 뛰겠습니까. 수고한 장진성 이사에게 박수를 보냅시다."

장천하 사장의 제의에 모두 환하게 웃으면 박수를 힘차게 쳤다.

창의적 사고를 위한
'고약해'

회의가 끝나고 동물사료의 양건실 사장이 장천하의 방을 들렀다.

"어서 오세요, 사장님."

"내가 장 사장하고 차 한 잔 하고 싶어서 들렀어요."

"잘 오셨습니다. 제가 중국 갔다 올 때 가져온 우롱차가 있는데 그것 한 잔 하시지요."

두 잔의 차가 들어왔다. 풀잎 향이 그윽했다.

"장 사장, 내가 궁금한 게 하나 있어요. 혹시 제가 잘못 봤을 수도 있습니다만, 조금 전 회의 때 고약해 팀장이 회의 중에 말도 없이 나가던데 저는 이해가 안 되는 일이라서……."

"잘못 보신 것 아닙니다. 잘 보셨습니다. 버릇없고, 돌출 행동도 많이 하며, 다른 사람 면전에다 듣기 거북한 말도 서슴없이 하는 친굽니다."

"그런데 왜……?"

"그런 사람을 왜 그냥 놔두는지 궁금하실 겁니다. 쌈닭이지만 파벌을 조장하거나 남의 공을 빼앗지는 않습니다. 그리고 숫자에 대해서는 고지식할 정도로 타협이 없는 친구지요. 무엇보다 중요한 것은 그가 있어 조직이 '갇힌 사고'에서 벗어날 수 있다는 것입니다."

"고약해 팀장 때문에 갇힌 사고에서 벗어나다니요?"

"고약해 팀장이 회의 분위기를 해치는 점은 있지만, 조직의 가장 큰 폐해인 집단사고를 막아주는 역할도 합니다."

"그게 집단사고와 무슨 상관이 있습니까?"

"예, 관계가 있습니다. 갇힌 사고를 갖고 있는 CEO나 리더들은 조직에서 문제가 발생하는 것을 원치 않습니다. 리더가 문제를 싫어하면 조직은 구성원들의 경쟁이나 협력을 통해 얻게 되는 '집단지성'을 멀리하게 됩니다. 게다가 갈등을 피하고 비판적 사고로 '왕따'가 되지 않기 위해 문제점을 고려하지 않고 만장일치를 추구하는 '집단사고'에 파묻히게 되지요. 집단사고에서 벗어나려면 리더가 반대 의견에 관대해야 한다고 생각합니다. 역사상 세종대왕만큼 관대한 리더도 없을 겁니다. 그때처럼 신하들이 임금의 뜻에 반대한 적이 없었지요. 최만리가 한글 반포를 반대하자 하루만 옥에 가두었답니다. 상징적인 의미였지요. '그 사람 참 고약하네'라는 말이 있잖습니까. 세종 때 고약해(高若海)라는 신하 때문에 그 말이 나왔다고 합니다. 이후 반기를 드는 사람을 세종은 '고약해 같은 놈'이라고 하였다고 하지요. 《조선실록》에 의하면, 고약해가 눈을 부라리며 세종을 노려보는 행동은 차라리 귀여웠다고 합니다. 세종은 그 앞에서 휭하니 나가기도 했던 그를 대사헌 자리까지 올려주었습니다. 이유는 간단합니다. 그래야 다른 신하들이 용기를 내 말문을 열 수 있다고 생각했기 때문이지요. 내사랑내곁에는 신생 기업으로 역사가 짧습니다. 강자들 사이에서 고객의 사랑을 받으려면 구성원의 창의적 사고가 절대적으로 필요합니다. 창의적 사고는 규격화되고 합리적인 분위기에서 나오기 힘듭니다. 자유롭고 거침없는 분위기에서 나오지요. 엉뚱한 곳에 답이 있을 때가 많습니다. 그런 역할을 하는 사람이 고약해 팀장입니다."

"그러면 위계질서는 물론 구성원 간의 지휘 체계가 제대로 설 수 있을까요?"

"논어에 견광지(狷狂止)라는 말이 있습니다. '견'은 '하지 말자'라는 의미로 반대를 뜻합니다. '광'은 해보자라는 뜻으로 찬성을 말하지요. '지'는 잠깐 쉬었다 다시 생각하자는 의미입니다. 찬성과 반대를 논리적이고 창의적으로 펼치는 거지요. 창조적인 마찰로 회의 수준을 높이는 겁니다. 저는 이 회사의 대표로서 왜 찬성을 하고 왜 반대를 하는지 두 가지 생각을 잘 취합해서 더 좋은 대안을 만들기 위해 고민을 하고 있습니다. 수평 조직을 바탕으로 창의적인 사고가 발현될 수 있는 유연한 조직이라야 창의적 사고가 뿌리를 내릴 수 있다고 생각합니다."

"이제 좀 이해가 되네요. 창의적인 조직이 되려면 리더의 눈치를 보는 것이 아니라 반대 의견을 개진할 수 있는 토양을 만들어야 하고, 그러기 위해서는 고약해 같은 사람도 필요하다는 얘기군요."

"네 그렇습니다. 그렇더라도 고약해 팀장이 파벌을 조장하거나 아랫사람의 공을 가로챈다면 얘기는 달라집니다."

"오늘 많은 것 배우고 갑니다. 40여 년을 사업을 하면서 내가 무엇을 했나 다시 돌아보게 되는군요. 아무튼 오늘 회의 여러모로 좋았습니다.

우리 동물사료에도 많은 도움이 될 것입니다."

"배우다니요. 말도 안 됩니다. 다음부터는 사장님께서 후배들에게 좋은 말씀 좀 해주세요. 부탁드리겠습니다."

어제의 우리와
싸우다

다음 화요 회의 전, 모두가 다과를 나누며 공동투자사업 이야기로 꽃을 피웠다. 한승우 전무가 회의 시작을 알리자, 양승필 영업팀장이 습식사료 시장에 외국 업체가 들어온다는 이야기로 말문을 열었다.

"동물사료를 제조·판매하는 대기업 A와 외국 자본이 합작해 습식사료 시장에 들어올 것이 거의 확실시됩니다. 지난봄에 MOU를 맺었고 본계약은 이번 달에 체결한다고 합니다."

"그들은 사료에 많은 노하우를 갖고 있는 글로벌 기업으로 우리 시장이 양분되는 힘든 싸움이 예상되지 않을까요?"

한정석 경영지원팀장이 물었다.

"외부에 적이 나타났다는 건 위험이 다가왔다는 의미로 해석할 수도 있지만, 생태계를 확대할 수 있는 또 다른 기회이기도 합니다. 사료 시장의 90% 이상을 건식사료가 차지하고 있는 현실에서 적과의 동침은 습식사료의 시장점유율을 높일 수 있는 계기가 될 수 있습니다. 습식사료의 생태계를 확장할 수 있는 교두보를 마련하는 셈이지요. 물론 경쟁자와의 힘겨운 싸움이 예상되긴 합니다만, 승리는 경쟁자가 무엇을 하는가보다 우리가 고객에게 어떤 가치를 제공하느냐에 달려 있다고 생각합니다."

"어쨌든 선진화된 마케팅으로 거센 공세가 예상됩니다. 심사숙고해서 대처해야 할 것 같습니다."

동물사료의 양건실 사장이 말했다.

"네, 그렇습니다. 최악의 경우 그나마 작은 시장을 나눠 먹는 어려운 상황이 올 수도 있습니다. 하지만 경쟁은 예나 지금이나 항상 있어왔습니다. 사바나의 동물들이 경쟁 없이 살아남을 수 없듯이, 경쟁 없는 기업 역시 존재할 수 없다고 생각합니다. 역사학자 아놀드 토인비는 도전이 없었던 민족이나 문명은 무사안일에 빠져 사라지고 말았다고 했습니다. 지금의 멕시코 및 과테말라 지역을 중심으로 번성했던 마야 문명은 수학, 천문학이 발달했고 화려한 건축물은 다른 어떤 종족도 따라올 수가 없었습니다. 이들이 갑자기 사라진 이유가 무엇일까요? 외부의 적이 없었기 때문입니다. 역사를 보면, 번성했던 국가나 글로벌 기업도 경쟁자 때문이 아니라 내부의 자중지란에 의해 사라졌습니다. 만일 우리가 시장에서 퇴출된다면, 그것은 경쟁자 때문이 아니라 우리 내부의 잘못 때문일 것입니다. 우리는 남과 비교하기보다 어제의 우리와 비교해야 한다고 생각합니다. 만일 경쟁자가 우리보다 잘하는 것이 있으면 배울 것입니다. 우리는 경쟁에서 충분히 이길 수 있습니다. 우리에게는 구성원들의 역량을 높이는 문화가 있습니다. 창의적인 실패를 권장하는 핵심가치가 있습니다. 합해 100이 되려는 배려와 격려문화가 있습니다. 이런 저희만의 독특한 문화가 있는 한, 어느 기업보다 오랫동안 존재할 것입니다."

장진성 이사는 소신껏 말했다.

한순간 회의장에 침묵이 흘렀다. 별다른 이견이 없는 듯 조용했다. 모두가 장진성 이사의 말에 동감하는 분위기였다. 장천하는 분위기를 바꿀 필요가 있다고 생각했다. 이견이 없는 곳에는 집단사고의 위험이 도사리고 있었다. 갑론을박이 있어야 서로 보지 못하던 부분을 볼 수 있다고 생각했다. 또 장 이사의 말이 감성적으로는 맞을 수 있어도 논리적으로는 부족한 면이 있다고 장천하는 생각했다.

"조금 전에 장 이사가 남과 비교하기보다 어제의 우리와 비교한다고 했는데 그에 대한 전략이라도 있나요?"

장천하 사장이 물었다.

"그래서 저희 기획팀에서 검토한 것이 배송 체계의 혁신입니다. 지금의 직영 체계인 배송 체계를 아웃소싱함으로써 새로운 변화를 모색하고자 합니다."

장 이사가 질문에 답했다.

"고객의 가치를 생각하는 우리 기업이 고객 접점에 있는 배송을 아웃소싱한다는 것이 이해가 안 가는데요."

한승우 전무가 말했다.

"앞으로 모든 일을 우리 힘으로만 할 수는 없습니다. 새로운 전략이 필요합니다. 핵심적인 기능을 분사함으로써 우리의 경영 능력을 제고해야 합니다."

장진성 이사의 의견에 반대 의견이 만만치 않았다. 갑론을박이 계속 이어졌다.

결국 시험 삼아 20곳을 먼저 아웃소싱해보고, 결과에 따라 확대할지를 최종 결정하자는 양승필 팀장의 절충안으로 회의는 끝이 났다.

"사장님 계십니까?"

내사모 회원이 장천하 사장을 찾아왔다.

"아니, 몽구 어머니 아니세요? 오랜만에 뵙겠습니다."

내사모를 처음 만든 몽구의 견주였다.

"그래, 요즘 몽구는 잘 있지요?"

"덕분에 우리 몽구는 건강하게 잘 지내고 있습니다. 오늘 사장님에게 드릴 말씀이 있어 왔습니다."

"예, 편하게 말씀하세요."

"한 보름쯤 됐나요. 그때부터 사료가 제 시간에 오지도 않고 빼먹는 날이 몇 번 있었어요. 처음에는 실수로 그럴 수 있다고 생각했는데 한두 번이 아닌 거예요. 또 어떨 때는 사료 봉지가 뜯겨져 있을 때도 있고요. 저희 집만 그런 게 아니라 다른 내사모 회원들도 같은 경우가 적지 않았어요. 이 문제는 사장님이 아시는 게 좋을 것 같아서 제가 대표로 왔습니다."

"잘 오셨습니다. 저희를 생각해서 말씀해주시니 정말 감사합니다. 빠른 시일 내에 시정하도록 하겠습니다."

몽구의 견주가 방문한 이후 불만 전화가 본사 고객지원실에 끊이지 않았다.

"우리 강아지가 아침을 먹어야 하는데 오전 10시 넘어도 안 오면 어떡해요. 한두 번도 아니고……. 정말 장사를 하려는 거예요, 말려는 거예요?"

"사장 바꿔요. 빨리 바꿔주세요! 아니 사료를 대문 앞에 다 흘려놓고 가면 어떻게 해요!"

"아니, 뭘 물으면 무조건 자기는 모른다니 뭐 이런 사람들이 다 있어!"

배송 시스템을 외주로 바꾼 지 한 달이 안 돼 20%의 거래처가 떨어져 나갔다. 매출이 줄어든 것보다 회사 이미지 손상이 큰 문제였다. 연일 회사 홈페이지에 불만 내용이 올라왔다. 배송회사의 안일과 무책임이 빚은 결과였다. 긴급회의가 열리고 대책을 논의했다. 배송 체제를 다시 직영 체제로 돌리는 것으로 결론이 났다. 우선 '내사모'를 소집해 전후 상황을 설명했다. 양승필 팀장과 팀원들이 해당 지역 공장장과 함께 불만고객을 일일이 방문해 전후 상황을 설명하며 용서를 구했다. 문전박대 당하는 일도 적지 않았다. 양승필 팀장은 밤늦도록 견주를 기다려 전후 상황을 설명하는 정성을 잊지 않았다. 많은 직원들이 밤늦게야 퇴근했다. 불만고객의 95%는 불만이 있어도 말하지 않고 거래처를 바꾸는 경향이 있기 때문에 견주들을 일일이 찾아다니며 사과를 했다. 양승필 팀장은 고객불만이 다 나쁜 것만은 아니라고 생각했다. 제기된 불만을 해결하는 과정을 통해 불만고객과 더욱 돈독해질 수 있는 기회도 있다고 생각했다. 양승필 팀장과 팀원들의 솔직하고 신속한 대처로 문제 발생 3개월이 지나면서 매출이 조금씩 회복되었다.

실패에는
실패가 없는
이유

"어서 들어오게. 장 이사가 웬일일가. 부르지도 않았는데 내 방을 찾고."

잠시 침묵이 흐르는 사이에 차 두 잔이 들어왔다.

"그래, 어쩐 일로 왔나?"

"사장님, 죄송합니다. 이번 사태로 회사의 이미지를 손상시키고 조직을 위기에 빠뜨린 점 진심으로 사과드립니다. 다 제 잘못입니다."

장진성은 말과 함께 주머니에서 봉투를 하나 꺼냈다.

"이게 무언가?"

"사표입니다. 잘못에 대해 책임을 지고 싶습니다."

"자네가 무엇을 잘못했는데?"

"회사에 누를 끼쳤습니다. 매출은 물론 회사 이미지를 손상시켰습니다. 효율만을 강조하다 고객을 불편하게 하고 회사를 위험에 빠뜨렸습니다. 저의 잘못으로 많은 후배들이 말 못할 고생을 했습니다. 그밖에도 잘못한 것이 너무 많습니다."

장진성 이사는 더 이상 말을 잇지 못했다.

"양승필 팀장 연결해서 드림하우스로 오라고 하세요."

장천하는 양승필 팀장을 찾았다.

"양 팀장도 거기 앉게."

분위기를 파악한 듯 양승필 팀장이 장진성 이사 옆에 조용히 앉았다.

"양 팀장, 지금 장 이사가 아웃소싱은 자신의 잘못이라고 사표를 가지고 왔는데 자네는 어떻게 생각하나?"

"……, 어려움은 있었지만 수습 과정에서 얻은 것도 적지 않다고 생각합니다."

"얻은 것이 적지 않다니?"

장천하가 조용히 물었다.

"매출이 줄고 회사 이미지에 손상은 입었지만, 해서는 안 되는 것이 무엇인지 확실하게 알 수 있는 기회였다고 생각합니다."

"해서는 안 되는 일이라니?"

"오히려 이번 일은 회사의 핵심 기능을 아웃소싱하면 안 된다는 것을 깨달을 수 있는 좋은 기회였다고 생각합니다. 또 우리가 고객을 진심으로 대할 때, 고객도 그 마음을 알아준다는 것도 몸으로 배웠습니다. 외람된 말씀입니다만, 이번 일은 언젠가는 누구라도 할 수 있는 실수라고 생각합니다. 이를 계기로 우리 조직은 더욱 진화할 것이라고 믿습니다."

양승필 팀장이 소신껏 말했다.

"장 이사는 양 팀장 얘기를 어떻게 생각하나?"

"문제의 발단에 대해 누군가는 책임을 져야 합니다. 사장님, 사표를 수리해주십시오."

장 이사는 고개를 떨구며 말했다.

"자네, 이번 실패 비용이 얼마인지 아나? 눈에 보이는 손실만 10억이야. 그런 엄청난 수업료를 냈는데 자네가 그냥 나가버리면 우리는 어떻게 하나! 자네가 실수를 인정했으면 어떻게든 만회하기 위해 더욱 노력해야지, 그냥 떠나버리겠다고? 에이, 못난 사람아! 우리는 과거에서 배우기를 원하지 과거 속에서 살기를 원하지 않아. 인간은 오직 실수를 통해서만 배운다고 했어. 자네들, 과식하면 체하는 게 좋은 거라는 말 들어봤나?"

"못 들어봤습니다."

양승필 팀장이 말했다.

"위장에는 과식이나 폭식, 야식으로 피가 탁해지면 소화장애를 일으켜 몸을 보호하는 경보 시스템이 있지. 소화불량은 몸을 보호하는 매우 중요한 신호 체계야. 과식을 해도 소화가 잘되는 것은 경보 기능이 망가진 것이지, 위장이 좋아서 그런 것이 아니라네. 잘못됐는데도 경보가 울리지 않으면 여러 가지 문제를 일으키듯이, 고통을 유발하는 실패도 장기적인 안목에서 보면 올바른 방향을 가르쳐주는 경고음이지. 실패에는 실패가 없다는 말이 있네. 실패에는 막대한 비용이 들지만 성공으로 가는 지름길을 가르쳐주기 때문이지. 실패와 성공은 어떤 의미에서는 동의어라 할 수 있어. '누가' 잘못했는지가 아니라 '무엇이' 잘못됐는지를 알게 되면 오히려 실패를 통해 성공의 지름길을 찾을 수 있다네. 인간은 오직 실수를 통해서만 배울 수 있어. 그리고 승자와 패자의 차이는 실패를 다루는 방식에서 나온다네. 승자는 실패에서 배우고 패자는 실패 속에 머무르지. 유대인들에게 유월절이라는 절기가 있는데 자네들 들어본 적 있나?"

"……."

"유월절은 유대인들이 지금의 이집트인 애굽에서 나와 광야를 지나 가나안 땅으로 들어온 것을 기념하는 절기라네. 그때 유대인들이 먹는 대표적인 음식이 쓴 나물과 무교병, 그리고 삶은 달걀이라고 해. 삶은 달 걀을 왜 먹는지 아나?"

"잘 모르겠는데요."

"대부분의 물건은 삶으면 부드러워지는데 계란은 삶으면 삶을수록 단단해지지. 이스라엘 백성이 광야를 지나가면서 엄청나게 고생을 했다 는 것을 잊지 말라는 뜻이야. 그렇듯 이번 일을 타산지석으로 삼으면 실 패는 더 이상 실패가 아니야. 오히려 성공으로 가는 지름길이 되지. 우 리 회사의 핵심가치가 무엇인가? '창의적 실수를 권장하자' 아닌가. 이제 창의적 실수가 왜 필요한지 알겠나? 이번에 두 사람 고생 많았어. 양 팀 장 고마워. 자네가 이 회사의 참된 주인이더구먼. 원망이나 남 탓하지 않고 힘든 일을 묵묵히 잘 처리했어. 자네들처럼 훌륭한 일꾼들이 있고 우리를 사랑해주는 고객들이 있는 한, 우리 내사랑내곁에는 더욱 발전 하게 될 걸세."

"사장님, 명목 없습니다."

장진성 이사가 손수건으로 눈물을 닦았다.

장천하는 매주 월요일 직원들에게 보내는 칼럼에 이렇게 썼다.

제목 : 실패에서 무엇을 배웠는가?

사랑하는 내사랑내곁에 가족 여러분, 지난 3개월간 저희는 병마와 싸웠습니다. 병은 우리에게 아픔과 축복을 동시에 줍니다. 세상에 몹쓸 병이 두 가지 있는데 하나는 암이고, 하나는 한센병입니다. 이 두 병의 공통점은 '안 아프다'는 겁니다. 이들 병으로 아픔을 느낄 때는 이미 치료할 시기를 놓친 상황입니다. 우리는 아웃소싱으로 아팠습니다. 다행히 아팠기에 치료할 수 있는 기회를 얻을 수 있었습니다. 경험을 통해 배우는 아픔보다 더 큰 아픔은 경험을 통해 배우지 못하는 아픔이라고 했습니다. 우리는 이런 아픔을 통해 회사의 핵심 기능은 아웃소싱하면 안 된다는 것을 깨닫게 되었습니다. 또, 우리 고객들은 우리의 진심을 알아준다는 것을 몸으로 느낄 수 있었습니다. 그 뒤에는 여러분의 땀과 노력이 있었습니다. 내사랑내곁에는 그저 거대하기만 한 기업보다 감사와 사랑이 있는 행복한 기업으로 거듭날 것입니다. 너와 내가 합해 100이 되는 기업, 자신의 역량을 마음껏 발휘할 수 있는 기업, 창의적 실패를 권장하는 기업이 되도록 노력합시다. 저, 장천하도 여러분들이 행복하고 고객들이 행복할 수 있도록 최선의 노력을 다하겠습니다.

감사합니다!

사랑합니다!

행복하세요!

대표 장천하 올림

설득력 있는
목표를 세우다

화요 주간회의 날, 장천하 사장은 지난주 승진한 장진성 상무와 양승필 이사를 축하했다. 한승우 전무는 승진과 관련해 약간의 설명을 덧붙였다.

"이번 아웃소싱의 실패는 '창의적 실패를 권장한다'는 우리의 핵심가치를 실현하는 과정에서 생긴 시행착오였으며, 장 상무 한 사람만의 실패가 아니라 우리 모두의 실패였습니다. 우리 조직의 판단 착오로 재무적 손실은 물론 정신적으로도 많은 어려움을 겪었습니다. 고객을 실망시키고 자칫 재기불능의 상태로 빠질 수도 있었습니다. 하지만 장 상무는 새로운 플랫폼을 만들기 위해 창의적 아이디어를 발휘했습니다. 실패 과정에서 우리는 무엇을 해야 하고, 무엇을 하지 말아야 하는지를 분명히 깨닫게 됐습니다. 이런 창의적 실수는 우리의 핵심가치를 다시 되새길 수 있는 계기를 마련해주었습니다. 비록 적지 않은 손실은 있었지만 우리 자신을 돌아보게 해주었고, 평소 회사 발전에 많은 기여를 한 점을 참작해서 장진성 이사를 전략/기획 부문장인 상무로 승진시키기로 결정했습니다. 그리고 양승필 이사는 아웃소싱으로 발생한 문제를 혼신의 노력을 다해 해결했습니다. 비온 다음에 땅이 굳듯 문제 발생 전보다 고객의 사랑을 더 많이 받을 수 있게 했습니다. 양 이사는 고객을 사랑하고 구성원들이 합해 100이 되는 우리의 기업문화를 몸으로 실천했습니다."

한승우 전무의 말에 고약해 팀장을 제외한 모든 사람이 축하의 박수를 보냈다.

"오늘의 주제는 내년도 사업계획과 구성원들의 교육에 관련된 내용입니다. 그리고 공지한 대로 회의 후에는 코칭 오리엔테이션이 있겠습니다."

한 전무에 이어 경영지원팀의 한정석 팀장이 회의 시작을 알렸다.

"내년도 매출 목표를 말씀드리겠습니다. 내년 매출 목표는 금년 실적보다 15% 높게 책정할 예정입니다. 예년과 다른 점은 기존의 정량적 방법과 함께 정성적 방법을 병행한 것입니다. 정성적 방법으로는 '델파이 기법'을 활용했습니다."

양승필 이사가 매출 목표를 설정한 배경을 설명했다.

"델파이 기법은 신제품이나 신기술처럼 이전에 축적된 자료가 없거나 시장이 불투명할 때 사용하는 수요·판매 예측 방법 아닌가요? 우리는 연도별 영업 실적이 있습니다. 이 자료를 참고로 정량적 방법을 활용하는 게 더 현실적일 것 같은데요."

동물사료의 장사해 영업총괄상무가 말했다.

"장 상무님의 의견에 동의합니다. 그래서 축적된 연도별 매출 자료를 1차 자료로 참고했고, 부족한 부분은 델파이법을 활용한 것입니다."

"양 이사, 델파이법에 대해 간략하게 설명을 들었으면 좋겠는데."

장천하 사장이 말했다.

"델파이법은 해당 사업을 잘 알고 있는 사람들의 의견을 수렴하여 예측의 정확도를 높이는 데 그 목적이 있습니다. 우리 회사 안팎에는 본사 영업사원, 공장 직원, 기획부서, 사업 파트너 등의 전문가들이 있습니다. 이 사람들이 1차로 판매 예측을 합니다. 그러면 본사 영업팀은 그들의 의견을 취하여 결과(예측치의 분포와 평균값)를 그들에게 다시 알려줍니다. 그러면 각 참여자는 이 자료를 참고로 수정된 예측치를 다시 제출합니다. 그렇게 해서 참여자들의 예측치, 즉 매출 목표치에 큰 차이가 없을 때 회사의 내년 매출 목표가 결정됩니다. 만일 예측치에 차이가 계속 발생하면, 그 차이가 좁혀질 때까지 참여자들에게 계속 의견을 묻게 됩니다."

"그렇게 하다보면 시간이 너무 오래 걸릴 것 같은데."

한승우 전무가 말했다.

"네, 맞습니다. 델파이법은 다양한 전문가들의 합의된 예측치를 얻을 수 있다는 장점은 있지만, 시간이 많이 소요되는 단점이 있습니다. 본사 영업팀은 이 부분을 보완하고자 전문가들의 예측에 도움이 되도록 기존 자료를 사전에 제공했습니다. 회사의 연도별 실적은 물론 내·외부 환경 현황, 경쟁 회사, 고객 및 예상되는 새로운 진입자 등에 대한 분석 자료를 사전에 제공함으로써, 시간을 절약하고 정성적 방법의 부족한 부분을 보완했습니다. 따라서 예년보다 정확하고 설득력 있는 사업 목표가 도출될 것으로 사료됩니다."

양승필 이사가 답변했다.

"우리 회사는 3년 연속, 목표의 20~30% 이상을 초과 달성했습니다.

그런 측면을 고려할 때 내년 목표를 너무 안이하게 잡은 것 아닙니까? 목표 설정에 참여한 사람들이 일을 쉽게 하려고 너무 낮게 설정한 것 아닌가요? 그렇게 하면 성장은커녕 회사가 뒤로 가지 않는다고 누가 보장하겠습니까."

고약해 재무팀장의 목표에 대한 지적은 거침이 없었다. 고약해 팀장의 말이 계속 이어졌다.

"내년에는 월급 안 올릴 겁니까? 여기 계시는 분들의 월급을 동결시켜도 불만 없겠습니까? 정성적이든 정량적이든 다 좋습니다. 문제는 목표가 너무 낮다는 겁니다. 목표란 자기 능력보다 10에서 20% 이상은 높게 잡아야 구성원들이 도전하는 맛도 나고 열심히 할 텐데, 예년 목표달성률보다 훨씬 낮게 잡으니 이게 목표입니까? 우리가 할 수 있는 일보다 큰 목표를 잡지 않으면, 우리는 결코 우리가 해낼 수 있는 능력도 알지 못할뿐더러 직원들의 기량을 발휘할 기회조차 얻지 못할 것입니다."

고약해 팀장의 말이 평소와 달리 설득력이 있었다. 회의실에 침묵이 흘렀다.

"저도 고 팀장의 말에 원론적으론 동의합니다. 하지만 아직 아웃소싱의 후유증이 남아 있고, 새로운 경쟁자인 글로벌 기업이 올 연말부터 영업을 시작할 예정입니다. 또 국가의 경제성장률이 2%대로 저성장 기조가 계속되고 있습니다. 고 팀장의 말대로 목표를 더욱 높이려면 그에 대한 분명한 근거 자료가 필요합니다."

"외부 환경 탓만 하다가 언제 앞으로 나갈 겁니까. 목표가 목표다워야 조직이 긴장할 것 아닙니까! 목표관리의 기본도 모르고, 참 답답하네."

고약해 팀장이 말했다.

"피터 드러커 교수가 1954년에 주장한 목표관리(Management By Objectives, MBO)는 조직의 공동 목표에 부합하도록 각 구성원 스스로 정하게 하자는 취지였습니다. 외부의 간섭이나 강권적인 목표로 관리하는 것이 아닙니다. 그리고 목표가 높아야 긴장한다는 말이 한편으로 이해는 가도, 이제 우리 조직은 강제로 지시하고 명령해야 열심히 하는 그런 조직이 아닙니다. 내년도 직원들의 일하는 모습을 통해 회사의 비전을 볼 것입니다."

양승필 이사가 힘주어 말했다.

"그럼, 목표 이외에 경쟁전략이나 성장전략 등은 없습니까?"

동물사료의 양건실 사장이 질문을 했다.

"그 점에 대해서는 제가 말씀드리겠습니다."

장진성 전략기획부문장이 말했다.

"회사가 성장을 지속하기 위해서는 전사적인 차원의 변곡점이 필요하다고 생각합니다. 지금 상황에서 새로운 추진력을 얻지 못하면 낭떠러지로 떨어질 수 있습니다. 습식사료 하나만으로는 성장하는 직원들의 역량을 다 활용하기 어렵습니다. 그런 뜻에서 새로운 사업을 조심스럽게 추진하고 있습니다. 그 부분은 향후에 화요 회의를 통해 말씀드리겠습니다. 또 내년부터는 직원들의 역량을 강화하는 교육을 확대할 계획입니다. 그 부분은 잠시 후에 이다정 교육팀장이 발표할 겁니다."

"다른 특정한 사안이 없으면 주간회의는 이것으로 마치고 30분 후에 다시 회의실로 모이도록 하겠습니다."

수요 및 판매 예측 기법

구분		예측 기법	기법의 적용 상황
정성적 기법	외부기관의 자료를 이용하는 방법	외부 전문예측기관의 자료 이용	수요 예측
	정보 보유자들의 판단을 통한 예측	경영자의 판단	수요 및 판매 예측
		판매원 의견 통합법	
		델파이법	
계량적 기법	기존 자료에 피팅 모형을 적용하는 방법	관련 자료와의 연계 분석	수요 및 판매 예측
		시계열 자료를 이용한 예측	
		확산모형	
	인과적 모형	회귀분석	수요 및 판매 예측
		구매 의도 분석법	
		컨조인트 분석	판매 예측

델파이법 진행 과정

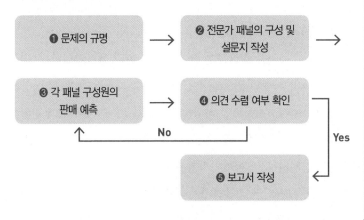

❶ 문제의 규명 → ❷ 전문가 패널의 구성 및 설문지 작성 →

❸ 각 패널 구성원의 판매 예측 → ❹ 의견 수렴 여부 확인

No

Yes

❺ 보고서 작성

잠재력을 끌어올리는
리더의 코칭

30분의 휴식이 끝나고 비전하우스에 다시 모였다. 비전하우스는 회의실의 또 다른 이름이다. 비전을 세우고 나누며 실행한다는 의미에서 그렇게 불렸다. 이다정 교육팀장이 마이크를 잡았다.

"지금 우리는 중소기업을 벗어나 중견기업을 향해 나아가고 있습니다. 외적 성장 못지않게 질적 발전이 중요한 때라 생각합니다. 우리 조직의 구성원들이 자신의 역량을 온전히 발휘할 때 비로소 질적 성장은 가능하다고 봅니다. 여기 모인 리더들의 중요한 일 중 하나가, 구성원의 무한한 가능성을 발휘할 수 있게 도와주는 것이 아닌가 생각합니다. 파이어스톤의 창업자 하비 파이어스톤은 '다른 사람을 성장시키기 전까지는 진정 성공한 사람이라고 말하기는 어렵다'라고 했습니다. 회사에서는 간부들 모두가 성공한 리더가 될 수 있도록 '코칭' 강의를 준비했습니다. 코칭은 훌륭한 리더로 거듭나는 데 많은 도움을 줄 것이라 확신합니다. 코칭은 앞으로 6개월 동안 진행될 예정입니다. 그럼, 코칭의 이해를 돕기 위해 모신 코치님을 소개하겠습니다. 원 코칭의 임경란 대표 코치입니다. 임경란 코치님은 기업체뿐 아니라 대학에서도 코칭을 지도하고 있습니다. 오늘 임 코치님은 코칭의 기본 개념과 앞으로 진행할 코칭 방향에 대해 말씀해주시겠습니다. 나오실 때 박수로 환영해주시기 바랍니다."

이다정 교육 팀장이 모두 발언을 하며 임경란 코치를 소개했다.

"반갑습니다. 원 코칭의 임경란 코치입니다. 이다정 팀장님이 코칭의 핵심을 잘 말씀해주셔서 제가 더 드릴 내용이 없는 것 같습니다. 편하게 들으시고 궁금한 것은 언제라도 질문하셔도 좋습니다. 그럼, 코칭이 어떤 것인지 간략하게 말씀드리고 앞으로 진행할 과정에 대해 말씀드리도록 하겠습니다. 코칭을 말씀드리기 전에 질문을 하나 하겠습니다. 여러분들은 코칭을 무엇이라 생각하십니까?"

"축구의 코치처럼 가르치는 사람 아닙니까?"

"트레이닝 시키는 사람을 말하는 것이라 생각합니다."

"멘토나 선생님처럼 바른 길로 인도하는 사람 아닌가요."

"코칭은 여러분들이 말씀하신 것과 약간 다른 의미를 갖고 있습니다. 코칭은 한마디로 '원하는 것을 할 수 있게 도와주는 것'입니다. 변화하고자 하는 개인이 자신의 잠재 능력을 발휘하여 원하는 결과를 얻도록 도와주는 행위입니다. 다시 말해, 코칭은 간절한 목표나 꿈, 비전 등을 이루고자 하는 의지가 있는 개인이나 조직이, 그들이 가진 잠재력을 발견하고 목표를 성취하도록 변화를 촉진하는 행위를 말합니다. GE의 잭 웰치 전 회장은 '앞으로 코치가 아닌 사람은 승진하지 못할 것이다'라고 하며 직원들을 독려했습니다. 또 닛산의 카를로스 곤 CEO 역시 '나는 닛산의 CEO가 아니라 코치다'라고 말할 정도로 코칭은 개인의 능력을 극대화하고 목표를 이루는 데 탁월한 역할을 합니다."

"코치님, 질문 있습니다."

고약해 팀장이 손을 들었다.

"예, 말씀하시지요."

"조금 전에 이다정 팀장이 직원들의 무한한 가능성을 말했는데, 일을 못하는 직원들을 보면 그런 잠재력이 있다는 생각이 들지 않습니다. 코칭을 하는 데 꼭 그런 믿음이 있어야 하나요?"

"좋은 질문입니다. '사람은 누구나 무한한 가능성을 갖고 있다'는 사실을 인정하지 않으면 실질적인 코칭이 이루어지기 어렵습니다."

"그건 왜 그렇지요?"

양승필 이사가 물었다.

"'사람에게 무한한 가능성이 있다'는 것을 인정하지 않으면, 눈에 보이는 현재의 모습이 마치 그 사람의 전부인 양 잘못 판단할 수 있습니다. 무한한 가능성을 믿는 것은 사람마다 갖고 있는 개성이나 능력이 다르다는 것과 누구나 남과 다른 창의력이 있다는 것을 인정하는 것입니다. 그것은 관심이 있고 재능을 발휘할 수 있는 일을 만나면, 누구나 탁월성을 발휘할 수 있다는 것을 의미합니다. 따라서 코칭은 구성원의 능력을 최대로 발휘할 수 있도록 도와주는 것입니다. 그 일을 하는 사람이 코치이지요. 일본의 유명한 코치 에노모토 히데타케는 코칭의 세 가지 철학을 말했습니다. 첫째, 모든 사람에게는 무한한 가능성이 있다. 둘째, 그 사람에게 필요한 해답은 모두 그 사람 내부에 있다. 그리고 셋째, 해답을 찾기 위해서는 파트너가 필요하다. 코칭의 세 번째 철학의 '파트너'가 바로 여러분입니다. 회사 구성원들의 무한한 가능성을 발휘할 수 있게 도와줄 파트너, 즉 코치가 바로 여러분입니다. 여러분은 구성원들의 훌륭한 리더가 되기 위해 이 자리에 모이셨습니다."

"그런데 코치님, 코칭과 멘토, 컨설팅, 카운슬링은 어떤 차이가 있는 겁니까?"

장진성 상무가 질문했다.

"멘토링은 경험과 지식이 많은 사람(멘토)이 선배나 아버지, 스승이 되어 지도와 조언으로 그 대상자(멘티)의 가능성과 잠재력을 향상시키는 것을 말합니다. 코칭에서 코치와 고객의 관계가 수평적 관계인 데 반해, 멘토링에서 멘토와 멘티는 수직적 관계이며 상호간 인격적 개입이 깊게 일어납니다. 두 번째로 컨설팅은 문제를 해결할 대안을 컨설턴트가 직접 제시하는 반면, 코칭은 고객으로 하여금 스스로 목표에 이르게 합니다. 세 번째 카운슬링은 상담·협의 또는 권고·조언·충고를 하는 것을 말합니다. 카운슬링은 심리학적 교양과 능력을 겸비한 카운슬러가 적응상의 문제를 가진 고객과의 대화를 통해 고객의 문제를 해결하고 인격적 발달을 돕는 것을 의미합니다. 좀 더 자세한 내용은 앞으로 진행하는 코칭 과정을 통해 상세히 말씀드리도록 하겠습니다. 질문이 더 없으시면, 앞으로 6개월간 진행할 커리큘럼에 대해 말씀드리도록 하겠습니다."

임경란 코치의 설명이 30분 더 이어진 후 회의를 마쳤다.

기업부설연구소와
벤처기업

내사랑내곁에는 사료의 품질을 높이고 고객에게 더 많은 혜택을 제공하기 위해 새로운 변화가 필요했다. 한승우 전무는 기업부설연구소 설립을 구상했다. 기업부설연구소는 운영의 묘를 잘 살리면 회사에 많은 도움을 줄 수 있었다. 기업부설연구소의 설립은 세금 혜택은 물론, 국가 자금을 활용할 수 있고 병역특례제도 지원도 가능했다. 한승우 전무는 장천하에게 기업부설연구소의 기능과 혜택을 설명하고 한정석 경영지원팀장에게 기업부설연구소 설립과 관련된 사항을 알아보게 했다.

　한정석 팀장은 2주 동안 기업부설연구소 설립에 관련된 사항을 조사했다. 방법은 회사에 '연구소'를 두는 것과 '연구전담부서'를 두는 두 가지가 있었다. 연구소나 전담부서로 인정받기 위해 제반 요건을 갖추어 한국산업기업진흥협회(www.koita.or.kr)의 연구소/전담부서 신고관리시스템에 신고하면, 협회의 심사를 거쳐 인증서를 발급받을 수 있었다. '연구소'는 회사 규모에 따라 확보해야 할 연구전담요원의 수가 다르지만, '전담부서'는 1인이어도 가능했다. 또 연구소는 출입문과 벽이 있는 독립적 연구 공간이 필요하지만, 전담부서는 별도의 출입문을 갖추지 않고 다른 부서와 칸막이 등으로 구분하여 연구 공간을 운영할 수 있다. 내사랑 내곁에는 중기업이므로 연구소 설립을 위해서는 5명의 전담요원이 필요했다. 회사에 연구소나 전담부서를 두면, 연구비 지출액의 25%를 연구 및 인력개발비세액공제 명목으로 공제받을 수 있었다. 그 외에도 다양한 세제 혜택뿐 아니라 국가연구개발사업자금의 혜택도 받을 수 있다. 내사랑내곁에는 간부 회의를 통해 연구소 설립을 결정했다.

장천하는 우수한 제품을 만들기 위한 플랫폼을 마련한 것에 마음이 뿌듯했다. 매사를 자기 일처럼 챙기는 한승우가 말할 수 없이 고마웠다.

"천하야, 우리 진작 벤처기업 확인을 좀 받을 걸 그랬나봐."

한승우가 장천하에게 말했다.

"벤처기업이라니?"

"기술성이나 성장성이 상대적으로 높아 정부가 지원할 필요가 있다고 인정하는 기업을 '벤처기업'으로 확인해주는 거야. '벤처기업육성에관한특별조치법'의 3가지 기준 중 1가지를 충족시키면 벤처기업이 돼."

"그 기준이 뭔데?"

"벤처기업이 되려면 벤처투자기업으로부터 투자를 받거나 기업부실연구소를 보유하고 연구개발비를 일정 이상 지출하거나 기술보증기금이나 중소기업진흥공단으로부터 기술성이 우수한 것으로 평가받고 동기관으로부터 보증이나 대출을 받으면 돼."

"우리 회사도 충분히 가능하겠는데. 벤처기업 확인을 받으면 어떤 점이 좋은데?"

"세제 혜택이나 금융, 특허 등 여러 부문에서 혜택이 있어. 사실 가장 큰 혜택은 창업벤처중소기업 세액감면이야. 벤처 확인을 받은 날 이후 최초로 이익이 발생했을 때부터 5년 동안 법인세를 50%나 감면해줘."

"그래?"

"그런데 아쉽게도 회사 설립 후 3년 이내에 벤처기업 확인을 받아야 창업벤처중소기업 세액감면 혜택을 받을 수 있는데, 우리는 해당이 안 돼. 조금 일찍 서둘렀으면 혜택을 볼 수 있었는데……."

"아, 그렇구나. 창업벤처중소기업 세액감면은 받지 못해도 다른 혜택이 많다고 하니 지금이라도 벤처기업 확인은 받도록 하자."

"그렇게 진행할게."

한승우 전무는 한정석 팀장을 불러 'venturein'이라는 벤처확인공시 시스템(www.venturein.or.kr)을 말해주며 벤처기업 확인을 받는 데 필요한 서류를 챙기라고 말했다.

○ 알아 두세요! ○

기업부설연구소 지원 제도 　(○ 가능, △ 일부가능, × 불가능)

구분	신고 요건	기업부설 연구소	연구개발 전담부서
조세	연구 및 인력개발비 세액 공제	○	○
	연구 및 인력개발을 위한 설비투자에 대한 세액 공제	○	○
	기업부설연구소용 부동산에 대한 지방세 감면	○	×
관세	학술연구용품에 대한 관세 감면	○	○
자금	국가연구개발사업	○	△
병역특례	전문연구요원제도	○	×

기업부설연구소 신고 요건

구분			신고 요건
인적 요건	연구소	벤처기업	연구전담요원 2명 이상
		연구원 창업 중소기업	
		소기업	연구전담요원 3명 이상 단, 창업일로부터 3년까지는 2명 이상
		중기업	연구전담요원 5명 이상
		국외에 있는 기업연구소(해외연구소)	연구전담요원 5명 이상
		중견기업	연구전담요원 7명 이상
		대기업	연구전담요원 10명 이상
	연구개발 전담부서	기업 규모에 관계없이 동등 적용	연구전담요원 1명 이상
물적 요건	연구 시설 및 공간		연구개발 활동을 수행하는 데 필수적인 독립된 연구 공간과 연수 시설을 보유하고 있을 것

사업장 소재지별 법인세 감면

구분	내용	수도권		수도권 이외 지역
		과밀억제권역	기타	
지역		서울특별시 전체, 인천 및 경기도 일부(수도권정비계획법 시행령 별표1)	과밀억제권역 이외 수도권 지역	수도권 이외 지역 (수도권 : 서울특별시, 인천광역시, 경기도)
창업중소기업감면 (조특법§6)	5년간 50% 세액 감면	적용 제외(창업 후 3년 내 벤처 확인 시는 적용)	모두 적용	
중소기업특별세액감면 (조특법§7)	매년 5~30% 세액 감면	소기업	- 의료, 도·소매업 10% - 상기 업종 외 20%	- 의료, 도·소매업 10% - 상기 업종 외 30
		중기업	- 감면 혜택 없음(지식기반산업은 10%)	- 의료, 도·소매업 5% - 상기 업종 외 15%

구분	내용	수 도 권		수도권 이외 지역
		과밀억제권역	기타	
각종 투자세액공제 (조특법§130)		세액공제 배제(중소기업의 대체 투자는 허용)	공제 허용	

중소기업◆에 한해 주어지는 조세지원

구 분	내 용
세액감면 및 공제	– 중소기업 투자 세액공제(3%) – 창업중소 · 벤처기업에 대한 세액감면(50%) – 중소기업에 대한 특별세액감면(5~30%) – 수도권과밀억제권역 외 지역 이전 시 세액감면(50~100%) – 고용증가인원에 대한 사회보험료 세액공제 – 경력단절여성 재고용 중소기업 세액공제
손금산입	– 정보화지원금 손금산입(중소기업기본법상 중소기업) – 중소기업지원 설비 수증이익 손금산입 등 – 고용유지중소기업 등에 대한 과세특례(중소기업기본법상 중소기업)
기타 조세 지원	– 최저한세율 적용 우대(중소기업 7%, 일반기업 10~17%) 중소기업 졸업 유예기간 이후 3년간 8%, 그 이후 2년간 9% – 접대비 한도액 우대 – 중소기업 통합 시 양도소득세 이월과세 적용 – 결손금 소급공제에 의한 환급 – 수도권과밀억제권역의 대체투자에 대한 감면 허용 – 원천징수세액 반기납부(직전년도 상시 고용인원이 20인 이하로 반기납부 승인 또는 지정된 기업, 금융보험업을 영위하는 법인 제외) – 법인세 분납기한 우대 등

◆ 세법상 중소기업 업종(제조업·건설업 등)으로 매출액이 중소기업기본법의 기준을 충족하고, 자산총액 5,000억 원 이내로 실질적인 독립성이 중소기업기본법 시행령 제3조 제1항 제2호의 규정에 적합한 경우 중소기업에 해당함.

아는 사업,
모르는 사업

조직의 몸집이 커지면서 또 다른 먹거리가 필요했다. 장천하는 회사의 지속적 성장을 위해 기업 성장전략 전문가를 영입했다. 40대 중반의 안달해 상무였다. 안달해 상무는 산업재 M&A 전문가로 패기가 있고 소신이 분명했다. 안달해 상무는 IT 등의 첨단 분야보다는 전통 산업을 발전시켜야 한다는 신념을 갖고 있었다. 레미콘, 아스콘 및 콘크리트 파일 등의 소위 굴뚝 산업에 관심이 많았다. 안달해 상무는 사업다각화의 일환으로 M&A 시장에 나온 건자재 회사의 인수를 위해 장천하 사장과 한승우 전무를 계속 설득했다. 화요 주간회의가 시작되었다.

"오늘은 회사 성장전략을 주제로 회의를 진행하겠습니다. 우선 안달해 상무가 배경 설명을 하겠습니다."

한정석 경영지원팀장이 회의 시작을 알렸다.

"이제 우리는 사료 사업을 뛰어넘어 더욱 넓은 곳으로 나아가야 합니다. 사업 영역을 넓히는 데는 산업재가 다른 어떤 산업보다 유망하다고 생각합니다. 지난 10여 년간 건설업이 부진했지만, 우리나라의 가족 구조가 핵가족에서 1인 가구로 변모하면서 주택에 대한 실수요가 증가하고 있습니다. 또 다른 특수도 예상할 수 있습니다. 현재는 남북 관계가 불투명한 상태이지만, 통일이 되는 시점의 건자재 수요는 상상을 초월할 것입니다. 북한은 도로와 항만, 주택 등이 매우 열악한 실정입니다. 통일이 되면 남북의 도로를 연결하는 등 사회간접시설의 확충뿐 아니라 주택과 공장 등의 건설을 위해 그 수요는 엄청날 것입니다. 이런 환경을 분석해볼 때 지금이 건자재 사업의 적기라고 생각합니다."

안달해 상무가 거침없이 말했다.

"저는 그 말에 동의할 수 없습니다. 현재 우리나라의 주택보급률은 서울이 98%이고, 전국은 100%가 넘습니다. 또 건설 관련 업종의 주가가 매우 저조한 상황입니다. 일본만 해도 부동산 버블 붕괴로 거의 모든 산업이 장기간 어려움을 겪었습니다. 그리고 무엇보다 제가 안 상무의 의견에 동의하지 않는 이유는 따로 있습니다."

장진성 전략기획부문장이 건자재 진출의 불가의 이유를 밝혔다.

"이유가 따로 있다니?"

"건자재 사업은 우리가 잘 모르는 분야입니다. 우리가 지향하는 사업과는 거의 관련이 없는 업종입니다. 우리의 역량이 검증되지 않은 곳에 투자하는 것은 섶을 지고 불 속으로 뛰어드는 것과 같습니다. 우리 회사는 사업을 확장하는 데 분명한 기준이 있습니다. 핵심역량과 문화입니다. 현재 거론되는 회사는 사명이나 핵심가치, 핵심역량 등이 우리와는 전혀 맞지 않습니다."

장진성 상무가 소신껏 말했다.

"장 상무는 하나만 알고 둘은 모르고 있습니다. 1991년 일본 부동산 버블이 붕괴됐을 때 건자재 산업은 매우 어려웠습니다. 하지만 2005년부터 부동산 가격이 조금씩 상승하면서 2014년에는 4% 이상 상승했습니다. 부동산은 정체기가 지나면 다시 오르는 특성이 있습니다. 또 장 상무가 건자재 사업이 우리 사업과 관련이 없다고 말했는데, 그것은 현실을 잘 모르고 하는 말입니다. 우리가 사료 사업에서 성공할 수 있었던 것도 배송 시스템의 체계적 운영에 있습니다. 우리의 배송 실력이면 건자재 운송에도 큰 어려움이 없을 것입니다. 그리고 핵심역량을 발휘할 수 없는 사업이라고 하셨는데, 이젠 용어에 대한 의미를 확대할 때가 됐다고 생각합니다. 매번 소극적인 자세로 우리만의 잣대를 들이댄다면 언제 큰 사업을 합니까. 기업문화도 그렇습니다. 우리 마음에 꼭 맞는 회사가 어디 있습니까. 새로운 가치에 도전하며 양사의 구성원들이 서로 부딪치면서 회사가 성장하는 것이지요. 위험도 감수해야 회사가 크지, 언제까지 그런 소극적인 자세로 나갈 겁니까."

고약해 팀장이 준비를 많이 한 듯 이의를 제기하고 거침없이 말했다.

"조금 전에 고약해 팀장이 배송 체계를 말했는데 사료배송 시스템과 중장물, 특히 반제품을 다루는 레미콘이나 아스콘과는 그 성격이 전혀 다릅니다. 중장물과 반제품의 관리 시스템이 정비되지 않은 상황에서 도전하는 것은 위험을 감수하는 것이 아니라 실패를 자초하는 자충수가 될 것입니다."

양승필 이사가 말했다.

"우리는 물류에 대한 노하우가 있습니다. 생산과 운송 체계를 큰 틀에서 보아야 합니다. 우리 배송 시스템을 조금만 바꾸면 얼마든지 가능합니다. 그리고 건자재 산업은 국가가 존속하는 한 사라지지 않는 업종입니다. 우리가 하려는 기업 인수는 이익만 남기고 지배구조를 의식해서 하는 수직적 개념의 M&A가 아닙니다. 유관 산업끼리 시너지를 높이는 수평적 개념의 M&A입니다."

안달해 상무가 말했다.

"안 상무는 지금 기존 제품과 기술적 혹은 마케팅적으로 시너지 효과가 있는 신시장으로 진출하는 집중적 다각화를 말하는 것 같은데, 건자재 사업은 전혀 관련이 없는 사업 분야로 진출하는 비관련 다각화로서 우리가 갖고 있는 마케팅이나 기술, 배송 등과 거의 관련이 없습니다. 덴마크의 세계적 완구 메이커인 '레고'는 사업다각화를 추진하다가 실패해 2004년 큰 규모의 구조조정을 실시한 적이 있습니다. 또 한때 일본의 빌게이츠로 불렸던 전 일본 마이크로소프트 사장 니시 가즈히코는 사업다각화에 눈을 돌렸다가 실패한 사업가로 전락하고 말았습니다."

양승필 이사가 말했다.

"다각화에 실패만 있는 게 아닙니다. 인터넷 서점 아마존은 책 이외에 음반, 비디오, 보석, 의약품 등 다양한 물품 판매로 사업 확장에 성공했으며, 전자책 리더 킨들의 제작 및 판매와 금융업에도 진출한 상태입니다. 또 캐논은 현미경을 제작하는 회사였지만, 핵심 기술인 광학기술과 정밀기술을 이용하여 복사기 및 프린트 등의 사무용기기 산업으로도 진출했습니다. 사업다각화에 성공한 사례는 얼마든지 있습니다. 다른 기업의 성공과 실패보다 우리가 어떻게 하느냐에 그 성공 여부가 달려 있다고 생각합니다. 우리는 새로운 사업을 성공시킬 충분한 역량을 가지고 있습니다."

안달해 상무가 힘주어 말했다.

"사업다각화의 성공과 실패는 그렇다 치더라도 지금 거론되고 있는 건자재 회사의 기업문화가 우리와 다른 것이 더 큰 문제입니다. 양건실 사장님이 이곳에 계시지만, 동물사료는 사업 목적이나 핵심가치가 우리와 비슷했습니다. 그것이 함께 성장할 수 있는 동력이 되었습니다. 지금 우리가 인수하려는 건축산업 주식회사의 기업문화는 저희와 아주 다른 것으로 알고 있습니다. 전통적인 수직 조직 형태로 실수가 용납되지 않고 일산 분란한 명령에 의해 움직인다고 알고 있습니다. 일방적인 명령과 지시는 전통적 시장에서는 통할지 모르나 지금과 같은 수요 중심 시장에서는 고객의 욕구를 충족할 수 없습니다. 고객을 만족시키려면 창의적 사고가 생명인데, 지시와 명령에 따르다 보면 나오려던 아이디어도 빛의 속도보다 더 빨리 사라집니다. 또 다른 문제는 두 회사가 합해 100이 되기가 쉽지 않다는 겁니다. 갈등과 불협화음으로 많은 시간과 비용을 낭비할 수 있습니다. 그리고 이번 인수합병은 덩치가 큽니다. 자산 규모에서 우리보다 큰 회사를 인수하는 것입니다. 현재 우리는 중기업을 이제 막 벗어나 중견기업의 문턱에 와 있습니다. 검증되지 않은 상태에서 투자해 만에 하나라도 문제가 생기면 지난번 아웃소싱 때와는 전혀 다른 양상의 사태를 초래할 수 있습니다. 시간이 걸리더라도 우리의 핵심역량을 발휘할 수 있고, 기업문화가 서로 맞는 곳을 찾아보는 게 바람직하다고 생각합니다."

장진성 상무는 이번 M&A를 한사코 반대했다. 회의는 갑론을박으로 끝이 났다.

눈물이 된 패착

그 이후에도 안달해 상무는 장천하를 계속 설득했다. 모기업과 다른 분야의 사업을 인수해서 성공한 외국의 사례들로 장천하의 마음을 흔들었다. 집요한 설득은 조금씩 효과를 발휘하기 시작했다. 결국 장천하는 새로운 사업에 도전하기로 마음을 먹었다. 한승우 전무와 아내 이다정의 간곡한 만류에도 아랑곳하지 않았다. 그렇게 냉철하고 이성적인 장천하에게 욕심이 한 번 들어가니 누구의 소리도 들리지 않았다. 아니, 귀를 막고 있으니 들을 수가 없었다. 한승우가 몇 날 며칠을 설득했으나 장천하의 마음을 돌리기에는 역부족이었다. 한승우가 사표를 쓰면서까지 만류했지만 소용이 없었다. 수많은 어려움을 헤치며 많은 날을 함께했지만 막판에 안 좋게 헤어지는 것이 가슴이 아팠다. 한승우는 지금 이뤄지고 있는 사업다각화의 끝이 안 좋을 거란 불안감을 남겨둔 채 사무실을 나왔다. 결국 장천하는 40년 친구와 헤어지면서 건자재 분야로 뛰어들었다. 계열사의 면모를 갖춘다는 명분에 장천하의 마음은 들떠 있었다.

기업 인수에 문제가 있다는 것을 장천하가 아는 데는 그리 오랜 시간이 걸리지 않았다. 건축산업 주식회사의 분위기는 내사랑내곁에와 전혀 달랐다. 지시나 명령 없이는 잘 움직이지 않았다. 스스로 아이디어를 내서 결정하는 것이 없었다. 그리고 운송 부문을 활성화하고 생산성을 높이는 데 한계가 있었다. 특히 내사랑내곁에와 달리 공장의 중요 부분인 생산 부문을 아웃소싱한 상태여서 생산 직원들이 회사에 대한 애사심이 거의 없었다. 불량률을 낮추고 생산성을 높이는 데 갖은 방법을 동원했으나 별반 효과가 없었다. 장천하는 뜨거운 바람만이 훑고 지나가는, 물 한 모금 없는 사막에서 더는 견딜 수 없었다. 혼자 장사를 했을 때의 실패들이 주마등처럼 스쳐 지나갔다. 한승우라도 있으면 이렇게 힘들고 외롭진 않을 거란 생각이 머리를 떠나지 않았다. 그 어느 때보다 한승우가 그리웠다.

결국 그렇게 6개월을 더 버티다 엄청난 손해를 보고 회사를 외국 기업에 되팔았다. 그 여파는 상상 이상이었다. 회사의 적자폭이 커져 잉여금이 바닥나고 납입자본금이 마이너스가 되는 자본잠식 상태에 이르렀다. 장천하는 얼이 빠졌다. 정상적인 업무가 불가능했다. 대인기피증으로 사람을 만날 수 없었다. 요양이 필요했다. 아내 이다정은 한승우를 만나 저간의 사정을 설명하며 다시 돌아올 것을 사정했다. 장진성 상무와 양승필 이사도 한승우를 찾아가 눈물로 호소했다. 사태를 누군가는 수습해야 했다. 결국 한승우 전무가 돌아와 죽기보다 싫은 구조조정을 단행했다.

"승우야, 네가 다시 와줘서 고맙다."

장천하는 눈물을 훔치며 말했다.

"천하야, 빨리 일어나 회사에 나가야지. 이제 정리도 어느 정도 됐으니, 네가 나가서 직원들에게 힘을 줘야지."

"직원은 얼마나 내보냈니?"

"30%."

"아……."

장천하의 입에서 신음소리가 났다.

"퇴직금 외에 6개월분의 월급을 더 줬어. 의료보험은 새로운 일자리를 얻을 때까지 회사에서 내주기로 했고. 네가 말한 대로 다 해줬어. 직원들은 회사가 제자리를 찾으면 다시 불러줄 거란 기대를 갖고 나갔어. 빨리 회사를 정상 궤도에 올려놓는 것만이 그들의 눈물을 닦아주고 성원에 보답하는 길이야."

"승우야, 고맙다. 내가 잘못했어. 내 잘못으로 선량한 직원들이 직장을 잃었는데 무슨 염치로 돌아가니. 그렇게 할 순 없어."

"야! 결자해지라고, 네가 잘못한 것은 네가 책임져야지. 네가 내사랑 내곁에를 살려야 그 사람들이 다시 돌아올 수 있을 거 아니야! 그 일은 누가 대신할 수 없어. 네가 책임지고 해내는 수밖에 없어. 오늘 주간회의 날이어서 이만 가볼게."

한승우 전무는 장천하의 집을 나섰다.

장천하에게 이메일이 끊이지 않았다. 건강을 회복해서 빨리 회사로 나오라는 메시지들이 주를 이뤘다. 노란 리본과 꽃을 보낸 직원도 있었다. 장천하는 한 달 만에 업무에 복귀했다. 정말 직원들 볼 면목이 없었다. 창피하고 미안해 몸둘 바를 몰라했다. 사무실에 들어서자 노란 리본이 장천하를 반겼다. 본사 직원들이 진심으로 환영해주었다. 장천하의 방은 아무 일도 없었다는 듯 한 달 전 그대로였다.

한승우 전무만 남고 모두 방을 나갔다. 한승우는 장천하를 위로해주었다. 장천하는 숨을 죽이며 눈물을 흘렸다. 반성의 눈물이고 결심의 눈물이었다. 한승우마저 나가고 장천하 혼자 남았지만, 마음이 잡히지 않았다. 이방인의 집처럼 낯설었다. 무엇을 먼저 해야 할지 몰랐다. 얼마 동안을 벽만 쳐다보았다. 문득 해야 할 일이 생각났다. 직원들에게 용서를 구하는 것이었다.

제목 : 미래를 향하여

사랑하는 내사랑내곁에 가족 여러분, 여러분의 이해와 사랑으로 다시 돌아왔습니다. 진심으로 감사드립니다. 저는 신중하지 못한 성급한 판단으로 여러분을 사지로 몰아넣었습니다. 여러분을 힘들게 했습니다. 이번 일로 많이 생각하고, 많이 느끼고, 많이 배웠습니다. 앞으로 내사랑내곁에의 제2의 도약을 위해 더욱 노력하겠습니다.

감사합니다!
사랑합니다!
행복하세요!

대표 장천하 올림

15%의

이기는 사장

6

천년의
꿈

내사랑내곁에 - 세계로IT 합작회사 설립 협정

저성장이
현실로
다가오다

새해로 접어들면서 매출이 전년 동기보다 떨어졌다. 폭이 크진 않았지만 예년과 달랐다. 장천하는 한승우 전무와 장진성 상무, 양승필 이사를 불렀다.

"어서 들어와요. 차 한 잔 합시다."

"갑자기 무슨 일로 부르셨습니까?"

장진성 상무가 물었다.

"1, 2월 매출이 작년보다 떨어지던데 일시적인 것인지, 아니면 장기적인 문제가 있어서 그런지 궁금해서요. 방송에서나 만나는 사람마다 저성장을 걱정하던데, 그것과 연관된 일이라면 우리도 대책을 세워야 하지 않을까요? 지난번 세미나에 갔을 때, 강사들마다 저성장은 불황과 그 성격이 다르다며 걱정들을 많이 하던데……."

장천하가 말했다.

"저성장과 불황이 다르다니요?"

한승우 전무가 머리를 갸우뚱하며 물었다.

"불황은 경기 변동 주기의 하나로서 얼마 지나면 활황으로 바뀔 수 있지만, 저성장은 자칫 제로 성장으로 이어지며 심각한 결과를 초래할 수 있다고 하더라고요. 장 상무와 양 이사, 자네들도 워크숍에 다녀오지 않았나?"

"네, '저성장'을 주제로 한 워크숍에 다녀왔습니다. 강의도 듣고 분임 토의도 했습니다."

"그랬구먼. 자네들은 저성장을 어떻게 생각하나?"

"경제 분야의 저성장은 우리만의 일은 아닙니다. 거의 대부분의 국가가 겪고 있고, 앞으로도 겪게 될 하나의 사건입니다. 지금 세계는 저성장, 저소비, 고실업, 고위험, 고불확실성 등이 일반화되고 있습니다."

"그럼 그 원인이 어디에 있는 건가?"

한승우 전무가 물었다.

"학자에 따라 다르지만 몇 가지로 요약할 수 있습니다. 우선, 2008년 미국발 서브프라임 모기지 부실이 세계적인 금융 경색과 금융 불안을 유발하며 저성장의 원인을 제공했다는 견해입니다. 두 번째는 혁신적 기술발전의 정체입니다. 지금의 IT 과학기술이 인류에 공헌한 점은 인정되지만, 주변의 새로운 산업을 창출하거나 고용을 확대하는 데는 큰 도움을 주지 못하고 있습니다."

"그 이외 또 다른 이유가 있나?"

"세계적인 저출산과 고령화도 저성장의 원인 중 하나로 지목되고 있습니다. 이 문제는 우리나라가 제일 심각한 편입니다. 저출산과 고령화로 인한 생산가능인구의 감소는 소비와 투자를 위축시키는 악순환의 원흉입니다. 특히 우리나라의 인구절벽은 기업뿐 아니라 국가적으로도 큰 위기 상황을 초래하고 있습니다."

"인구절벽이 무언가? 사람들이 다 절벽으로 내몰리게 된다는 건가?"

"'인구절벽(Demographic Cliff)'은 저명한 미래학자이며 경제학자인 해리 덴트가 2014년에 제시한 개념으로 인구 통계 그래프에서 생산가능인구(15~64세)의 비율이 급속도로 줄어드는 현상을 말합니다. 생산가능인구는 곧 소비가능인구인데, 그 인구가 줄어드니 생산과 소비 역시 급속도로 위축돼 경제적으로 심각한 위기가 발생하게 됩니다. 통계청에 따르면, 우리나라는 2016년에 생산가능인구가 3,704만 명으로 정점을 찍은 후 급속히 감소할 것으로 예상됩니다. 해리 덴트는 2015년 10월 제16회 세계지식포럼에서 한국이 2018년경 인구 절벽에 직면해 경제 불황을 겪을 가능성이 높으며, 인구 절벽의 해결 방안으로 이민 촉진과 출산·육아 장려책을 제시한 바 있습니다. 이것은 일본의 사례에서 그 특징을 찾아볼 수 있습니다. 일본이 저성장기에 돌입하게 된 이유도 16세에서 64세까지의 생산가능인구가 감소했기 때문입니다."

"그래, 그런 상황을 일본 기업들은 어떻게 대처했나?"

"일본 기업들은 변화에 제대로 대처하지 못했습니다. 저성장 시대의 소비 트렌드를 제대로 읽지 못한 것이 가장 큰 원인이었지요. 저성장기의 고객들은 일부 제품을 제외하고는 고도의 품질이나 지나친 서비스를 원하지 않았습니다. 오히려 값싸고 실용적인 제품을 원했습니다. 요즘 많이 얘기하는 '가성비'가 높은 제품을 선호했습니다."

"가성비?"

"말 그대로 '가격 대비 성능'을 말합니다. 저성장기에는 과거 브랜드를 쫓던 고객들이 가격 대비 성능을 비교하며 절대가치를 추구하게 됩니다. 또 가격이 싼 제품을 원하면서도, 자신의 만족을 위해서는 비싼 제품을 사기도 합니다. 하지만 당시 일본 기업들은 고객 만족을 위해 필요 이상의 기능이나 품질, 서비스 등을 제공했습니다."

"그렇구먼. 잘 들었네. 저성장이 남의 일이 아니야. 앞으로 닥쳐올 저성장의 문제를 어떻게 해결할 것인지 한 전무와 협의해서 대안을 마련해보게."

저성장 시대를 이기는
질적 성장 방안

저성장 이야기가 나온 지 두 달이 지나서야 대안이 마련되었다.

"오늘은 저성장기의 대처 방안을 논의하겠습니다."

한승우 전무가 회의 주제를 말했다.

"경제 전문가들은 저성장기에는 국내 시장보다 해외 시장에 눈을 돌려야 한다고 하던데, 그것에 대한 대안은 있는지, 있다면 구체적인 방법이 무엇인지 궁금합니다."

한정석 경영지원팀장이 입을 열었다.

"해외로 나가려면 우선 해외 사료 시장을 살펴보는 것이 순서라고 생각합니다. 발전된 외국의 사업 모델을 현지에 가서 직접 검토한 후에 진행하려고 합니다."

장진성 전략기획부문장이 말했다.

"계획이 너무 소극적이고 무책임하지 않습니까? 발등에 불이 떨어졌는데 한가하게 외국 사례나 연구하고 있고……. 대안 마련에 두 달이나 걸렸는데 조사가 너무 부실한 것 아닙니까?"

고약해 재무팀장이 답답하다는 듯 말했다.

"고약해 팀장의 말은 충분히 이해합니다. 본격적인 저성장기로 들어가기 전에 해외 투자를 모색하는 것이 환율이나 기타 여러 면에서 도움이 되는 건 사실입니다. 하지만 해외 진출이 자본만 있다고 되는 것은 아닙니다. 확실한 선진 기술과 제품, 인재와 마케팅이 뒷받침되어야 합니다. 우리 제품의 품질이 좋아졌고 기술이 향상됐지만 아직 부족한 면이 많습니다. 우리나라의 동물사료 수출은 미국 사료 수입 시장의 3%가 채 되지 않습니다. 그에 반해 태국은 70% 이상을 미국에 수출하고 있습니다. 이런 사업 시스템을 연구한 후에 대안을 세우는 게 순서라고 생각합니다. 기획팀의 선진국 차장과 신제품개발팀의 전혁신 과장이 1년간 태국과 미국을 오가며 사료 시장의 발전 과정과 고객들의 소비 트렌드를 분석하고 연구할 예정입니다. 또 다른 방법으로는 현재 하고 있는 사업을 강화하는 것입니다."

장진성 상무가 말했다.

"어떻게 강화를 한다는 말이지요?"

한정석 경영지원팀장이 질문했다.

"투자는 많은 시간과 자원이 필요합니다. 해외에 나가서도 장기전에 대비해야 합니다. 보통 국내에서 2, 3년이면 이익을 낼 수 있는 사업도 해외 시장에서는 10년 이상 걸리는 게 보통입니다. 따라서 지금 하고 있는 사업을 좀 더 강화하는 방안을 모색하고 있습니다."

"그에 대한 구체적인 계획을 갖고 있습니까?"

양건실 동물사료 사장이 질문했다.

"질적 성장을 하는 것입니다. 생산성을 높이고 판매를 효율적으로 할 수 있는 새로운 사업 모델을 만드는 것이지요. 우선 생산 라인의 하드웨어를 보강할 것입니다. 비용만 발생하고 부가가치 창출에는 기여하지 않는 7가지 낭비 요소를 최소화해 기본 목표를 추구하는 도요타의 적시생산 시스템(Just-In-Time production system, JIT)의 형식을 빌려 자동화율을 지금보다 30% 높일 예정입니다."

"지난 도요타 사태에서 보듯이 적시생산 시스템은 문제가 많습니다. 세계적인 기업도 큰 실수를 하는 판에 그 시스템을 들여와서 어떻게 하겠다는 겁니까?"

고약해 재무팀장이 말했다.

"적시생산 시스템의 생명은 '적기'와 '복잡성'을 얼마나 줄이느냐에 있습니다. 사료를 생산할 시점에 재료를 공급받아 재고와 낭비를 철저히 관리함으로써 작업의 공백을 없앨 것입니다. 또 공정을 합리적으로 재편하여 생산 라인의 복잡성을 최소화할 것입니다. 현재 제품 구성이 복잡하지 않아 가능할 것으로 생각합니다. 우리는 도요타에서 문제가 된 것처럼 사람을 기계화하여 너무 여유 없게 운영하지는 않을 것입니다. 또 가치사슬의 각 부분마다 장점은 살리고 단점은 보완해서 제반 문제를 해결해나갈 것입니다."

장진성 상무가 말했다.

"우리 제품의 종류도 적지 않은데, 과연 재료를 적기에 공급받아 재고 없이 생산할 수 있을까요?"

한정석 경영지원팀장이 물었다.

"제품의 공정을 분석한 결과, 공동관리를 하거나 생산 시스템을 조정함으로써 생산성을 높일 수 있습니다. 건강식 사료는 세 종류의 제품이 있고 각각의 제품은 또 몇 개씩의 품목이 있습니다만, 각 품목들은 색이나 디자인 이외의 성능은 거의 같습니다. 따라서 한 라인에서 같이 생산함으로써 사이로의 개수도 줄이고 공정도 단순화시킬 수 있습니다."

전혁신 생산팀장이 답했다.

"사업의 역량 강화를 위한 생산 시스템의 변화는 이해할 수 있지만, 그것만으로는 저성장기의 대안으로 부족하다는 느낌이 듭니다."

한정석 경영지원팀장이 말했다.

"생산 시스템과 함께 추진할 관리 방안을 말씀드리겠습니다. 이제는 시장점유율보다 고객점유율을 먼저 생각할 때라고 생각합니다. 고객을 유지하고, 저성장기의 핵심인 '가성비'를 높이기 위해서는 고객관계를 체계적으로 관리할 필요가 있습니다. 기존의 고객관계관리 시스템을 혁신하여 체계적으로 강화할 계획입니다. 관계 마케팅, 데이터베이스 마케팅의 근간이 되는 고객관계관리(Customer Relation Management, CRM) 시스템을 새롭게 개선해나가겠습니다."

양승필 이사가 말했다.

"양 이사가 고객점유율을 먼저 생각한다고 했는데, 시장점유율과는 어떤 차이가 있는 건가요?"

동물대표 양건실 사장이 물었다.

"네, 한 제품을 '많은' 고객에게 판매하는 것이 시장점유율의 관점이라면, '한' 고객에게 여러 제품을 여러 번에 걸쳐 오랫동안 판매하는 것을 고객점유율이라고 말씀드릴 수 있습니다. 다시 말해, 시장점유율은 특정 업종의 제품 시장의 전체 거래량 중에서 특정 기업이 차지하는 비율로, 시장점거율 또는 고객획득율을 말합니다. 반면 고객점유율은 특정 고객이 장기간 지출할 수 있는 총비용이 일정할 때, 같은 제품군에서 자사가 차지하는 비율을 말하는 것으로 고객유지와 고객관계에 중점을 둡니다. 고객점유율이 중요한 이유가 또 있습니다. 비용과 판매효과면에서 신규 고객을 획득하는 것과 많은 차이가 난다는 것입니다. 신규 고객을 유치하는 데 드는 비용은 기존 고객을 유지하는 비용의 5배나 된다고 합니다. 이는 고객 유지의 상대적 중요성을 의미하는 것이지요. 또 고객이 장기간 우리와 함께함으로써, 연계 판매는 물론 수익성 높은 상품이나 고객이 꼭 필요로 하는 맞춤형 제품을 지속적으로 판매할 수 있습니다. 앞으로 고객과의 관계를 기반으로 고객의 필요와 욕구를 파악해서 고객이 진정으로 원하는 가성비 높은 제품을 팔도록 노력하겠습니다."

"좀 더 구체적인 효과는 없습니까?"

고약해 팀장이 물었다.

"고객관계관리를 해서 얻게 되는 구체적인 혜택을 몇 가지 말씀드리겠습니다. 우선, 전사적인 마케팅의 실현입니다. 회사의 콜센터나 고객과의 접점에서 발생하는 정보를 통합해 마케팅의 효율을 극대화할 수 있습니다. 둘째, 고객 유지 정책의 확립입니다. 20%의 우수고객이 80%의 매출을 차지한다는 파레토 법칙에 따라, 신규 고객보다는 기존 고객을 유지하고 확대하는 것입니다. 대개의 회사들은 매년 약 15~20%의 고객을 잃습니다. 서비스 기업들이 그들의 단골고객에 대한 이탈률을 5%만 낮추어도 순이익을 25~85%까지 높일 수 있습니다. 셋째, 지금은 인터넷 등 뉴미디어의 발달로 다변화된 고객관리 창구를 분류, 통합함으로써 고객에 대한 1:1 관리가 가능해졌습니다. 이와 같은 목적으로 고객관계관리는 선택이 아니라 필수라고 생각합니다."

양승필 이사가 답했다.

"그렇게 좋은 건데, 그동안 왜 못했던 겁니까?"

고약해 재무팀장이 물었다.

"지금까지 고객 데이터베이스에 의한 과학적인 방식이 아닌, 영업사원들의 주관적인 방법으로 정보를 활용했습니다. 이제 더욱 체계적이고 과학적인 관리 방법으로 운영하겠습니다."

"그렇게 고객관계관리 시스템을 운영하면 매출은 자동으로 올라갑니까?"

고약해 팀장이 다시 물었다.

"그런 것은 아닙니다. 고객관계관리는 시스템보다 구성원들의 의지가 더욱 중요합니다. 시스템 자체는 해결책이 아닙니다. 고객관계관리 시스템이 솔루션으로 자리 잡기 위해서는 사원에서 사장님에 이르기까지 조직원 모두가 참여해야 합니다. 모든 임직원이 관심을 갖고 참여해야 성공할 수 있습니다. 또 분명한 목표와 고객 정보의 통합 및 해석, 그리고 일정 시점별로 정보를 업그레이드해야만 성공 가능성을 높일 수 있습니다. 고객관계관리 시스템은 그 자체는 하드웨어에 불과합니다. 모두 관심을 갖고 참여해야 그 효과를 얻을 수 있습니다."

"그리고 생산 시스템과 고객관계관리 시스템의 변화와 함께 영업 조직의 운영에도 변화를 줄 계획입니다. 여러분에게 질문을 하나 하겠습니다. 회사의 경영 성과를 알려면 먼저 무엇을 봐야 할까요?"

양승필 이사가 질문했다.

"그거야 재무상태표나 손익계산서를 보면 알 수 있는 것 아닙니까?"

고약해 재무팀장이 말했다.

"네, 맞습니다. 재무상태표와 손익계산서를 보면 그 회사의 전반적인 경영 상태를 알 수 있습니다. 재무상태표는 일정 시점의 자산이나 자본, 부채 등의 재정 상태를 나타내고, 손익계산서는 수익과 비용 및 이익의 정도를 나타냅니다. 따라서 손익계산서는 물건을 팔아 얼마의 이익이나 손실을 남겼는지 그 영업성과를 나타내는 내역서입니다. 매출액에서 매출원가와 판매관리비를 제외하고 남은 것이 영업이익입니다. 이익은 결국 매출이 관건이라고 볼 수 있습니다. 매출의 질적, 양적 향상을 위해 영업 시스템과 조직을 탄력적으로 운영할 계획입니다."

양승필 이사가 말했다.

"탄력적으로 운영한다는 의미가 무엇인가요?"

한정석 경영지원팀장이 물었다.

"우선 영업 시스템의 탄력적 운영은 우리 사료를 구매하는 고객에게 다양한 서비스를 제공하기 위한 변화를 의미합니다. 예를 들어 구매 고객이 신문이나 우유, 기타 음료 등을 정기적으로 주문해서 드시는 경우, 우리가 사료 배달 시 그 물건들을 함께 배송하는 겁니다. 해당 물건을 취급하는 대리점과는 특약을 맺어 배송료의 일부를 받는 거지요. 그렇게 하면 고객유지율은 지금보다 30% 정도 증가하며, 고객이탈율은 7% 이하로 감소할 것으로 분석됩니다."

"그런 방식이라면 신문 지국이나 음료 대리점의 인원 감축이 불가피할 텐데, 그들이 선뜻 응하겠어요? 좀 더 현실적인 얘기를 하세요."

고약해 팀장이 물었다.

"비현실적인 얘기가 아닙니다. 대리점은 오히려 인원관리의 부담을 덜게 되고, 우리는 배송량 증가에 따른 인원을 쉽게 보충할 수 있습니다. 해당 대리점 직원 중 유능한 배송 요원을 특채해 충원할 계획입니다. 영업 시스템 외에도 영업 조직의 운영 방식에도 변화를 줄 계획입니다."

"영업 방식에 변화를 주다니요?"

동물사료의 장사해 영업총괄상무가 질문했다.

"현재는 영업직원이 자신의 거래처와 담당 지역의 신규고객 발굴 및 기존고객 유지관리를 전담하고 있습니다. 즉 한 영업직원이 거래처별로 수주에서 판매·현장·품질·수금관리 등 모든 사무를 전담합니다. 앞으로 영업팀은 각 구성원의 역량에 따라 구성합니다. 예를 들어 수주에 소질이 있는 직원은 수주를 맡고, 온라인 판촉에 유능한 직원은 그 부분을 담당합니다. 또 품질은 품질 전문가가 전담하고, 대인관계에 능력이 있는 직원은 대면 접촉을 전담합니다. 이렇게 영업팀을 각자의 주특기로 구성합니다. 즉 개인 능력별 직능제를 실시할 예정입니다."

5년을 자란
대나무처럼

그동안 많은 위기가 있었다. 하지만 내사랑내곁에는 살아남았고, 사업을 확장시킬 새로운 시장을 찾고 있었다. 장천하는 지난번 실패를 잊지 않았다. 자신의 회사가 잘할 수 있는 일이 무엇인지 끊임없이 고민했다. 그때 생각난 것이 반려견들을 위한 치료약 개발이었다.

　멍구처럼 자신들이 만든 사료로 건강을 되찾을 수도 있지만, 근본적인 치료를 위해서는 제대로 된 치료약이 먼저였다. 하지만 처음부터 반려동물의 질병에 맞추어 만든 약은 거의 없었고, 제약회사들은 신약개발을 꺼렸다. 사람이 복용하는 약을 동물의 무게에 따라 조제하는 것이 일반적이었다. 또 보험이 적용되지 않기 때문에 당연히 사람이 먹는 약보다 비쌀 수밖에 없었다. 이러다 보니 반려동물의 10% 정도는 아프다는 이유로 길에 버려지거나 안락사를 당했다. 장천하는 반려동물을 위한 약을 만드는 것을 사명으로 생각했다. 누군가는 해야 할 일이고, 이제 때가 됐다고 생각했다.

내사랑내곁에는 2년 전부터 반려견 신약 개발에 매진했다. 이익금의 많은 부분을 투자했다. 시간이 걸리고 인내심이 필요했다. 혼자보다는 파트너가 필요했다. 함께해야 효과적이었다. 반려견의 질병이력관리 프로그램이 있으면 효과적으로 제약을 할 수 있고 보급에도 도움이 될 수 있었다. 장진성 상무를 팀장으로 TF(Task Force)팀을 구성해 뜻을 같이할 수 있는 파트너를 찾았다. 국내는 물론 해외에도 눈을 돌렸다. 6개월이 넘게 파트너를 찾았지만 생각보다 쉽지 않았다. 경영이념이 맞으면 회사 운영 방식이 내사랑내곁에와 달랐고, 또 기업문화가 비슷하면 파트너의 경영철학이 맞지 않았다. 한 외국회사는 내사랑내곁에와 유사한 경영이념을 갖고 있었지만, 영업 방식이 철저히 성과 중심이었고 조직 간 소통에 문제가 있었다. 또 다른 회사는 실수는 이해를 해도 그 책임은 철저히 물었다. 모든 인사고과를 실적으로만 했으며 팀 간의 협조나 협업보다는 구성원의 경쟁으로 회사를 키웠다.

1년이 지날 무렵, 숨은 보석을 발견했다. 세계로IT였다. 세계로IT는 동물들의 건강검진, 만성질환 진단 및 관리 프로그램을 만든 유망한 회사였다. 창업한 지 5년밖에 안된 신생기업으로 분위기가 도전적이고 역동적이었다. 그 회사도 자기들이 개발한 프로그램을 보람 있게 사용하기 위해 함께 할 회사를 찾고 있었다.

장천하는 세계로IT와 합작으로 새로운 회사를 설립하기로 했다. 회사정관과 발기인 총회의사록 등을 관할등기소에 등록함으로써 새로운 회사 'GF(Good Friends) Korea'가 탄생했다. 사료 회사와 IT 회사의 융합이었다. GF Korea는 신약 개발과 반려견들의 건강을 증진함으로써 건

주들이 행복할 수 있는 계기를 마련했다. 두 회사가 함께할 수 있는 데에는 양사의 경영이념과 핵심가치가 큰 역할을 했다. 세계로IT의 사명은 '고객에게 최고의 가치를 제공하는 것'이었다. 고객의 행복을 사명으로 하는 내사랑내곁에와 닮은 부분이 많았다. 세계로IT는 많은 시행착오를 겪으면서도 실패를 용인하는 조직문화로 평판이 좋았다. GF Korea를 통해 서로의 역량을 발휘할 수 있는 터전이 마련됐다. 장진성 상무가 GF Korea의 초대 대표이사로 내정되었다. 영업본부장은 상무로 승진한 양승필 이사가 맡았다. 감사와 재무 부문의 책임자는 세계로IT에서 맡기로 했다.

모든 공식적인 발표가 있긴 전 날, 장진성 상무와 양승필 이사가 장천하의 사무실 드림하우스에 모였다. 두 사람이 내사랑내곁에를 떠난다는 생각에 장천하의 가슴 한 곳이 허전했다. 언제든 다시 만날 수 있고 상황에 따라서는 함께 일할 수도 있지만, 곁을 떠나는 서운함이 가시질 않았다.

"저희들 왔습니다."

"어서 오게. 그래 기분이 어떤가?"

"어리벙벙합니다. 뭐가 뭔지 모르겠습니다."

"그럴 거야. 하기야 훌륭한 혁신기업을 맡게 됐으니 그럴 만도 하지. 그러나 염려할 것 없네. 지금처럼 하면 어떤 일도 해낼 수 있을 거야."

장천하가 김이 모락모락 차를 한 모금씩 입에 넣으며 말했다.

"사장님, 이게 무슨 찹니까? 평소 마시던 커피가 아닌데요."

"보이차야. 쓰고 떫은맛은 있지만 깊은 향이 오래가지. 그래서 차 한 잔하자고 불렀네."

"아, 네……."

"오늘은 대나무 얘기를 했으면 하네. 자네들, 대나무 좋아하나?"

"좋아합니다."

"좋은 이유가 뭔가?"

"대나무를 보면 곧은 선비가 생각납니다. 정직이나 성실이란 단어도 생각나고요."

장진성 GF Korea 대표가 말했다.

"저는 휘지만 부러지지 않는 진짜 강한 것이 대나무가 아닌가 생각합니다."

양승필 GF Korea 영업총괄본부장이 대답했다.

"훌륭한 생각이네. 그러면 대나무는 자라는 데 얼마나 걸린다고 생각하나?"

"글쎄요, 다 자라려면 최소 4, 5년은 걸리지 않을까요?"

"중국 하남 지방이 원산지인 대나무는 우후죽순(雨後竹筍)이란 말처럼 성장이 매우 빠른 편이지. 대나무는 보통 나무들과 다른 특징이 있네. 초여름 성장이 끝나고 나면 몇 년이 지나도 더 이상 자라지 않는다네. 땅속줄기에 양분을 모두 보내 다음 세대가 자랄 수 있게 힘쓰기 때문이지. 그렇게 4년 동안은 거의 자라지 않다가 5년째 되는 해 5주 동안 2미터 90센티미터까지 자란다네."

"4년 동안 자라지 않던 게 갑자기 5주 동안 자란다고요? 참 신기하네요."

"그렇다네. 여기서 질문 하나 하지. 그 2미터 90센티미터는 얼마 동안 자란 것이라고 생각하나?"

"글쎄요, 5년 동안 자랐다고 해야 하나요, 아니면 5주 동안 자랐다고 해야 하나요? 그래도 5년 동안 자랐다고 봐야 할 것 같습니다."

장진성 대표가 말했다.

"그렇게 생각하는 이유가 뭔가?"

"지난 4년하고 또 5주 동안 계속해서 필요한 양분을 공급하지 않았다면 지금의 대나무는 없었을 겁니다."

"맞아, 5년 동안 자란거지. 아니 자란 게 아니라 자신을 희생하며 참고 기다린 거지. 우리에겐 이런 인고의 시간이 필요해. 사람들이 쓴맛이 오래가는 보이차를 최고로 치는 이유도 그것 때문이 아닐까 하네. 두 사람 다 잘 참고 견뎠기에 오늘이 있는 거지. 자네들, 나하고 일한 지 얼마나 됐나?"

"저는 10년 됐습니다."

장진성 대표가 답했다.

"저는 8년입니다."

양승필 상무가 말했다.

"과장, 부장으로 들어온 지가 엊그제 같은데, 벌써 그렇게 됐나? 자네들이 나와 함께 일하면서 도움이 되고 기억에 남는 것이 있으면 한번 말해보게."

장진성 대표가 먼저 입을 열었다.

"저는 문제보다 기회에 초점을 맞추는 사장님의 경영 방식이 무엇보다 기억에 남습니다. 그 전에는 저나 조직의 약점이나 단점을 보완하는 것이 가장 먼저해야 할 중요한 일로 생각했습니다. 왜 목표 달성을 못했는지, 무엇을 잘못했는지, 그 원인을 분석하는 데 많은 시간을 썼습니다.

사장님과 함께하면서는 과거의 실적보다 미래의 목표에 더욱 신경을 쓰게 됐습니다. 못하는 것을 힘들게 보완하는 것보다 더 잘할 수 있는 역량에 집중하는 것이 중요하다는 것을 배웠습니다. '과거'에는 30%만 할애하고, 나머지 70%를 '미래'에 집중함으로써 더욱 효과적으로 일할 수 있었습니다. '미래는 예측하는 것이 아니라 만들어가는 것'이라는 피터 드러커의 말처럼 앞으로도 조직의 미래에 힘을 집중하겠습니다. 그리고 좋았던 것보다 아팠던 기억이 지워지지 않고 남아 있습니다. 제가 잘못 기획한 내사랑내곁에의 배송 시스템입니다. 우리의 핵심 역량인 배송 시스템을 용역으로 대치함으로써 회사에 큰 잘못을 한 것을 잊을 수 없습니다."

이어서 양승필 상무가 말했다.

"저는 도전이 왜 중요한지, 왜 해야 하는지를 알게 된 것이 가장 큰 도움이 됐습니다. 사장님께서는 여자 테니스계의 전설 마르티나 나브라틸로바의 '시도하지 않은 것도 실패다'라는 말로 저를 일깨워주셨습니다. 그 말씀이 저를 변화시켰습니다. 앞으로도 계속 꿈을 향해 도전할 것입니다. 그리고 가장 기억에 남는 것은 조금 전에 장 상무가 말한 배송 시스템입니다. 집집마다 고객을 찾아다니며 저희의 잘못을 솔직하게 말씀드렸을 때, 고객은 우리의 순수한 노력을 다 받아주었습니다. 저는 그때 정말 중요한 것을 배웠습니다. 고객은 제품을 사주는 단순한 소비자가 아니라 우리의 갈 방향을 가르쳐주는 선생님이라는 것을 깨닫게 되었습니다. 사장님 질문 하나 해도 되겠습니까?"

"물론이지. 궁금한 게 있으면 뭐든지 물어보게."

"사장님 좌우명을 듣고 싶습니다."

"좌우명이라고 할 게 따로 있나. 자네들과 10년을 같이 하면서 평소에 나눈 말들이 좌우명이겠지. 굳이 꼽으라면 '이것이 최선인가?'라는 말이네. 내가 어떤 선택을 할 때 늘 최우선으로 생각하는 질문이지."

"'이것이 최선인가?'라는 질문에 대한 답이 '아니다'면 계속 다른 대안을 생각하고, '그렇다'면 그 선택지를 채택해야 한다고 평소에 자주 말씀해오셨지요"

"그래."

"사장님, 그 말에 어떤 특별한 의미가 있습니까?"

"자네들 데카르트 알지?"

"네. '나는 생각한다. 고로 나는 존재한다'라는 말을 한 프랑스의 철학자를 말씀하시나요?"

장진성 대표가 말했다.

"맞아. 근대철학의 아버지라 불리는 합리주의 철학자지."

"근데 데카르트가 이 말과 무슨 연관이 있습니까?"

"데카르트의 '나는 생각한다. 고로 나는 존재한다'의 '나는 생각한다'라는 말은, 어떤 말이나 가르침이라도 무조건 수용하지 말고 의도하는 대상의 '본질'에 맞는지 '생각'하라는 의미지. 그때 비로소 자신의 존재 가치가 있게 되는 거야. 결국, 자신의 생각이나 판단에 대해 '더 이상 의심의 여지가 없을 때까지' 생각함으로써 참된 삶을 살라는 말이지."

"그런 깊은 뜻이 있었군요."

"나는 어떤 선택을 해야 할 때 '이것이 최선인가?'라는 질문을 수없이 한다네. 하려는 일의 본질을 훼손하지 않았는지 계속 묻고 또 묻지. 더 이상 의심의 여지가 없을 때까지 내 자신에게 물을 때, 비로소 나는 내

역할을 하게 되는 거야. 그런 생각을 하지 않으면, 나는 월급만 축내는 사람이 되고 말아. 지난 번 건자재 사업에 발을 들여놓을 때처럼."

장천하의 이 말에 갑자기 주위가 숙연해졌다.

"그때 나는 우리 회사의 본질을 깊이 생각하지 않고 무모한 결정을 했어. 그로 인해 아무 잘못도 없는 직원들이 피해를 입었지. 그래서 '나는 생각하는가?', 즉 '이것이 최선인가?'를 묻고 또 묻는 거라네."

"그렇군요. 저희도 명심하겠습니다."

"자네들, 이번 승진은 누구 덕이라고 생각하나?"

"사장님과 전무님이 부족한 저희를 좋게 평가하신 덕분이라고 생각합니다."

"오늘의 승진은 자네들 자신이 만든 거라네. 업무 수행도 잘했지만, 그보다 후배들을 잘 키워준 것이 오늘의 자네들을 있게 했네."

"후배를 잘 키우다니요?"

"그래, 후배를 잘 키워주었어. 많은 상급자들은 후배가 성장하면 자신이 밀려날까봐 공을 가로채거나 후배에게 높은 점수를 주지 않지. 자네들은 달랐어. 직원들을 세워주고 격려하며 그들의 역량을 펼칠 수 있도록 많은 노력을 했네. 그보다 훌륭한 것은 없지. 상사가 부하가 하는 일을 도와주는 것도 아름답고, 자신이 가지고 있는 것을 나누어주는 것도 보람되지만, 그보다 더욱 훌륭한 일은 부하의 역량을 발휘할 수 있게 해주는 거야. 이 세상에 자신의 무한한 가능성을 알게 해주는 리더보다 더 훌륭한 리더는 없다네. 내일이면 GF Korea에서 새롭게 일을 시작할 텐데 두 사람 더욱 훌륭한 리더가 되길 바라네."

천년을
살아남을
가치

기차는 익산을 지났다. 목포에 닿으려면 장성, 광주, 송정, 나주, 함평을 지나야 했다. 지난 10여 년의 시간을 거슬러 올라가는 데 세 시간이 채 걸리지 않았다. 장천하는 지난날을 떠올리며 끊임없이 자신에게 질문을 던졌다. 기업의 생리는 무엇인가? 기업의 궁극적인 목적은 무엇일까? 기업이 조직을 유지하며 지속적으로 성장하기란 쉽지 않다. 우리나라 기업의 평균 수명이 15년에서 20년이란다. 그런데 전 세계를 살펴보면 오래 살아남는 기업들이 있다. 100년, 200년, 아니 500년을 훌쩍 넘어 1000년을 살아가는 기업들이 있다. 가까운 일본이나 중국에는 그런 회사들이 넘쳐난다. 어떻게 그토록 오랫동안 살아남을 수 있었을까? 우리도 가능할까?

장천하는 자신의 질문에 대한 답을 '가치'에서 찾았다. 단지 이익만 추구하는 기업은 오래 살아남기 힘들다. 고객이 필요로 하는 가치를 끊임없이 만들어내는 회사가 되기 위해서는 온갖 시련에도 잘 견디고 갖은 어려움에도 생존할 수 있는 자기 회사만의 가치가 필요하다. 장천하가 실패했던 이유도, 성공했던 이유도 '가치'에 답이 있었다. 회사가 살아가야 하는 '가치'를 찾을 수 있다면, 시장을 창조하고 고객과 소통하며 천 년, 2천 년을 살아남을 수 있을 것이다. 장천하는 그 천 년의 시작이 오늘이 되기를 바라며, 어떠한 어려움 속에서도 '가치'를 잊지 않을 것을 또 한 번 다짐했다.

"정말, 우리 회사가 이 정도인 줄 몰랐어요. 열심히 물건을 만들어서 정신없이 뛰어다니며 팔았는데……."

회사는 20년 이상 거래했던 은행에서 대출을 연장해줄 수 없다는 통보를 받았다고 했다. 회사는 계속 이익이 나고 있었고 일시적으로 자금이 부족했을 뿐인데, 은행은 매정하게 대출 연장을 해주지 않았다. 회사는 줄줄이 만기가 돌아오는 대출금을 막지 못하면 흑자도산을 피할 수 없게 되었다. 사장은 무엇을 어떻게 할지 모르겠다며 나를 찾아왔다.

우리나라 중소기업 사장들 중에 회사의 재무제표를 제대로 이해하는 사람은 의외로 많지 않다. 심지어는 한 번도 재무제표를 본 적이 없다는 사장들도 있다. 나를 찾아온 사장 역시 물건만 열심히 팔러 다녔지 재무 상황이 어떻게 돌아가는지 잘 모르고 있었다. 기본적인 재무지식이 없으면 묻기라도 했어야 하는데, 자기가 잘 모른다고 직원에게만 맡겼다가 큰 어려움을 당하게 된 것이다. 회사의 건강 상태를 나타내는 재무제표를 체크하는 것은 대표자의 의무이자 책임이다.

우리는 잘 운영되던 회사가 하루아침에 문을 닫는 경우를 어렵지 않게 봐왔다. 회사를 키워보겠다는 의욕으로 매출을 늘리고 투자를 확대해보지만, 사장이나 직원들이 커진 규모에 따른 재무적 상황이나 제반 관리 부분을 감당할 수 없어 실패하는 경우를 적지 않게 본다. 매출을 키우기 전에 재무구조는 물론 회사의 사명과 비전, 가치를 먼저 살펴야 한다. 지속적으로 성장·발전하는 회사는 기술력이 엄청나게 좋거나 어마어마하게 마케팅을 잘하는 회사들이 아니다. 사장이 숫자에 관심을 가지고 있고, 회사가 추구하는 사명과 가치에 충실한 기업들이다. 사장이 가장 기본적인 것에 충실해야, 내사랑내곁에의 한승우나 장진성, 양승필 같은 또 다른 주인들과 한정석과 고약해처럼 원리원칙대로 회사 일을 챙기는 직원들이 존재할 수 있다.

40대 나이에 직장에서 내동댕이 쳐진 장천하! 그가 내사랑내곁에를 중견기업으로 성장시키면서 GF Korea까지 만들 수 있었던 원천은 그가 '하고 싶은 일, 잘할 수 있는 일'로 창업을 하고 '신뢰'를 바탕으로 경영을 한 덕택이다. 크고 작은 시행착오는 있었지만 조직 상하 간의 신뢰는 내사랑내곁에의 성공 모델로 부족함이 없다. 랄프 호지슨은 "어떤 것들은 믿어야 볼 수 있다"라고 했다. 장천하와 함께하는 직원들은 서로 믿었기에 미래를 볼 수 있었고, 신뢰했기에 희망을 안고 달려갈 수 있었다.

또 장천하는 믿음으로 회사의 중요한 일을 과감하게 위임할 수 있었으며, 직원들의 의견을 마음껏 펼칠 수 있도록 대화의 장을 마련해줄 수 있었다. 기업가의 꿈을 펼치려면 흥미와 재능을 가지고 창업의 방향을 잡되, 실행은 서로 간의 신뢰를 바탕으로 해나가야 한다. 이 책이 그런 일에 동기가 되어주고, 좋은 사람들과 인생을 함께 만들어가는 좋은 출발선이 되길 바란다.

부록1

◆

수제 습식사료 사업을 위한 사업계획서

① 공장 입지 및 상권 현황

현재 비어 있어 권리금이 없고, 가용 전력이 충분하며, 상하수도 시설이 잘 되어 있다. 이른 시간에 배송하는 수제 습식사료의 특성을 고려해서 1차 상권은 반경 500미터로, 2차 상권은 1,000미터로 한정했다. 반려견수는 기존 자료와 표본조사로 얻은 자료를 참고했다.

구분		내용	비고
공장 개요		5층 건물의 지하 1층 실평수 30평	현재 비어 있어 언제든지 입주 가능
보증금, 임차료		보증금 1,000만 원 임차료 120만 원(부가세 별도)	권리금 없음
상권	1차 상권	아파트 1만 3,500가구 일반주택 8,200가구 전체 2만 1,700가구	반경 500미터 이내
	2차 상권	아파트 4만 9,020가구 일반주택 2만 1,100가구 전체 7만 120가구	반경 1,000미터 이내
반려견 가구수		1만 500가구 (전체 7만 가구의 15%로 추산)	2013년 현재 우리나라 반려견 가구 320만 가구(전체 가구 대비 16%) (자료: 농협경제연구소)
사료 특징		반려견 가구의 93%가 일반사료, 7%가 수제 사료	73가구 표본조사
동물병원 및 애견카페		동물병원 4곳, 애견카페 1곳	분양소 1곳

② 사업 추진 일정

공장 임대부터 시험 마케팅까지를 4개월로 하고, 그 이후 본격적으로 판매한다.

추진내용	M1	M2	M3	M4	M5	M6	비고
1. 공장 시설 공사 및 허가	●	●					
2. 제품 개념의 개발과 테스트		●					
3. 마케팅 전략 개발과 사업성 분석		●	●				
4. 제품 개발			●				
5. 시험 마케팅				●			
6. 상업화					●		

③ 사업 첫해 월별 추정 매출

영업일수는 1년 동안 월 30일로 하고, 사료의 가격은 간식 포함해서 하루 평균 1,500 원으로 책정한다. 사업 후 6개월이 지날 즈음 경쟁업체가 출현하여 자사의 매출이 주춤하지만, 2~3개월이 지나면서 매출이 다시 회복할 것이다. 그리고 사업 후 8개월부터 운송거리를 확대한다.

평균매출 : 일 1,575,000원, 월 47,250,000원, 연 567,000,000원

판매 월수	월 평균 수요 가구	매출액(가구수×판매일수 30일 ×평균단가 1,500원)	비고
1	100	4,500,000원	일주일 무료 제공
2	200	9,000,000원	
3	300	13,500,000원	

판매 월수	월 평균 수요 가구	매출액(가구수×판매일수 30일 ×평균단가 1,500원)	비고
4	500	22,500,000원	
5	700	31,500,000원	
6	1,000	45,000,000원	
7	1,100	49,500,000원	경쟁회사 출현
8	1,300	58,500,000원	1, 2차 상권외 주문
9	1,500	67,500,000원	
10	1,700	76,500,000원	
11	1,900	85,500,000원	
12	2,300	103,500,000원	주문량 증가폭 상승
계	12,600(월평균 1,050)	567,000,000원	

산출 근거

구분	내용	비고
목표 고객수	1,050가구 (70,000×15%×10%)	공장 반경 1,000미터 이내 7만 가구의 15%인 1만 500가구의 10%
제품 종류	건강식 사료 · 비만견 사료 · 비염 사료	간식용 사료와 주문 제품
평균 단가	1일 1,500원	사료의 종류에 따라 다소 차이 있음

④ 마케팅 전략

마케팅 전략은 제품, 가격, 유통, 촉진 등의 4P와 인적자원, 운영체계, 물리적 증거 등의 3P를 합해 7P를 마케팅 도구로 삼는다.

수제 습식사료에 대한 마케팅 전략

	종류	내용
마케팅 도구 (방법) 4P	제품 (Product)	• 3개 종류 외 특제 사료 주문품 생산 • 간식 사료의 다양화 및 단순화 • 요일별로 다양한 메뉴 개발 • 소비 트렌드를 겨냥한 포장 디자인 • 여행용 패키지 사료 개발(2~5일) • 영양 및 청결에 대한 품질보증 확립 • 매출의 5% 미만 사료 퇴진 전략 • 사료 무조건 반환 제도 시행 • 사료 생산 레시피 공개 및 배포
	가격 (Price)	• 초기 저가격 전략으로 빠른 시간 안에 시장에 침투하여 매출과 시장점유율 확보 • 주사료와 간식을 함께 구매 시, 간식은 정가의 70%로 제공(묶음 가격 시행) • 반려견수와 거래 기간에 따른 차등가격제 실시
	유통 (Place)	• 접근성과 가시성을 높이기 위해 아파트 게시판과 공장 주변 이정표 설치 • 고객의 편리함을 도모하기 위해 원하는 시간대에 배송 • 적시성과 유통의 합리성을 위해 공장에서 반경 1,000미터 이내 고객에게 우선 배송
	촉진 (Promotion)	• 광고 전단은 고객에게 꼭 필요한 내용 위주로 만들며, 시장 입구와 전철역을 중심으로 직접 배포 • 입소문 유포자(버저)와 의견 선도층(오피니언 리더)을 적극 발굴하여 5호담당제 실시 • 무료 사료 제공을 통해 반려견 파워블로거 적극 유치 • 아파트 부녀회 적극 활용 • 유튜브에 멍구 동영상 제작 배포

	종류	내용
마케팅 도구 (방법) 4P	촉진 (Promotion)	• 동반자적 고객을 발굴하여 동영상 시리즈 제작 • 월 1회 충성고객과 함께 사료 만들기 행사 마련
마케팅 도구 (방법) 3P	인적자원 (People)	• 직원 및 시간제 직원 월 4시간 업무 교육(접객, 품질, 불만관리, 배송 등) • 입소문 유포자 이력 관리 • 1:1 관계 마케팅을 위한 데이터베이스 구축 • 내부 직원 체계적 관리 • 3개월에 1회 고객만족도 조사 실시 • 2개월에 1회 FGI(표적집단면접법) 실시
	운영체계 (Process)	• 서비스 청사진 및 흐름도 마련 • 생산 및 제품 표준화/개별화 시행 • 효율적인 서비스 전달 체계를 위한 지원 시스템 개발 • 자사/고객 간 의사소통 채널 가동 • 공장 운영에 관한 각종 매뉴얼 마련
	물리적 증거 (Phisical evidence)	• 생산성을 높일 수 있는 시설의 체계적 관리(조명, 음악, 표지판, 장비, 설비 등) • 사료에 대한 팸플릿, POP 마련 • 집과 공장에 소규모로 시제품 전시 • 서비스의 가시적 성과 제시

⑤ 차별화 방안

차별화 방안은 일반 건식사료 및 수제사료 회사에서 하지 않는 내용을 중심으로 시행하되, 고객에게 필요한 것을 엄선해서 실행한다.

차별화	내용
제품 차별화	• 업계 최초로 건식사료가 아닌 당일 제조한 습식사료 제공
포장 차별화	• 하루치 사료량을 별도 포장(국물과 내용물 나누어 포장)

차별화	내용
배송 차별화	• 매일 아침 각 집으로 직접 배달(단, 토요일은 이틀분 제공 가능)
요일별 차별화	• 요일별로 새로운 메뉴 제공
고객 가치 차별화	• 고객이 원하는 사료 주문 생산
마케팅 차별화	• 멍구 동영상 등 고객들 동영상 유튜브 게재 • 프로슈머 고객들과 함께 수제 사료 만들기, 사진 콘테스트 등 개최 • 반려견 파워블로거들의 방문 유도 • 사용량, 기간 등에 따른 가격 차별화

⑥ 소요자금 및 조달 계획

전체 소요 자금 4,360만 원 중 2,360만 원(54%)은 자체 조달하고, 나머지 2,000만 원(46%)은 창업지원 자금으로 충당한다. 운영 예비비는 3개월치 임대료와 1개월치 제반 비용으로 별도 관리한다.

소요 자금(원)			조달 계획(원)	
용도	내용	금액	조달 방법	조달 금액
공장 임대	권리금	0	자기자본(54%)	23,600,000
	보증금	10,000,000		
	소계	10,000,000		
공장 공사비	시설 및 설비 공사 (집기 · 비품 포함)	20,000,000	창업지원자금 (46%, 공공자금예 탁 금리+0.5%)	20,000,000
개업비	개업식 비용	1,000,000		
	광고선전 비용	1,000,000		
	초도물품 비용	3,000,000		
	소계	5,000,000		

소요 자금(원)			조달 계획(원)	
용도	내용	금액	조달 방법	조달 금액
운영 예비비	임대료	3,600,000 (3개월분)		
	인건비	1,000,000 (1명, 하루 6시간)		
	재료비	3,000,000		
	기타 경비	1,000,000		
	소계	8,600,000		
합계		43,600,000		43,600,000

⑦ 손익 계획

양질의 재료와 저렴한 가격으로 일반 제조업체보다 매출원가가 다소 높은 편이지만, 가족 인건비를 다소 낮게 책정하여 일부 충당한다. 감가상각은 시설 및 집기비품 비용으로 5년으로 한다. 법인기업이 아닌 개인기업의 경우, 대표자 인건비는 비용으로 인정받지 못하므로 이익금에 대표자 인건비가 포함되어 있다.

향후 1년간 월별추정손익계산서 (단위: 원)

구분	1년차 월 평균 금액	매출액대 비율(%)	비고
Ⅰ 매출액	47,200,000	100	• 연매출 567,000,000을 12로 나눔
Ⅱ 매출원가	23,600,000	50	• 재료비와 포장비
Ⅲ 매출총이익	23,600,000	50	
Ⅳ 판매관리비	16,050,000	34.0	

구분	1년차 월 평균 금액	매출액대 비율(%)	비고
1. 급료	10,920,000	23.1	• 2명(하루 5시간, 월 100만 원)×10개월 • 일 평균 5명(하루 3시간, 시간당 1만 원) • 가족 인건비(사장 외 3명) 550만 원
2. 임차료	1,200,000	2.5	• 부가세 별도
3. 통신비	300,000	0.6	• 인터넷, 전화, 휴대폰
4. 수도광열비	1,500,000	3.2	• 가스, 전기, 수도
5. 복리후생비	800,000	1.7	• 직원 아침식사, 차량유지비, 회식비
6. 감가상각비	330,000	0.7	• 2,000만 원을 5년 상각
7. 기타경비	1,000,000	2.1	• 홍보·광고, 접대 및 기타 비용
V 영업이익	7,550,000	16.0	• 대표자 인건비가 포함되어 있음
VI 영업외 비용	75,000	0.2	• 원금 2,000만 원에 대한 연이자 4.5%
VII 경상이익	7,475,000	15.8	• 경상이익(세전이익)에서 세금을 공제한 순이익

⑧ 기타 사항

구분	내용
1. 구성원 현황	• 아들 장민이가 휴학계를 내고 직원으로 합류하며, 회사원인 딸 하니 가 틈틈이 사업에 관여함
2. 가족 인건비	• 법인기업이 아니므로 장천하 사장의 인건비는 비용으로 인정받지 못하지만 그 외 가족 인건비는 비용으로 정산함
3. 직원 운용	• 영업 개시 후 2개월까지는 가족으로 운영하며 매출에 따라 3개월부 터 직원을 투입할 예정
4. 감가상각	• 감가상각은 장비와 시설을 합산하여 5년으로 함
5. 원금 상환	• 소상공인정책자금 2,000만 원의 원금 상환은 2년 거치 3년 상환이 므로 첫 해에는 계상하지 않음

⑨ KPI(Key Performance Indicators, 핵심성과지표)

KPI는 조직의 목표 달성 정도를 나타내는 지표로서 향후 조직이 나아갈 방향을 제시하며, 해당 조직의 특성이나 전략에 따라 달라진다. 우리는 KPI 지표 중에서도 직원 교육과 촉진 활동에 중점을 두고 관리할 예정이다.

KPI 구성

핵심성과지표 (KPI)	현재	수행 목표			산출식
		3개월 후	6개월 후	1년 후	
월 매출액	–	2,250만 원	4,950만 원	10,350만 원	첫 월 대비 4배, 10배, 22배 증가
매출원가율	–	55%	52%	47%	(금월 매출원가/금월 매출액)×100
경상이익률	–	9%	13%	18%	(금월 경상이익/금월 매출액)×100
직원 교육 시간	–	4H	5H	6H	월 교육 시간
단골고객 수	–	310명	690명	1,450명	(매출액/5만 원)×70%(전체 고객 대비)
촉진 활동 비율	–	3%	3%	2%	(금월 촉진비/금월 매출액)×100

부록2

◆

사업계획서 작성을 위한 참고자료

① 사업계획서 예시

목차	내용
사업계획서 요약	• 사업자 · 사업장의 강점 및 사업 기회 • 제품 및 기술의 차별성 • 자금 조달 계획 및 손익 추정 • KPI 및 기간별 기대 효과
사업장 현황	• 일반 현황(사업개시일, 경험, 경영 형태 등) • 주요 구성원(가족, 구성원, 기타 도우미 등) • 소유 구분(임차 시 권리금 및 월세) • 점포 현황(입지 및 상권 외 특이사항 등) • 사업에 대한 미션과 비전 및 핵심가치
창업 환경 분석	• 거시 환경 분석(법, 정치, 경제, 사회 · 문화, 기술, 매체 등) • 산업 환경 분석(경쟁자, 공급자, 고객, 대체재 등) • 사업자 및 자사 역량 분석
사업전략	• 비즈니스 모델 소개(고객, 가치 제안, 차별화 방안, 경영활동체계, 수익 흐름 등) • 마케팅 전략[시장 세분화, 목표시장 선정, 포지셔닝, 4P(7P)] • 점포 운영 전략(매뉴얼 작성, 상호/디자인, 인테리어, 인허가 등)
추정손익계산서 작성 및 손익분기점 분석	• 매출(수요 예측, 가격, 수량) • 원가(원재료 및 부재료) • 제비용(판매비 및 일반관리비, 원금 및 이자) • 손익(매출총이익, 영업이익, 경상이익, 당기순이익) • 손익분기점(고정비, 변동비, 한계이익)
부속 서류	• 특허출원 서류 • 각종 인증서 • 계약서 • 홍보 서류 등

② 마케팅 체계에 대한 이해

마케팅 개념

⬇

소비자행동에 대한 이해

⬇

	구성	내용
마케팅 전략	시장 세분화	• 소비자를 일정한 기준, 즉 지리적 · 인구통계학적 · 심리도식적 · 행동적 변수에 따라 몇 개의 시장으로 나누는 것
	목표 시장 선정	• 전체 시장을 몇 개의 시장으로 나눈 다음 자사의 마케팅 전략을 가장 잘 수행할 수 있는 시장을 선택하는 것
	포지셔닝	• 소비자의 인식 속에 자사나 자사의 제품을 각인시키는 것

⬇

	구성	종류	정의	내용
마케팅 도구 (방법) 7P	4P	제품 (Product)	• 고객에게 전달하는 핵심 효익	• 제품개발, 서비스, 이미지, 브랜드, 보증제도, 품질, 디자인, 패키지, 크기, 보증, 반환 • 제품퇴진전략(단순화전략, 철수전략)
		가격 (Price)	• 가격 수준 결정	• 가격 차별화 및 가격 층화, 가격 조정, 거래조건 결정, 가격제시방법 등 (표시가격, 할인, 세금공제할인, 지불기간, 신용 조건)
		유통 (Place)	• 유통경로 결정	• 유통경로 관리, 프랜차이징, 서비스 업체/매장의 위치, 범위, 운송, 시장 접근성, 중개상과의 인적 관계 등
		촉진 (Promotion)	• 촉진 믹스 결정	• 광고, 인적판매, 판매 촉진, 홍보 (PR), 다이렉트마케팅(DM), 텔레마케팅, 인터넷 판매

	구성	종류	정의	내용
마케팅 도구 (방법) 7P	3P	인적자원 (People)	• 고객, 직원 및 구매 등과 연결된 인적 요소	• 종업원 선발 및 교육, 훈련, 고객믹스관리, 고객만족관리, 고객충성도, 내부마케팅, TQM, 관계마케팅(CRM)
		운영체계 (Process)	• 서비스 접점 관리	• 서비스 청사진 및 흐름도, 표준화/개별화의 정도, 효율적 서비스 전달 체계를 위한 지원 시스템 개발, 고객-서비스업체 간 의사소통 등
		물리적 증거 (Phisical evidence)	• 유형적 환경 요소	• 조명, 음악, 표지판, POP, 매장 인테리어, 점포분위기, 장비, 설비설계, 종업원유니폼, 메뉴, 팸플릿, 계산서 디자인, 서비스의 가시적 성과 제시 등

③ 마케팅 수행 시 이슈별 전략 과제 예

마케팅을 수행할 때 도구(7P)별 '전략 과제'들을 중요도에 따라 선정한다. 각 과제들을 중심으로 '핵심 추진 내용'을 뽑아, 실행해서 무엇을 얻을 것인지 대한 '실행 목표'를 정한다. 또한 '언제까지', '누가' 할 것인지를 구체적으로 설정함으로써, 조직에서 발생되는 문제를 체계적으로 해결함은 물론 업무의 효과를 극대화시킬 수 있다.

제품(Product)의 예

이슈	전략 과제	핵심 추진 내용	실행 목표	실행 기간	실행자
제1과제	새로운 사료 및 간식 개발				
제2과제	품질 수준				

이슈	전략 과제	핵심 추진 내용	실행 목표	실행 기간	실행자
제3과제	보증 및 반환				
제4과제	제품퇴진전략				
기타	기타				

가격(Price)의 예

이슈	전략 과제	핵심 추진 내용	실행 목표	실행 기간	실행자
제1과제	가격조건				
제2과제	할인 정책				
제3과제	가격 층화				
제4과제	가격제시 방법				
기타	기타				

유통(Place)의 예

이슈	전략 과제	핵심 추진 내용	실행 목표	실행 기간	실행자
제1과제	판매경로 조정				
제2과제	중간상 제도				
제3과제	판매 시간				
제4과제	운송				
기타	기타				

촉진(Promotion)의 예

이슈	전략 과제	핵심 추진 내용	실행 목표	실행 기간	실행자
제1과제	광고				
제2과제	홍보				
제3과제	판촉				
제4과제	인터넷 판매				
기타	기타				

인적자원(People)의 예

이슈	전략 과제	핵심 추진 내용	실행 목표	실행 기간	실행자
제1과제	종업원 선발 및 교육				
제2과제	고객만족도 조사				
제3과제	FGI 실시				
제4과제	관계 마케팅				
기타	기타				

운영체계(Process)의 예

이슈	전략 과제	핵심 추진 내용	실행 목표	실행 기간	실행자
제1과제	접객 매뉴얼				
제2과제	서비스 흐름도				
제3과제	효과적인 의사소통				
제4과제	서비스 지원 시스템				
기타	기타				

물리적 증거(Phisical evidence)의 예

이슈	전략 과제	핵심 추진 내용	실행 목표	실행 기간	실행자
제1과제	설비 점검				
제2과제	스토리텔링				
제3과제	팸플릿				
제4과제	5S 운동				
기타	기타				

④ KPI 해석 및 목적

핵심성과지표(Key Performance Indicators, KPI)는 조직의 목표 달성을 위해 관리하는 핵심 지표다. 과거에는 매출이나 비용 등 재무성과를 주된 지표로 활용했는데, 이는 과거 활동의 성과이므로 미래로 나아가는 데 큰 보탬이 못 되는 문제가 있다. 따라서 재무적 성과뿐만 아니라 고객, 프로세스, 학습역량 등 균형 잡힌 관점에서 핵심성과지표를 정한다.

KPI	KPI 해석	발생 주기	목적
매출액	• 매출액의 변화를 나타내는 지표	월별 측정	• 시장성과 성장성의 문제와 기회 발견
매출원가율	• 변동비의 대부분을 차지하는 매출원가의 증감을 나타내는 지표	월별 측정	• 구매와 생산의 문제와 기회 발견
경상이익율	• 영업이익에서 영업외이익을 더하고 영업외비용을 뺀 것	월별 측정	• 관리력과 현금흐름의 문제와 기회 발견

KPI	KPI 해석	발생 주기	목적
직원 교육 시간	• 핵심인력과 종업원의 교육시간을 나타내는 지표	월별 측정	• 접객능력 강화 및 사업 관련 이해도 제고
단골고객 수	• 단골고객(3개월 이상 지속구매 견주)의 변동을 나타내는 지표	월별 측정	• 신규고객과 단골고객의 변동에 따라 마케팅전략 변화 모색
촉진 활동 비율	• 광고, 인적판매, 판촉, 홍보, 다이렉트메일을 하는 정도를 나타내는 지표	월별 측정	• 소비 트렌드에 적합한 촉진의 지속화

⑤ KPI 측정 후 전략 과제 및 추진 내용

KPI	전략 과제	핵심 추진 내용	실행 목표	실행 기간	실행자
매출액					
매출원가율					
경상이익율					
직원 교육 시간					
단골고객 수					
촉진 활동 비율					

부록3

◆

운영 매뉴얼 체크리스트

① 공장관리 매뉴얼 체크리스트

체크포인트	내용	점검 상태			비고
		상	중	하	
문서관리	• 출퇴근 현황은 규정대로 관리하고 있는가				
	• 직원들의 휴일은 합리적으로 운영하고 있는가				
	• 직원들의 급료는 정확하게 관리·집행하고 있는가				
	• 근로기준법에 따라 취업규칙을 운영하고 있는가				
	• 판매장부는 그날그날 정리하고 있는가				
	• 목표와 판매 현황은 매일 분석하고 있는가				
	• 불만 사항은 긴급하게 처리하고 있는가				
	• 고객의 제안 등은 일정한 곳에 기록하고 실천하고 있는가				
블로그	• 자기 분량의 블로그 활동을 실행하고 있는가				
	• 파워블로거를 초빙하고 있는가				
	• 블로그 내용의 피드백은 제때 이루어지고 있는가				
기계, 장비	• 비 작업시 반드시 전기를 차단하는가				
	• 기계·장비의 이상 유무는 매뉴얼에 의해 확인하는가				
	• 고장시 비상연락망은 가장 가까운 곳에 비치되어 있는가				
	• 기계나 장비 안에 이물질이 들어 있지는 않은가				
	• 기계나 장비의 이력관리는 규정대로 하고 있는가				

체크포인트	내용	점검 상태			비고
		상	중	하	
실내 부착물	• 이물질이 부착되어 있거나 훼손된 부분은 없는가				
	• 가격표, 광고포스터 등이 난삽하게 되어 있지는 않은가				
냉장 · 냉동고	• 불필요한 재료가 보관되어 있지는 않은가				
	• 온도는 적정 기준에 맞춰져 있는가				
	• 유사시 긴급처리원칙이 적시되어 있는가				
	• 불필요하게 가동되고 있지 않은가				
공장 바닥	• 기름때나 물기가 남아 있어 넘어질 위험은 없는가				
	• 만들고 남은 재료가 밖에 나와 있지는 않은가				
	• 가스선 등이 통행에 불편을 주고 있지 않은가				
	• 박스나 집기 비품 등이 어질러져 있지는 않은가				
	• 휴지나 오물 등이 떨어져 있지는 않은가				

* 점검 상태(상: 양호, 중: 긴급하지 않으나 관리를 요함, 하: 긴급한 관리를 요함)

② 직원관리 매뉴얼 체크리스트

체크포인트	내용	점검 상태			비고
		상	중	하	
직원 배치	• 요소의 낭비 없이 업무분장이 잘되어 있는가				
	• 업무 효율성이 높게 나타나도록 업무 동선을 마련 했는가				
	• 일과 사람을 효율적이고 효과적으로 배치했는가				
	• 일용직원을 활용할 때 해당 업무를 충분히 설명 했는가				

체크포인트	내용	점검 상태			비고
		상	중	하	
권한 위임	• 할인폭을 정확히 정해주었는가				
	• 서비스 제공물의 범위와 종류를 정해주었는가				
	• 하지 말아야 할 부분을 구체적으로 명시했는가				
	• 합의된 목표와 공통으로 인식되는 목표가 있는가				
	• 종업원이 가장 잘하는 일을 할 기회를 제공하고 있는가				
	• 스스로 통제하고 관리할 수 있는 능력을 존중하고 있는가				
동기부여	• 승진제도의 기준을 명확히 정했는가				
	• 업무 연장시 일정한 보상 기준을 적용하는가				
	• 허황되고 비현실적인 내용을 지시하지는 않는가				
	• 경쟁보다는 격려와 협력을 통해 구성원들이 성장하고 있는가				
	• 출근이 즐겁고 구성원끼리 화합이 잘되고 있는가				
	• 구성원에게 자아실현의 기쁨이 있다고 생각하는가				
	• 격려와 칭찬에 소홀하지는 않은가				
조회와 종례	• 일정한 시간을 정해 실행하고 있는가				
	• 지나치게 길게 하지는 않는가				
	• 업무 시간과 겹치지는 않는가				
	• 퇴근에 방해되지는 않는가				
	• 직원들의 의견을 듣는 시간으로 활용하고 있는가				
교육 및 훈련	• 매뉴얼의 필요성을 작업자 본인이 느끼고 있는가				
	• 교육 자료를 계속 업그레이드하고 있는가				
	• 구성원들의 소리를 반영하고 있는가				
	• 매뉴얼에 대한 교육과 훈련은 일정한 시간을 정해 시행하고 있는가				

* 점검 상태(상: 양호, 중: 긴급하지 않으나 관리를 요함, 하: 긴급한 관리를 요함)

③ 매출관리 매뉴얼 체크리스트

체크포인트	내용	점검 상태			비고
		상	중	하	
매출목표관리	• 매출목표는 예측 가능한 매출의 10~20% 이상 높게 설정하여 도전정신을 북돋고 있는가				
	• 매출목표가 고객 서비스의 질을 저해하지는 않는가				
	• 매출목표는 합의에 의해 정했는가				
	• 매출목표는 월 · 주 · 일 등으로 나누어 설정했는가				
	• 목표설정은 중요 품목별로 나누어 설정했는가				
	• 과도한 목표를 설정하지는 않았는가				
	• 목표는 해당 자료들을 분석하여 설정했는가				
실적관리	• 전체 목표가 달성되었어도 목표보다 현저히 높거나 낮은 품목은 무엇인가				
	• 목표보다 현저히 높거나 낮은 품목은 그 원인을 분석했는가				
	• 일정 기간 이상 잘 팔리지 않는 품목(가령, 전체 매출의 5% 미만)은 별도 관리 하거나 퇴출을 고려하는가				
	• 제품 품목에서 빼거나 복합 제품을 만들 여지는 있는가				
	• 특히 잘 팔리는 품목의 강점을 분석하는가				

* 점검 상태(상: 양호, 중: 긴급하지 않으나 관리를 요함, 하: 긴급한 관리를 요함)

④ 물품관리 매뉴얼 체크리스트

체크포인트	내용	점검 상태			비고
		상	중	하	
재고감모손	• 매출 대비 재료 사용량의 기준은 정했는가				
	• 재료관리는 선입선출로 이루어지는가				
	• 작업은 매뉴얼대로 이루어지고 있는가				
	• 유효기간을 넘긴 재료는 없는가				
	• 보관 소홀로 재료가 밖에 나와 있지는 않은가				
재료의 검수	• 재료 검수자는 특정인을 정해 실행하고 있는가				
	• 반입된 재료는 신선한가				
	• 반입된 재료의 종류와 양이 적정한가				
	• 회전이 잘 안 되는 재료의 상태는 수시로 체크하는가				
재료의 보관	• 악성재고가 남아 있지는 않은가				
	• 현업에 꼭 필요한 물품 이외의 것이 보관되어 있지는 않은가				
	• 생산에 필요한 적정재고가 보관되어 있는가				

* 점검 상태(상: 양호, 중: 긴급하지 않으나 관리를 요함, 하: 긴급한 관리를 요함)

⑤ 원가관리 매뉴얼 체크리스트

체크포인트	내용	점검 상태			비고
		상	중	하	
재료비 개선	• 재료의 시장가격을 정기적으로 조사하고 있는가				
	• 제철에 적합한 재료를 저렴하게 구입할 수 있는 플로차트(Flowchart)를 가지고 있는가				
	• 직접적인 경쟁이 없는 업체와 공동으로 구매할 여지는 없는가				
	• 공장에 배달되는 재료의 가격을 정기적으로 조사하고 있는가				
	• 충동구매는 하고 있지는 않은가				
	• 현금 지불에 대해 할인을 받고 있는가				
재료의 사용량 관리	• 레시피는 작업자에게 공개되고 있는가				
	• 재료는 레시피대로 투입하고 있는가				
	• 재료의 반입은 안전재고량을 준수하는가				
불량률관리	• 사료를 만들다가 버려지는 재고는 파악하고 있는가				
	• 고객에게 제공되었다가 품질 불량으로 반입되는 경우 원인을 확인하는가				

* 점검 상태(상: 양호, 중: 긴급하지 않으나 관리를 요함, 하: 긴급한 관리를 요함)

부록4

◆

시설 및 안전관리 매뉴얼

① 공장 환경관리를 위한 5S 운동의 내용

5S	내용
정리	• 불필요한 것을 없애는 활동으로 자원, 공간, 창고, 재고 등의 낭비를 제거함으로써 원가를 낮추는 활동이다.
정돈	• 안전과 품질, 능률을 고려하여 필요한 것을 기능적으로 보관하는 것을 말한다. 작업 시간과 전환 시간을 단축함으로써 업무의 능률을 높이는 활동이다.
청소	• 작업 환경을 불합리가 없는 깨끗한 상태로 만드는 것으로 종업원이나 고객이 신선하고 흡족한 마음이 들게 하는 활동이다.
청결	• 정리 · 정돈 · 청소된 상태를 유지하는 것으로, 안전한 사업장은 물론 소모품의 수명을 연장시키고 품질을 향상시켜 고객의 신뢰를 얻을 수 있다.
생활화	• 정해진 올바른 습관을 생활화하는 것으로 정기적 진단과 자주적 관리를 통해 고객의 욕구를 만족시키고 매출의 증대를 가져오는 활동이다.

② 5S 추진 순서

− 청소의 대상, 담당, 구역, 도구를 준비한다.

− 변화 전 · 후를 같은 장소에서 촬영한다.

− 촬영한 사진의 날짜와 함께 문제점과 개선한 내용을 적는다.

− 추진한 사항의 예상 효과를 적는다.

개선 전	개선 후
사진	사진
현상 및 문제점	개선 내용
예상 효과	품질(　　), 원가(　　), 시간(　　), 안전(　　), 분위기(　　)

③ 시설 안전관리 매뉴얼 체크리스트

체크포인트	내용	점검 상태			비고
		상	중	하	
시설 안전	• 점포 안팎의 시설물들을 서류로 관리하고 있는가				
	• 시설물과 집기 비품에 대한 관리자를 지정하여 관리하고 있는가				
	• 시설 및 장비의 적정 온도는 유지되고 있는가				
	• 작업장의 가스라인 등 각종 선은 안전하게 정리되어 있는가?				
	• 뜨거운 원료에 데지 않도록 사전에 안전 장비를 착용했는가				
	• 폭발할 여지가 있는 것은 사전에 점검을 했는가?				

체크포인트	내용	점검 상태			비고
		상	중	하	
시설 안전	• 폭발할 여지가 있는 것은 사전에 점검을 했는가?				
	• 유독물질이 일정한 장소 외에 방치되어 있지는 않은가				
	• 작업장의 모서리의 라운드 처리는 잘되어 있는가				
	• 시설 및 기구는 안전하게 조여져 있는가				
	• 화재시 바로 진화할 수 있는 소방기구 등은 제자리에 있는가				
	• 장비의 응급처리요령을 작업자들이 숙지하고 있는가				
	• 에어콘, 냉장고 등 장비의 A/S 관련 업체들의 긴급연락처가 모두가 인지할 수 있는 곳에 부착 또는 비치되어 있는가?				

* 점검 상태(상: 양호, 중: 긴급하지 않으나 관리를 요함, 하: 긴급한 관리를 요함)

④ 위생관리 매뉴얼 체크리스트

체크포인트	내용	점검 상태			비고
		상	중	하	
위생관리	• 작업자는 머리카락이 나오지 않도록 위생 모자를 쓰고 작업하는가				
	• 위생복, 앞치마를 착용하며 장신구 등은 빼고 작업하는가				
	• 표시사항, 유통기한, 원산지, 중량, 포장 상태, 이물 혼입 등은 확인하는가				
	• 검수가 끝난 식재료는 곧바로 냉장 · 냉동보관(외부포장 제거 후 조리실 반입)하는가				

체크포인트	내용	점검 상태			비고
		상	중	하	
위생관리	• 검수 기준에 부적합한 재료는 자체 규정에 따라 반품 등의 조치를 취하고, 그 조치 내용을 검수일 자에 기록 · 관리하는가				
	• 재료의 위생적인 관리를 위하여 냉장/냉동고 온 도 확인 및 청결관리, 보관 기준, 구분 보관 등을 준수하고 있는가				
	• 사용한 기기는 반드시 세척 · 소독 후 보관하여야 한다. 기구, 용기 등의 세척 · 소독 방법으로는 표 면의 식품 찌꺼기를 제거하고 물과 세척제를 이 용하여 세척한 다음 소독제를 이용, 소독한 후 자 연 건조시키고 있는가				
	• 재료의 소독은 식품첨가물로 허가받은 차아염소 산나트륨, 차아염소산수, 이산화염소수, 오존수 등의 제품을 사용하고 있는가				
	• 정수기는 업체에 필터 교체 및 내부 청소를 정기 적으로 의뢰하고 상수도는 물탱크의 수질관리 및 청소 상태를 확인하고 있는가				
	• 식품 등을 보관하는 원료보관실, 제조가공실, 조 리실, 포장실 등의 내부에 위생해충 방제 및 구제 활동을 정기적으로 하고 있는가				
	• 작업장 바닥은 내수성 재질을 사용하고 배수구 덮개를 설치하여 음식물 찌꺼기로 배수구가 막히 지 않도록 관리하고 있는가				
	• 정수기는 업체에 정기적인 필터 교체 및 내부 청 소를 정기적으로 의뢰하고 상수도는 물탱크의 수 질관리 및 청소 상태를 확인하고 있는가				
	• 바닥/벽/천장, 냉장고, 조리기구 등 시설/기기 등 은 정기적인 청소 및 세척 · 소독을 하고 있는가				
	• 자외선 소독고는 자외선램프의 청결과 점멸 상태 를 확인하고 꺼진 램프는 교체 후 사용하고 있는가				

체크포인트	내용	점검 상태			비고
		상	중	하	
위생관리	• 미끄러지거나 칼날(베임 · 절단)사고 등을 방지하기 위해 바닥 오염물(기름, 찌꺼기) 발생시 즉시 제거하고 있는가, 특히 무거운 물건 운반시 바닥 상태 및 주변 장애물 등을 확인하고 있는가				
	• 무거운 물건은 2인 이상 함께 들거나 손수레 등을 이용하고 있는가				
	• 압력이 있는 경우 개방하지 않는 것을 알고 있는가				

* 점검 상태(상: 양호, 중: 긴급하지 않으나 관리를 요함, 하: 긴급한 관리를 요함)

부록5

◆

중소·중견기업 지원 시책

① 시설 및 운전자금 대출 (대상: 중소기업)

지원 자금 종류	대출 한도	기간	내용
창업기업지원자금	45억 원, 매출액의 150%	• 시설 자금: 8년 • 운전 자금: 5년	업력 7년 미만의 중소기업 및 예비창업자 자금 지원
신성장기반자금	45억 원, 매출액의 150%	• 시설 자금: 8년 • 운전 자금: 5년	업력 7년 이상 중소기업의 시설 투자 촉진
긴급경영안전자금	10억 원	5년	재해, 경영 애로 해소 등 긴급한 자금 지원
투융자복합금융자금	45억 원, 매출액의 150%	5년	융자에 투자 요소를 복합하여 자금 지원
신시장진출지원자금	20억 원	• 시설 자금: 8년 • 운전 자금: 5년	우수 기술의 제품화·산업화 및 수출 지원

(출처: 《2017년도 중소·중견기업 지원 시책》, 70~92쪽)

■ **문의처**
• 중소기업청 홈페이지(www.smba.go.kr)
• 중소기업진흥공단 홈페이지(hp.sbc.or.kr)
• 중소기업 통합콜센터(☎ 1357)

② 신용보증 지원

지원 보증 종류	대상	보증 한도	내용
신용보증기금	개인 및 법인과 이들의 단체	30억 원	기업의 미래 성장성과 기업 가치를 평가하여 신용보증 지원
기술보증기금	중소기업	대출·어음 이행·무역금융·전자상거래	기술력 보유 기업의 미래 가치를 평가하여 신용보증
지역신용보증재단	중소기업, 소상공인	8억 원	담보력이 부족한 자영업자 등에 보증
매출채권보험	중소기업 및 초기 중견기업	• 매출 채권: 50억 원 • 어음: 10억 원	외상매출금의 회수 불가능 시 보험

(출처: 《2017년도 중소·중견기업 지원 시책》, 96~108쪽)

■ **문의처**

• 신용보증기금: 신용보증기금(1588-6565, www.kodit.co.kr)

• 기술보증기금: 기술보증기금(1544-1120, www.kibo.or.kr)

• 지역신용보증재단: 신용보증재단중앙회(1588-7365, www.koreg.or.kr)

• 매출채권보험: 신용보증기금(1588-6565, www.kodit.co.kr)

■ **공동 문의처**

• 정책 정보: 기업마당(www.bizinfo.go.kr)

• 중소기업 통합콜센터(☎ 1357)

③ 소상공인정책자금

정책 자금 종류	대출 한도	기간	내용
소공인특화자금	1억 원(시설 5억 원)	시설: 8년, 운전: 5년	숙련 기술 기반의 소공인 지원 (대상: 소공인)
성장촉진자금	1억 원(시설 2억 원)	5년	장수 소상공인의 재성장 및 재도약 지원
일반경영안정자금	7,000만 원	5년	소상공인의 점포 운영 자금 지원
수출고용특별자금	1억 원	5년	소상공인의 수출 및 고용 활성화 지원

(출처: 《2017년도 중소 · 중견기업 지원 시책》, 412~422쪽)

■ 문의처
• 중소기업 통합콜센터(☎ 1357)
• 중소기업청 소상공인 정책과(042-481-4361)

참고자료

단행본

《마켓 3.0》, 필립 코틀러 저, 안진환 역, 타임비즈, 2010
《마케팅조사원론》, 안광호, 임병훈 공저, 학현사, 2011
《성공하는 사람들의 8번째 습관》, 스티븐 코비 저, 김경섭 역, 김영사, 2005
《외식업 컨설팅3.0》, 조현구, 김삼희 공저, 지식공감, 2016
《장사란 무엇인가》, 조현구, 엄은숙, 심재용 공저, 청림출판, 2014
《최신 경제상식사전》, PMG 지식엔진연구소 저, 박문각, 2014
《트렌드 코리아 2017》, 김난도, 전미영 외, 미래의 창, 2016

언론보도

〈매일경제〉, 2016.05.31.
〈조선비즈〉, 2016.04.16.

그 외

《2015 위생교육교재》, (사)한국외식업중앙회.
일본경제대학 고토(後藤) 교수의 2011년 데이터
이홍 광운대 교수의 삼성사장단 강연. 2015.
『Frederict F. Reichheld and W. Earl Sasser, Jr., "Zero Defections : Quality Comes to Services", Harvard Business Review, September–October 1990』

실패 확률 85%의 창업세계, 어떻게 살아남을 것인가

15%의 이기는 사장

1판 1쇄 인쇄   2017년 5월 29일
1판 1쇄 발행   2017년 6월 5일

지은이 조현구 엄은숙
펴낸이 고병욱

기획편집1실장 김성수 **책임편집** 이은혜 **기획편집** 윤현주 장지연
마케팅 이일권 이석원 김재욱 곽태영 김은지 **디자인** 공희 진미나 **외서기획** 엄정빈
제작 김기창 **관리** 주동은 조재언 신현민 **총무** 문준기 노재경 송민진

펴낸곳 청림출판(주)
등록 제1989-000026호

본사 06048 서울시 강남구 도산대로 38길 11 청림출판(주) (논현동 63)
제2사옥 10881 경기도 파주시 회동길 173 청림아트스페이스 (문발동 518-6)
전화 02-546-4341 **팩스** 02-546-8053
홈페이지 www.chungrim.com
이메일 crl@chungrim.com
블로그 blog.naver.com/chungrimpub
페이스북 www.facebook.com/chungrimpub

ISBN 978-89-352-1170-8 (03320)

※ 이 도서의 국립중앙도서관 출판시도서목록(CIP)은 서지정보유통지원시스템 홈페이지(http://seoji.nl.go.kr)와
국가자료공동목록시스템(http://www.nl.go.kr/kolisnet)에서 이용하실 수 있습니다.(CIP제어번호: CIP2017010012)